本书为中共福建省委教育工委重点马克思主义学院建设项目成果

本专著得到闽南师范大学学术著作出版专项经费资助

新时代高校思想政治理论教学研究

何孟飞◎著

厦门大学出版社
XIAMEN UNIVERSITY PRESS

国家一级出版社
全国百佳图书出版单位

图书在版编目(CIP)数据

新时代高校思想政治理论教学研究/何孟飞著.—厦门:厦门大学出版社,2018.12
ISBN 978-7-5615-7301-3

Ⅰ.①新…　Ⅱ.①何…　Ⅲ.①高等学校－思想政治教育－教学研究－中国
Ⅳ.①G641

中国版本图书馆 CIP 数据核字(2018)第 302276 号

出 版 人	郑文礼
责任编辑	文慧云
封面设计	夏　林
技术编辑	朱　楷

出版发行　厦门大学出版社

社　　　址	厦门市软件园二期望海路 39 号
邮政编码	361008
总 编 办	0592-2182177　0592-2181406(传真)
营销中心	0592-2184458　0592-2181365
网　　　址	http://www.xmupress.com
邮　　　箱	xmup@xmupress.com
印　　　刷	厦门市万美兴印刷设计有限公司

开本	720 mm×1 000 mm　1/16
印张	14
字数	250 千字
插页	1
版次	2018 年 12 月第 1 版
印次	2018 年 12 月第 1 次印刷
定价	48.00 元

本书如有印装质量问题请直接寄承印厂调换

厦门大学出版社
微信二维码

厦门大学出版社
微博二维码

目　　录

绪　论

2016 年 12 月，习近平在全国高校思想政治工作会议上强调："做好高校思想政治工作，要因事而化、因时而进、因势而新。要遵循思想政治工作规律，遵循教书育人规律，遵循学生成长规律。要用好课堂这个主渠道，思想政治理论课要坚持在改进中加强，提升思想政治教育亲和力和针对性，满足学生成长发展需求和期待。"高校思想政治理论课承担着对大学生进行系统的马克思主义理论教育的任务，是对大学生进行思想政治教育的主渠道。思想政治理论课教学属于中国特色社会主义思想政治教育的范畴，是高校思想政治工作的重要组成部分。大学生思想政治理论教育教学是通过高校设置的思想政治理论课来实现的，从某种意义上讲，思想政治理论教学也可以理解为思想政治理论课教学。本书是从这个意义上对新时代高校思想政治理论教学进行思考与研究。

党的十九大报告指出，经过长期的努力中国特色社会主义进入了新时代，这是我国发展新的历史方位。因此，新时代怎样更好地贯彻落实"思想政治理论课要坚持在改进中加强"的总体要求，开展卓有成效的大学生思想政治理论教学，提升思想政治教育亲和力和针对性，培养担当民族复兴大任的时代新人是高校面临的一个十分重大的理论和现实课题。党的十八大以来，思想政治理论课建设取得了显著成绩。但是，"我们也要清醒地看到，思想政治理论课的建设任重道远……思想政治理论课教材的理论性比较强，可读性和吸引力不够；教学方法比较单一，学生课堂的抬头率不高；教学的班级规模比较大，课堂讨论难以组织，因材施教更加困难。教师的教学水平有待提升，存在职业倦怠现象;有些教师对重大理论和现实问题的把握还不够准确,解疑释惑的能力有待提高"①。存在上述问题说明高校思想政治理论教学的亲和力和针对性还不够,需要持续努力加以改进。之所以讲思想政治理论课的建设任重道远是因为思想政治理论教学关系高校培养什么样的人、如何培养人以及为谁培养人这个根本问题,是一项系统工程,涉及方方面面,需要从学科建设、教材建设、教师队伍建设、课程设置、教学内容、教学方法、教学手段,实践教学、教学评价等多方面坚持不懈地付出努力,才能见到成效。搞好新时代思想政治理论教学,必须从理论与实践结合上下功夫破解影响思想政治理论教学的各种难题,提高教师的教育教学能力,增强思想政治理论教学的实效性。

本书以中共中央、国务院、中宣部、教育部有关大学生思想政治理论教育教学的文件精神为依据,以马列主义、毛泽东思想、邓小平理论、"三个代表"重要思想、科学发展观及习近平新时代中国特色社会主义思想为指导,紧密联系新时代大学生思想实际、高校思想政治理论教学的实践,围绕"怎样搞好新时代思想政治理论教学"进行深入思考和研究,目的在于正确认识思想政治理论教学对于高校立德树人的重要意义,遵循教育教学规律,提高新时代思想政治理论教学的实效性。

本书遵循历史与现实相结合、理论与实践相结合、继承与创新相结合的原则,在学习、吸收学界已有研究成果的基础上,主要进行以下八个方面的思考和研究。

第一章是通过对思想政治理论课教育教学的性质、地位、作用的综合分析,科学认识思想政治理论教学在高校立德树人中的重要意义。

第二章是梳理思想政治理论课程的历史演变及发展,分析思想政治理论教学与我国社会主义建设和改革开放之间的紧密联系,揭示思想政治理论教学在社会主义建设的不同时期对培养全面发展人才的重要作用。

第三章分析思想政治理论教学课程体系的科学内涵及基本内容、结构、特征,揭示思想政治理论教学的科学性、整体性、可行性。

第四章分析思想政治理论课的教学过程本质、教学过程的基本环节,探讨如何遵循思想政治工作规律,遵循教书育人规律,遵循学生成长规律,优化教学过程,目的在于阐述思想政治理论教学是一项十分复杂的实践认识活动,要达到教学目的,需要从多方面努力才能见到实效。

———————

①　王炳林:《教师是上好思想政治理论课的关键所在》,载《思想理论教育导刊》2017 年第 1 期。

　　第五章分析思想政治理论教学方法的内涵、本质特征,教学方法的改革与发展态势,探讨如何结合实际综合运用各种方法进行教学活动,提高教学的亲和力和针对性。

　　第六章分析思想政治理论教师的综合素质结构,阐述思想政治理论课教师要成为好老师必须"要有理想信念、要有道德情操、要有扎实学识、要有仁爱之心"。

　　第七章分析实践教学的科学内涵、教学形式、教学作用,探讨高校如何充分利用地方德育资源开展丰富多样的实践教学。

　　第八章分析怎样对思想政治理论教学这一系统工程进行综合评价,目的在于运用科学的评价机制得出符合客观实际的评价结果,促进思想政治理论教学的改革与发展。

　　以上八章内容体现了作者对搞好新时代高校思想政治理论教学的思考与探索,展示了思想政治理论教学的真实价值,即思想政治理论教学的根本目的在于通过系统的马克思主义理论教育教学,帮助大学生树立正确的世界观、人生观、价值观,增强中国特色社会主义道路自信、理论自信、制度自信、文化自信,成为德智体美劳全面发展的社会主义建设者和接班人。

第一章

高校思想政治理论课教育教学
在人才培养中的科学定位

　　高校思想政治理论课教育教学属于社会思想政治理论教育的范畴。思想政治理论教育是一个内涵丰富的学科概念,包括思想品德教育教学和政治理论教育教学两部分。思想政治理论教育教学是人类社会实践的重要方面,自有阶级产生和国家形成以来,思想政治理论教育这一实践活动就客观存在着。尽管在以往的私有制社会以及当今发达西方资本主义国家,不一定使用思想政治理论教育这一概念,但是这项实践活动以及它所内涵的政治教育、思想教育、道德教育、法制教育等从来都不是盲目进行的,而是与一定的国家政治经济文化法律等制度体系相联系,以一定思想理论为指导,通过有目的有计划组织实施。思想政治理论教育教学是由思想政治理论教育教学的内容、思想政治理论教育教学的主体与思想政治理论教育教学的客体等基本要素构成。从我国实际情况看,社会的思想政治理论教育是一项庞大的系统工程,是由党和政府主导,包括社会各行各业思想政治理论教育与学校思想政治理论教育共同组成,后者是其中一个非常重要的方面。一般意义上认为,"思想政治教育是指一定的阶级、政党、社会群体遵循人们思想品德形成发展规律,用一定的思想观念、政治观点、道德规范,对其成员施加有目的、有计划、有组织的影响,使他们形成符合一定社会、一定阶级所需要的思想道德的社会实践活动"[①]。时至今日,思想政治理论教育仍然是世界各国社会教育的一个重要组成部分,并受到各国政府持续的关注和强化。

　　高校思想政治理论课是我国大学生思想政治教育的主渠道,是大学生的

---

　　① 　张耀灿、郑永廷、吴潜涛等:《现代思想政治教育学》,人民出版社 2006 年版,第 50 页。

必修课,在大学生思想政治教育中发挥主导性作用。思想政治理论课教育教学是高校育人工作的重要组成部分,是一项特殊的教育教学活动,需要我们全面把握思想政治理论课教育教学在高校人才培养工作中的科学地位问题。

一、高校思想政治理论课教育教学的性质地位

(一)思想政治理论课教育教学的性质

我国高等学校是按照专业进行教育教学培养人才的,作为各个专业学生共同的必修课——思想政治理论课教育教学究竟处于一种什么样的地位,即思想政治理论课教育教学的性质是什么的问题? 我们可以从中共中央、国务院、教育部相关文件中得到明确回答。改革开放以来,党和政府一直高度重视大学生思想政治教育,1980 年 7 月,教育部《关于印发〈改进和加强高等学校马列主义课的试行办法〉的通知》指出:"我国高等学校开设马列主义课,对学生进行马列主义、毛泽东思想的基本理论教育,体现了社会主义高等学校的特点和优点,对各系各专业的学生都是十分必要的。社会主义高等学校的性质和马列主义、毛泽东思想基本理论的指导作用,决定了马列主义课在整个高等教育中的重要地位。"[①]1984 年 9 月,中央宣传部、教育部《关于印发〈关于加强和改进高等院校马列主义理论教育的若干规定〉的通知》中央宣传部、教育部《关于印发〈关于加强和改进高等院校马列主义理论教育的若干规定〉的通知》提出:"马克思主义是我们党和国家的行动指南,是培养学生无产阶级世界观和共产主义道德的理论基础。把马克思主义理论课作为必修课,是社会主义大学区别于资本主义大学的重要标志。"[②]1994 年 8 月,《中共中央关于进一步加强和改进学校德育工作的若干意见》指出:"学校政治理论课和思想品德课是系统地对学生进行马克思主义理论教育和品德教育的主渠道和基本环节,要重点进行教学内容和方法的改革。"[③]1998 年 6 月,中共中央宣传部、教育部《关于印发〈关于普通高等学校"两课"课程设置的规定及其实施工作的意见〉

①　教育部社会科学司:《普通高校思想政治理论课文献选编(1949—2006)》,中国人民大学出版社 2007 年版,第 86 页。

②　教育部社会科学司:《普通高校思想政治理论课文献选编(1949—2006)》,中国人民大学出版社 2007 年版,第 94 页。

③　教育部社会科学司:《普通高校思想政治理论课文献选编(1949—2006)》,中国人民大学出版社 2007 年版,第 152 页。

的通知》指出:"普通高等学校开设的'两课',是对大学生系统进行思想政治教育的主渠道和主阵地,在培育他们成为社会主义事业的建设者和接班人方面具有重要作用。"①2004 年 8 月,中共中央、国务院《关于进一步加强和改进大学生思想政治教育的意见》指出:"高等学校思想政治理论课是大学生思想政治教育的主渠道。思想政治理论课是大学生的必修课,是帮助大学生树立正确世界观、人生观、价值观的重要途径,体现了社会主义大学的本质要求。"②

从上述有关文献中可以清楚看出,在我国高等学校,思想政治理论课是大学生思想政治教育的主渠道,是大学生的必修课,是帮助大学生树立正确世界观、人生观、价值观的重要途径,体现了社会主义大学的本质要求。

任何社会的教育都具有阶级性、生产性和历史继承性,高等教育也不例外。思想政治教育对任何社会与国家来讲,都不可能是一种纯粹的教育行为,它不可避免地受到特定社会的政治、经济、文化、传统等的制约。作为我国社会教育重要组成部分的大学生思想政治理论教育教学,其性质不仅体现了社会主义制度属性,而且还体现了思想政治教育的学科属性。

首先,思想政治理论课教育教学体现了社会主义制度对大学人才培养的根本要求。思想政治理论课教育教学是依据人的思想形成和变化规律,用科学理论引领大学生正确解决主观与客观、思想与行为、需求与满足矛盾,形成正确世界观、人生观、价值观的实践。"教育的根本任务是培养人才。党的教育方针是培养德智体美全面发展的社会主义建设者和接班人。"③因此,高等教育要解决培养什么样的人,怎样培养人的根本问题。马克思主义是我们立党立国的指导思想,毛泽东思想、邓小平理论、"三个代表"重要思想、科学发展观、习近平新时代中国特色社会主义思想,是马克思主义普遍原理与中国革命、建设、改革实践相结合的理论成果,是党和人民宝贵的精神财富。坚持以马克思主义理论教育人、不断地推进马克思主义中国化、时代化、大众化,用马克思主义中国化最新理论成果武装大学生,培育和践行社会主义核心价值观,增强中国特色社会主义道路自信、理论自信、制度自信,文化自信,把他们培养成为德智体美劳全面发展的人才,对于巩固和发展中国特色社会主义,现实中

①　教育部社会科学司:《普通高校思想政治理论课文献选编(1949—2006)》,中国人民大学出版社 2007 年版,第 182 页。

②　教育部社会科学司:《普通高校思想政治理论课文献选编(1949—2006)》,中国人民大学出版社 2007 年版,第 204 页。

③　《全国教育工作会议文件汇编》,人民出版社 2010 年版,第 33 页。

华民族伟大复兴的"中国梦"具有十分重要的意义。

其次,从学科性质看,"思想政治教育理论课教育教学所依托的学科是我国特有的一门政治性、科学性和实践性很强的学科"[1],即马克思主义理论一级学科。2005 年 3 月,《中宣部、教育部关于进一步加强和改进高等学校思想政治理论课的意见实施方案》规定,本科阶段思想政治理论课设置"马克思主义基本原理""毛泽东思想、邓小平理论和'三个代表'重要思想概论""中国近现代史纲要""思想道德修养与法律基础"四门必修课,另外开设"当代世界经济与政治"等选修课。专科阶段设置"毛泽东思想、邓小平理论和'三个代表'重要思想概论""思想道德修养与法律基础"两门必修课。此外,本专科学生都要开设"形势与政策"课程[2]。高校思想政治理论课由若干门课程组成,课程内容涉及哲学、经济学、政治学、历史学、党史学、法学、教育学、心理学、伦理学等不同的学科领域,课程内容也会随着各门学科的发展和社会实践进步不断丰富完善,但是其核心内容仍然主要是对大学生进行思想教育、政治教育、道德教育、法制教育等。思想政治教育教学兼具政治性与科学性,既有意识形态色彩又有科学性。思想政治教育教学之所以有鲜明的意识形态性,是因为思想政治理论课教育教学是与一定社会和阶级的意识形态活动紧密联系的特殊教育实践活动,目的在于让大学生系统掌握和接受一定的政治观点、思想观念、道德规范、法律意识,从而形成正确的世界观、人生观、价值观、道德观。思想政治教育本质上是一种意识形态灌输与传播的实践活动。同时,思想政治教育又是一门科学,我们必须深入研究和掌握马克思主义基本原理、基本理论、基本观点,遵循教育教学规律、遵循人的思想和行为发展变化的基本规律、思想行为与环境相互作用的规律、思想行为与教育管理的基本规律。政治性是思想政治理论课教育教学的灵魂,科学性是思想政治教育的关键。

如何看待思想政治理论课的主渠道和必修课问题呢? 这实际上涉及思想政治理论课的地位本质问题。

(二)思想政治理论课教育教学的地位

思想政治理论课教育教学的地位问题,中央文件有明确的规定,即思想政治理论课是大学生思想政治教育的主渠道。2004 年《中共中央国务院关于进

---

① 教育部社会科学司:《普通高校思想政治理论课文献选编(1949—2006)》,中国人民大学出版社 2007 年版,第 214 页。

② 教育部社会科学司:《普通高校思想政治理论课文献选编(1949—2006)》,中国人民大学出版社 2007 年版,第 219 页。

一步加强和改进大学生思想政治教育的意见》指出："高等学校思想政治理论课是大学生思想政治教育的主渠道。思想政治理论课是大学生的必修课,是帮助大学生树立正确世界观、人生观、价值观的重要途径,体现了社会主义本质要求。"但是,在高校的人才培养工作中,对于"主渠道"的认识,还存在一定的误区。一是认为思想政治理论课的主渠道是"唯一渠道",把思想政治理论课以外的哲学社会科学课程以及其他课程和教育教学活动,看成"次要渠道或辅助渠道"。表面上看是重视思想政治理论课,实际上过于突出了思想政治理论课的地位作用,在教学实践中可能会自觉不自觉地形成厚此薄彼的感觉。从高校的教育教学工作和人的思想品德形成规律看,高校教师都有教书育人的职责,哲学社会科学课程、专业课程及其他课程都有思想教育的功能。培养学生科学的世界观、人生观、价值观固然是思想政治理论课教育教学的根本目的,也是学校所有教师和课程教学实践的指向,但仍然需要发挥其他教师和课程的协同作用。学生学习了"马克思主义基本原理"等几门课后,不可能就自然而然形成了正确的思想观念,如果是那样,思想政治理论课教学未免太简单了。二是认为既然高校教师及各门课程教学活动都有思想教育的功能,在实际教学工作中,没有必要开设思想政治理论课,开设此类课程会占用学生大量的学习时间,会挤压学生学习其他课程的学习时间,由任课教师和各门课程来自然而然承担思想政治教育的任务。三是认为在各专业教学时数普遍减少的情况下,为了保证基础课、专业基础课、专业课的教学,没有必要进行专门的思想政治理论课教育教学活动,可以让学生通过网络渠道,利用课余时间学习思想政治理论课,简化考试考核,不一定要像其他课程那样按部就班地进行教育教学。上述观点,曲解了思想政治理论课的主渠道地位,或者人为拔高,或者把它等同或简化为一般的课程学习,这样势必削弱思想政治理论课的主渠道地位,甚至造成与其他课程的对立情绪,对思想政治教育的学科建设和课程建设都是不利的,也给人们开设思想政治理论课是党和国家一项长期政治任务的错觉,使之难于融入高校人才培养的科学课程体系之中。

二、高校思想政治理论课教育教学的本质特征

(一)思想政治理论课的本质

思想政治理论课教育教学对于培养德智体美劳全面发展的人才的重要作用不是"虚"的,而是"实"的,与其他课程相比思想政治理论课有以下特征:

1.思想政治理论课程是一种学科课程

"思想政治理论课属于一种学科课程,也就是以学科知识或理论知识为基础建立起来的课程。"①作为公共必修课程,它是人文社会科学的重要组成部分。但是,它与一般的人文社会科学有不同之处。首先,作为人文社会科学的组成部分,它有系统性、理论性和科学性,是关于人文社会科学的知识,有培养大学生科学文化素质的作用。其次,作为体现社会主义大学本质要求的课程,它有高度的政治性、意识形态性、思想性和较强实践性,要运用马克思主义基本原理、毛泽东思想和中国特色社会主义理论体系武装学生,发挥"传授知识,培养能力,塑造人格,确立信仰"的重要作用,使大学生能够运用马克思主义的立场、观点、方法分析和解决形成世界观、人生观、价值观及道德观、法制观、历史观等方面存在的实际问题,分析和解决社会现实问题。

2.思想政治理论课是德育课程

有学者指出:"根据近代以来课程的基本观点,一般把课程从德育、智育、体育、美育等诸多方面进行划分。显然思想政治理论课程是培养、提高学生思想道德素质为主的课程,属于德育范畴。"②思想政治理论课的主要任务是对大学生进行马克思主义教育,所涉及的内容事关学生的政治方向、政治立场、政治观点和思想道德素质,目的在于促进学生全面发展。因为在一个人的各种素质中,思想政治素质是最重要的素质,"才者德之资,德者才之帅"。事实也证明,"如果轻视思想政治素质、历史知识教育,和人格培养,那就会产生很大的片面性,而这种片面性往往会影响人的一生轨迹"③。由此可见,思想政治理论课在学生思想政治素质培养中发挥着独特作用,是一种关涉社会主义大学本质特征的德育课程。

3.思想政治理论课是显性课程

根据课程的表现形态,也就是依据教育是通过公开的或者是隐蔽的方式对学生施加有目的影响的角度,我们可以把课程分为显性课程和潜在课程(也称为隐性课程)。一般认为,"课程分为两种:显性课程与隐性课程。显性课程是有明确目的和计划的,包括学科课程和活动课程"④。潜在课程是指"学校

---

① 骆郁廷:《高校思想政治理论课程论》,武汉大学出版社 2006 年版,第 33 页。

② 余双好:《给思想政治理论课取一个学名》,载《学校党建与思想教育》2009 年第 1 期。

③ 中共中央文献研究室:《十五大以来重要文献选编(中)》,人民出版社 2001 年版,第 879 页。

④ 党建强、常广玲:《论隐性课程的德育价值》,载《教学研究》2004 年第 1 期。

通过教育环境(包括物质的、文化的和社会关系结构的)有意或无意地传递给学生的非公开性教育经验(包括学术的与非学术的)"①。思想政治理论课教学实践反映出它是一种显性课程,是按照高校的人才培养计划,有组织、有教材、有课时,保证和考核要求的教学活动。当然作为思想政治教育的主要途径,思想政治理论课的教学活动不可能是"唱独角戏"的,必须与学校的思想政治教育的潜在课程(隐性课程)相配合,与党政工团学妇组织的日常思想政治工作相衔接,才能产生更好的实际教育效果。

4.思想政治理论课是国家课程

以课程形式进行思想政治教育是党和政府实施大学生思想政治教育的基本途径和方式。早在中国共产党领导人民革命时期,在革命根据地,中国共产党先后创办了中国工农红军大学、抗日军政大学、陕北公学、鲁迅艺术文学院、中华女子大学、华北联合大学、延安大学、民族学院等学校。在这些学校中,我党紧密结合革命斗争实际,培养革命斗争需要的各类人才,对青年学生进行马克思主义基本原理教育,积累了开展思想政治教育的丰富经验。中华人民共和国成立后,党和政府着手对旧中国遗留的高等教育体制进行改造,高度重视对大学生进行思想政治教育,系统总结了党在根据地时期开展思想政治教育的做法及经验,根据社会培养人才需要,明确了高校思想政治教育的任务与要求,把大学生思想政治教育作为高校培养人才的首要目标,设立马克思主义理论课程,开启了以课程形式对大学生进行系统的马克思主义教育实践,对思想政治理论课建设进行了有益尝试。

十八大报告指出:"教育是民族振兴和社会发展进步的基石。要坚持教育优先发展,全面贯彻党的教育方针,坚持教育为社会主义现代化建设服务、为人民服务,把立德树人作为教育的根本任务,培养德智体美全面发展的社会主义建设者和接班人。"②思想政治理论课对于加强大学生的思想政治教育,培养社会需要的各类人才发挥着十分显著的作用,因而课程建设一直受到党和政府的高度重视。"中华人民共和国成立以来,我国高校任何一门思想政治理论课程的设立,都是由国家教育主管部门,甚至由党中央确定;思想政治理论课程方案的任何一次变更,都需要教育行政主管部门和党中央直接决策。"③十六大以来,党中央非常重视大学生思想政治教育和高校思想政治理论课建

---

① 靳玉乐:《潜在课程简论》,载《课程·教材·教法》1993年第6期。
② 《十八大报告学习辅导百问》,党建读物出版社、学习出版社2012年版,第31页。
③ 骆郁廷:《高校思想政治理论课程论》,武汉大学出版社2006年版,第39页。

设工作,"2005 年 1 月,中共中央政治局常委会专门研究关于加强和改进高校思想政治理论课的问题"①。"2011 年 10 月,党的十七届六中全会强调,要深入推进马克思主义理论研究和建设工程,加强重点学科体系和教材体系建设,推动中国特色社会主义理论体系进教材、进课堂、进学生头脑。"②十八大以来,以习近平为总书记的党中央十分关心重视大学生思想政治教育工作并对此做了精心部署。2015 年 1 月,中共中央办公厅、国务院办公厅印发了《关于进一步加强和改进新形势下高校宣传思想工作的意见》。该《意见》指出,要切实推动中国特色社会主义理论体系进教材进课堂进头脑。强调要统一使用马克思主义理论研究和建设工程重点教材,把统一使用工程重点教材纳入相关专业人才培养方案和教学计划,把工程重点教材作为国家级重点规划教材,把工程重点教材使用情况作为教学评估的重要内容。要建设学生真心喜爱、终身受益的高校思想政治理论课,实施高校思想政治理论课建设体系创新计划,全面深化课程建设综合改革,编好教材,建好队伍,抓好教学,切实办好思想政治理论课。③ 由此可见,思想政治理论课对于培养社会主义事业的建设者和可靠接班人具有重要的战略地位。

5. 思想政治理论课是对大学生进行思想政治教育的主渠道

社会思想政治教育是一个庞大系统,涵盖各行各业各个方面。高校思想政治教育是其一个非常重要子系统,要对众多的大学生进行思想政治教育必然需要一个有效途径,思想政治理论课就是一个行之有效的途径,也就是我们常讲的主渠道,这如同人们充分利用江河水源,在农田里开挖渠道用来引水灌溉农田,为农作物输送所需水分,让其吸收养分进行光合作用苗壮成长一样,假如没有纵横交错的渠道,江河里的水就不可能引入农田,农作物就不能获得生长所需的养分。"在思想政治教育过程中,主渠道起着主要的作用。它是思想政治信息传送的主要通道,集中承担着最大量的工作,不仅体现着思想政治信息传递的高效率,而且在社会中的分布具有导向性的作用。从思想政治教育的领导和管理角度来说,主渠道也具有自觉性强和易于掌控的特点。"④当

---

①　隋笑飞:《让思想更加璀璨让旗帜高高飘扬——马克思主义理论研究和建设工程纪实》,载《人民日报》2012 年 6 月 2 日第 1 版。

②　隋笑飞:《让思想更加璀璨让旗帜高高飘扬——马克思主义理论研究和建设工程纪实》,载《人民日报》2012 年 6 月 2 日第 1 版。

③　《加强和改进新形势下高校宣传思想工作》,载《人民日报》2015 年 1 月 20 日第 1 版。

④　刘建军:《论思想政治教育的主渠道与微循环》,载《思想理论教育》2014 年第 9 期。

然我们重视主渠道也不能忽视次渠道,没有次渠道,只能采取大水漫灌的方式,输送超量的水分可能会使农作物吸收不了,反而起不到我们预想的作用。在高校的人才培养工作中,除了思想政治教育主渠道外,还有哲学社会科学课程、专业课程,它们同样也具有思想政治教育的功能,相比主渠道来说这些课程是次渠道。当然我们不能因为哲学社会科学课程和专业课程有思想政治教育的作用,从而忽视甚至否定主渠道的地位和重要作用。在实际工作中,我们既要重视发挥主渠道的主导作用,也要树立"全员育人"的理念,充分发挥哲学社会科学课程、专业课程在思想政治教育中的积极作用,形成思想政治教育的合力。

(二)思想政治理论课教育教学的基本特征

所谓特征是指可以作为一事物特点的征象、标志等。思想政治理论课教学在高校人才培养中科学定位,决定了与其他课程相比它具有以下特点:

1.政治性、思想性、科学性的有机统一

思想政治理论教育教学具有鲜明的政治性,这是思想政治理论教育教学重要的本质特征。"思想政治教育是指社会或社会群体用一定的思想观念、政治观点、道德规范,对其成员施加有目的、有计划、有组织的影响,并促使其自主地接受这种影响,从而形成符合一定社会一定阶级所需要的思想品德的社会实践活动。"[①]因此,高校思想政治理论课教育教学作为思想政治教育的一个重要组成部分,其根本任务是培养社会发展需要的人才。"培养什么人、怎样培养人、为谁培养人",直接体现了高校思想政治理论教育教学性质和方向。早在抗日战争时期毛泽东就提出:"抗大的教育方针是:坚定正确的政治方向、艰苦奋斗的工作作风、灵活机动的战略战术。"[②]20世纪50年代他在最高国务会议上讲话又指出:"不论是知识分子,还是青年学生,都应该努力学习。除了学习专业之外,在思想上要有所进步,政治上也要有所进步,这就需要学习马克思主义,学习时事政治。没有正确的政治观点,就等于没有灵魂。"[③]邓小平指出:"毫无疑问,学校应该永远把坚定正确的政治方向放在第一位。"[④]江泽

---

① 陈万柏、张耀灿:《思想政治教育学原理》,高等教育出版社2015年版,第4页。

② 《毛泽东邓小平江泽民论教育》,中央文献出版社、人民教育出版社、北京师范大学出版社2002年版,第22页。

③ 《毛泽东邓小平江泽民论教育》,中央文献出版社、人民教育出版社、北京师范大学出版社2002年版,第65页。

④ 《邓小平文选》(第2卷),人民出版社1994年版,第104页。

民强调:"加强理论教育、思想教育和政治工作的目的,就是引导和帮助青年学生树立正确世界观、人生观、价值观,打下科学理论的基础,确立为建设中国特色社会主义而奋斗的政治方向。"①胡锦涛强调:"坚持以人为本,在教育工作中的最集中体现就是育人为本、德育为先。德是做人的根本,只有树立崇高理想和远大志向,从小打牢思想道德基础,学习才有动力,前进才有方向,成才才有保障。"②习近平在全国教育大会上指出,培养什么人是教育的首要问题。我国是中国共产党领导的社会主义国家,这就决定了我们的教育必须把培养社会主义建设者和接班人作为根本任务,培养一代又一代拥护中国共产党领导和我国社会主义制度、立志为中国特色社会主义奋斗终身的有用人才。这是教育工作的根本任务,也是教育现代化的方向目标。③ 政治性体现了思想政治理论课教育教学要为中国特色社会主义事业培养建设者和接班人服务,要求思想政治理论课教育教学要旗帜鲜明地用马列主义、毛泽东思想、邓小平理论、"三个代表"重要思想、科学发展观以及习近平新时代中国特色社会主义思想武装大学生头脑,牢固树立中国特色社会主义的共同理想,培育和践行社会主义核心价值观,致力实现中华民族伟大复兴的中国梦。思想是行动的先导,自信是力量的源泉。思想性体现了思想政治理论课教育教学在引导和教育学生坚定正确政治方向的同时,重视学生的精神价值与精神动力,着力以科学理想信念对学生进行导引。理想信念是人生的精神支柱,世界观、人生观、价值观是人生的总开关。江泽民指出:"在改造客观世界的进程中,我们的主观世界可以得到磨炼和提高。我们的主观世界不断得到改造,就可以推动我们更好地改造客观世界。改造主观世界,关键是牢固树立正确的世界观、人生观、价值观,牢固地树立为党和人民的事业不懈奋斗的信念。"④因此,思想政治理论课教育教学要在学习理论基础上,切实帮助学生确立科学的世界观、人生观、价值观,增强对中国特色社会主义的道路自信、理论自信、制度自信、文化自信,为实现"两个一百年"目标而奋斗。科学性要求思想政治理论课教育教学要在教学思想观念、教学内容、教学方法手段等方面体现规律性、真理性。诚然,科学理论本身具有真理性和价值性,但它不会自发地进入学生的头脑,

---

① 《江泽民文选》(第 1 卷),人民出版社 2006 年版,第 372 页。

② 《全国教育工作会议文件选编》,人民出版社 2010 年版,第 10 页。

③ 《习近平在全国教育大会上强调:坚持中国特色社会主义教育发展道路 培养德智体美劳全面发展的社会主义建设者和接班人》,载《人民日报》2018 年 9 月 11 日第 1 版。

④ 《毛泽东邓小平江泽民论社会主义道德建设》,学习出版社 2001 年版,第 136 页。

要靠教师主导作用充分发挥,但是一味靠"灌输"也难以实现思想政治理论教育教学的目的,在我国社会处于深刻变革之际,大学生思想政治理论教育教学出现了一些新情况新问题,要求我们要善于把握大学生思想品德变化发展的规律,充分体现时代性,不断创新教育教学提高实效性。

思想政治理论课教育教学政治性、思想性、科学性是紧密相连的。政治性重在解决培养什么样的人,怎样培养人的根本问题。思想政治理论课教育教学要坚持不懈地用马克思列宁主义、毛泽东思想、邓小平理论、"三个代表"重要思想、科学发展观以及习近平新时代中国特色社会主义思想为指导,帮助学生打下坚实的马克思主义功底,坚定正确的政治方向,形成科学的世界观、人生观、价值观,自觉抵制各种错误社会思潮的冲击,提高服务国家服务人民的社会责任感、勇于探索的创新精神、善于解决实际问题的实践能力。在实际工作中,我们要真正做到"育人为本、德育为先",必然要坚持以理想信念教育为核心,深入进行树立正确的世界观、人生观和价值观教育。这就要求我们必须学习马克思主义求实精神,采取科学的方法手段,用马克思列宁主义、毛泽东思想、邓小平理论、"三个代表"重要思想、科学发展观以及习近平新时代中国特色社会主义思想武装大学生,使他们正确认识社会发展规律,认识国家的前途命运,认识自己的社会责任,确立在党的领导下走中国特色社会主义道路、实现中华民族伟大复兴中国梦的共同理想和坚定信念。同样,思想政治理论教育教学要坚持正确的政治方向,就必然要求我们运用马克思主义的科学理论对大学生进行正确的思想引领,指导他们在改造客观世界的过程中改造自己的主观世界,掌握科学的世界观和方法论。

思想政治理论课教育教学政治性、思想性、科学性的有机统一,还表现为真理性、科学性与价值性的内在一致。马克思主义是科学的世界观和方法论,是为无产阶级争取自身解放和整个人类解放的科学理论,代表了最广大人民群众的根本利益,符合历史发展进步的总趋势。毛泽东思想是马列主义在中国的运用和发展,系统回答了在一个半殖民地半封建的东方大国,如何实现新民主主义革命和社会主义革命的问题,并对建设什么样的社会主义、怎样建设社会主义进行了艰辛探索,以创造性的内容为马克思主义宝库增添了新的财富。中国特色社会主义理论体系是包括邓小平理论、"三个代表"重要思想、科学发展观以及习近平新时代中国特色社会主义思想等重大战略思想在内的科学理论体系,系统回答了在中国这样一个十几亿人口的发展中大国建设什么样的社会主义,怎样建设社会主义,建设什么样的党、怎样建设党,实现什么样的发展,怎样发展,坚持和发展什么样的中国特色社会主义、怎样坚持和发展中国特色社会主义等一系列重大问题,是指导党和人民沿着中国特色社会主义道路实现中华民族伟大复兴的正确理论。马克思主义、毛泽东思想、中国特色社会主义理论体系是真理性的认识,具有科学性和价值性。因为,价值本身具有阶级性,不同阶级的思想政治理论教育具有不同的价值诉求。以马克思主义、毛泽东思想、中国特色社会主义理论体系为主要内容的思想政治理论教育教学实践,反映了人们思想品德素质形成的规律,具有真理性、科学性,以它为指导的高校思想政治理论课教育教学实践能够满足中国特色社会主义事业全面发展进步的需要和大学生全面发展的需要,它的真理性、科学性、价值性是高度统一的。

思想政治理论课教育教学坚持政治性、思想性、科学性有机统一,必须准确把握马克思主义的整体性、历史性、时代性以及马克思主义与时俱进的理论品质;必须用联系的、发展的、时代的眼光看待中国特色社会主义道路、理论和制度;必须以解放思想、实事求是、与时俱进、求真务实的态度对待马克思主义,做到坚持和发展的有机统一。

马克思主义指导思想是社会主义核心价值体系的灵魂。我们党之所以确立马克思主义为指导思想,是因为马克思主义有其严密的科学体系、鲜明的阶级立场和巨大的实践指导作用,是近代以来中国历史发展的必然结果,是中国人民历尽艰辛长期探索的抉择。马克思主义深刻揭示了人类历史发展的客观规律,反映了无产阶级的革命本质和博大胸怀,它以解放全人类为己任,为人类的进步和解放指明了正确方向,为人们认识世界、改造世界提供了科学的立场、观点和方法。科学理论来源于实践并指导实践,它又随着实践的发展而发展。马克思主义不是空洞、僵硬、刻板的教条,它具有与时俱进的理论品质和持久的生命力。马克思主义的普遍真理必须与各国无产阶级革命的实际相结合,才能彰显其强大的生命力。中国共产党坚持把马克思主义的基本原理与中国具体实际结合起来,在推进马克思主义中国化的过程中形成了毛泽东思想、邓小平理论、"三个代表"重要思想、科学发展观、习近平新时代中国特色社会主义思想等理论成果。高校思想政治理论课教育教学要善于培养和帮助学生学会运用马克思主义的立场、观点、方法,分析解决中国特色社会主义发展中遇到的实际问题,用发展着的马克思主义武装头脑,指导实践。实践在发展,理论在前进。如果以僵化、教条的态度,不顾历史条件和现实情况的变迁,拘泥于马克思主义经典作家在特定历史条件下、针对具体情况做出的某些个别论断和具体行动纲领,那我们就会因为思想脱离实际,墨守成规,而不能前进,甚至发生错误。思想政治理论课教育教学要不断地从马克思主义中国化最新成果中吸收新鲜的营养,增强科学理论的吸引力和感染力。

2.传授知识、传承文化、培养能力与培育科学世界观、人生观、价值观相统一

"思想政治理论课属于一种学科课程,也就是以学科知识或理论知识为基础建立起来的课程"①,在我国它是依托马克思主义理论一级学科建立起来的课程体系。作为大学生的公共必修课程,思想政治理论课是人文社会科学的重要组成部分,有系统性、理论性和科学性。思想政治教育、道德教育、法制教育都离不开相应的知识体系教育,均需要借助于知识教育来实现。很难想象一个人没有系统学习马克思主义理论,就能准确掌握马克思主义本质,从而确立对马克思主义的坚定信仰。马克思主义理论是科学系统的知识体系,思想政治理论课教师把马克思主义基本理论作为科学理论知识传授给学生本身没有什么问题。但是,在教学中,如果教师和学生仅仅把马克思主义理论当作一般人文社科知识传授与学习掌握,或者用学习自然科学时使用的实证科学的尺度对待马克思主义基本原理和基本理论,虽然这样看起来确实是把马克思主义当作科学真理,实际上是以自然科学的实证知识标准来学习掌握,试图通过实验或事实证明马克思主义科学原理或者概念的正确性,这样就会把马克思主义理论变成僵化抽象的教条,从而严重消解了马克思主义的科学价值及其对人类文明进步的重大意义。因为马克思主义本质上不是任何一种实证意义上的科学知识体系,它是一种科学的世界观和方法论,马克思主义阐明了自然、社会、思维的发展的一般规律,为其他一切学科提供科学的世界观和方法论,它是无产阶级和广大劳动人民认识世界、改造世界的强大思想武器。马克思指出:"哲学家们只是用不同的方式解释世界,问题在于改变世界。"②为什么我们不能把马克思主义理论当作实证化的知识来学习和掌握?因为马克思主义是一个以科学知识为基础的价值体系,而不是一个中立的知识价值体系。马克思主义所要揭示不仅是自然界发展变化的趋势,更重要的是通过对资本主义社会基本矛盾运动的分析,发现了人类社会发展规律和资本主义必然灭亡、社会主义必然胜利的总趋势,它以改造社会解放人类作为自己根本的宗旨,是为无产阶级和广大人民群众服务的。

思想政治理论教育既是传播马克思主义理论,进行思想品德教育教学的实践,也是用马克思主义先进文化和意识形态武装大学生的过程。思想政治

---

① 骆郁廷:《高校思想政治理论课程论》,武汉大学出版社 2006 年版,第 33 页。

② 《马克思恩格斯文集》(第 1 卷),人民出版社 2009 年版,第 502 页。

理论教育能够通过文化内化和意识形态教育,培养社会成员的思想道德素质、法律素质,提升大学生对国家和社会政治法律制度规范的认同感,从而为一定社会的政治经济法治服务。文化是民族的血脉,是人民群众的精神家园。在全球化、市场化、信息化时代文化越来越成为一个国家一个民族凝聚力与创造力的源泉。中国共产党在长期的革命、建设、改革中十分重视文化建设,始终代表中国先进文化的前进方向,努力建设体现社会主义价值属性,富有中国特色、中国气派、中国风格的社会主义先进文化。文化有广义与狭义之分,广义的文化是指人类改造客观世界和主观世界的活动及其成果的总体,包括物质、精神、制度、风俗习惯、礼仪及生活方式等内容;狭义的文化是人类社会实践活动的精神产物,它是相对于政治、经济而言的精神文化,不包括物质文化,主要是指思想道德文化和科学技术文化。文化既然是人们社会实践的认识成果,因而任何一种文化都包含一定的精神价值,以一定的价值尺度来权衡某一种文化时,文化就有了先进与落后之分。"从本质上说,衡量精神文化的先进与否,关键在于它是否从根本上反映了先进生产力的发展要求,是否代表了社会进步的方向,是否代表了广大人民群众的根本利益。"①所以,"一切先进的文化,都必然是站在时代前列、合乎历史潮流、符合客观真理、有利于生产力发展、代表最广大人民群众利益的文化"②。

文化的重要作用,古人很早就已经认识到,《周易》上讲:"观乎天文,以察时变;观乎人文,以化成天下。"社会主义先进文化对于提高大学生的思想道德素质和科学文化素质,促进德智体美劳全面发展具有重要意义。邓小平提出:"我们要在建设高度物质文明的同时,提高全民族的科学文化水平,发展高尚的丰富多彩的文化生活,建设高度的社会主义精神文明。"③江泽民指出:"发展社会主义文化的根本任务,是培养一代又一代有理想、有道德、有文化、有纪律的公民。要坚持以科学的理论武装人,以正确的舆论引导人,以高尚的精神塑造人,以优秀的作品鼓舞人。坚持和巩固马克思主义的指导地位,帮助人们树立正确的世界观、人生观、价值观。"④胡锦涛同志在清华大学百年校庆大会上讲话指出:"高等教育是优秀文化传承的重要载体和思想文化创新的重要源泉。要积极发挥文化育人作用,加强社会主义核心价值体系建设,掌握前人积

---

①　徐志宏:《思想理论教育教学论》,高等教育出版社 2006 年版,第 156 页。

②　沈壮海:《思想政治教育的文化视野》,人民出版社 2005 年版,第 15 页。

③　《邓小平文选》(第 2 卷),人民出版社 1994 年版,第 208 页。

④　《江泽民文选》(第 3 卷),人民出版社 2006 年版,第 277 页。

累的文化成果,扬弃旧义,创立新知,并传播到社会、延续至后代,不断培养崇尚科学、追求真理的思想观念。"①马克思主义是吸收人类优秀文明成果基础上产生的思想认识精华,20世纪初期,在新文化运动中,马克思主义作为一种先进文化在中国广泛传播,中国先进分子接受了马克思主义并把它与中国工人运动相结合催生了中国共产党,在中国共产党的领导下中国人民获得了解放,建立了社会主义新中国,彰显了马克思主义对中国社会发展的重大指导作用。《中共中央关于深化文化体制改革推动社会主义文化大发展大繁荣若干重大问题的决定》指出,"社会主义先进文化是马克思主义政党思想精神上的旗帜,文化建设是中国特色社会主义事业总体布局的重要组成部分。没有文化的积极引领,没有人民精神世界的极大丰富,没有全民族精神力量的充分发挥,一个国家、一个民族不可能屹立于世界民族之林"②。文化建设是中国特色社会主义总体布局中的一项战略任务,"文化的核心在于价值观,道德的理论基础也在于价值观"③。"习近平总书记指出,文化是一个国家、一个民族的灵魂,文化兴国运兴,文化强民族强,没有高度的文化自信,没有文化的繁荣兴盛,就没有中华民族伟大复兴。"④思想政治理论教育是大学文化传承创新的重要途径,高校思想政治理论教育要坚持以社会主义核心价值体系为主导,努力培育和践行社会主义核心价值观。社会主义核心价值体系与核心价值观具有内在一致性,都是体现了社会主义意识形态的本质要求,是社会主义先进文化的精髓。在思想政治教育工作中,高校往往比较重视发挥思想政治理论课的主渠道作用,开展日常性的思想政治工作,这些显性的思想政治教育是必需的。但是,我们也要重视隐性的思想政治教育工作,"文以载道、文以化人",所以"'文化'的本意就是'以文教化',它表示对人的性情的陶冶,品德的教养,本属精神领域之范畴"⑤。文化作为一种隐性的育人方式,有显性的育人工作所不具备的优势,文化育人体现其隐蔽性、渗透性、感染性、导向性、多样性等方面。文化育人可以有效降低大学生因被动"灌输"思想政治理论而引起的逆反

---

①　胡锦涛:《在庆祝清华大学建校100周年大会上的讲话》,载《人民日报》2011年4月25日第2版。

②　《中共中央关于深化文化体制改革推动社会主义文化大发展大繁荣若干重大问题的决定》,载《人民日报》2011年10月26日第1版。

③　张岱年:《文化与价值》,新华出版社2004年版,第8页。

④　中共中央宣传部:《习近平新时代中国特色社会主义思想三十讲》,学习出版社2018年版,第194页。

⑤　黄高才:《中国文化概论》,北京大学出版社2011年版,第5页。

心理和抵触情绪,起到春风化雨、润物无声、潜移默化的效果。思想政治理论教育教学工作要善于把主渠道与学校日常思想政治工作有效契合起来,积极营造良好的校园文化环境,占领网上的思想文化阵地,把校园网络作为开展大学生思想政治理论教育的重要阵地。思想政治理论教育教学在以马克思主义先进文化引领大学生健康成长成才的同时,要正确认识和继承中华民族优秀的传统文化,科学分析和借鉴世界各民族的优秀的文化成果,包容互鉴,促进文化创新,以先进的文化引领社会发展进步。

传授知识、传承文化是思想政治理论课教育教学的重要方面。但是,思想政治理论课教学的旨归在于解决大学生思想和心灵的深层次问题,即对马克思主义的信仰问题,因为在一个人的精神图谱中,信仰处于核心地位。大学生通过系统学习马克思主义理论、中国特色社会主义理论体系、中国近现代史、道德理论、法律知识等形成正确的世界观、人生观、价值观,培养运用马克思主义立场、观点、方法分析问题、解决问题能力,也就是在教学中解决"授人以渔"的问题。大学阶段不只是学习科学文化知识的过程,也是一个人完成社会化,成为"社会人"的重要阶段,需要具备观察社会、分析各种社会矛盾问题的立场与方法。思想政治理论课教学就是要努力帮助学生处理在个人成长成才以及未来走出大学校门进入社会,在干事创业过程中不可避免地遇到的个人与自我、个人与他人、个人与集体、个人与社会、个人与国家、个人与世界、个人与环境等问题,在纷繁杂芜的信息时代和市场经济条件下,形成正确的价值判断力、价值鉴别力、综合分析问题能力。

传授知识、传承文化、培养能力与培育科学世界观、人生观、价值观有机统一,体现了大学生的知识、文化素养、能力素质与科学信仰、价值取向之间相辅相成的关系。

首先,培养知识素养、传承文化、提高能力与"三观"紧密相连。知识是人类在改造客观世界和主观世界实践中所获得的认识和经验的总和。文化是人类社会实践活动的精神成果,主要通过其中蕴含的价值观对人的思想行动产生导引,先进文化是推动人类进步的精神动力。能力则是人们把知识运用于实际工作环境解决具体问题的本领。一方面,有知识能力不一定有文化,有文化也不一定有知识能力,知识能力的运用需要价值观作导航仪,在现实生活中有的人拥有较高的知识水平和能力素质,但其世界观、人生观、价值观发生扭曲,以至于走上违法犯罪的道路,这样的例子在今天社会屡见不鲜。"用专业知识教育人是不够的。通过专业教育,他可以成为一种有用的机器,但是不能成为一个和谐发展的人。"①缺乏知识能力的文化只能是一种低级的文化形态,知识能力的发挥运用体现了一个人的价值导向,一个人没有正确的世界观、人生观、价值观是不可能全心全意为人民服务的。另一方面,知识与文化一样都是社会主义精神文明建设的重要内容,都是推动人类自身进步的精神力量。同样,知识文化与能力之间也有紧密联系。一个人的文化水平、知识储备反映了他对前人直接经验与间接经验的掌握程度。能力反映了一个人怎样把掌握的文化知识运用于具体工作环境解决实际问题的本领。一般说来,个人能力培养以学习掌握运用文化知识为基础,缺乏文化知识的能力只能是一种简单的、经验性的本能。提升能力素质需要以掌握更多的文化知识为前提,一个人有了正确的世界观、人生观、价值观,有助于提升文化知识水平和能力素质。大学生只有在系统地学习和掌握马克思主义理论和科学文化知识基础上,才能确立科学的世界观、人生观、价值观,培养分析问题、解决问题能力。但是一个人的文化知识水平毕竟不能与能力画等号,能力更重于知识,没有解决问题的能力,空有文化知识也无法派上用场,文化知识的价值就无从体现,缺乏能力遇到问题就会束手无策,人云亦云,学习的目的全在于运用。

其次,知识水平、文化素养、能力素质与世界观、人生观、价值观也是辩证统一的关系。固然,人的知识水平、能力素质与文化素养不能画等号,但是,一个人通过努力不断地学习科学文化知识,加强自身修养,提升能力素质,可以提高自己的思想道德修养水平,有助于形成正确的价值观念。知识水平、文化素养不仅会影响人的能力提升,也会影响人的世界观、人生观、价值观。人的能力特别是学习能力也会制约人的思想道德修养水平及价值观念,只有不断地学习马克思主义,用中国化马克思主义武装头脑指导实践,在改造客观世界的同时改造人们的主观世界,才能使人们的思想认识更加符合实际,把握事物发展方向。一个人只有确立正确的世界观、人生观、价值观,才能坚定理想信念,努力学习,勇于实践,提升知识水平和能力素质,形成良好的道德素质,正确处理主观与客观、公与私、个人与他人、个人与集体、社会之间的关系,从而实现自己的人生价值。

3.教育与自我教育、政治理论教育与社会实践相统一

思想政治教育是一项系统工程,教育与自我教育、政治理论教育与社会实践相统一特征,体现了思想政治理论教育教学要妥善处理学校教育与学生自

---

① 《爱因斯坦文集》(第3卷),商务印书馆2010年版,第358页。

我教育、思想理论教育与社会实践的关系。学校教育包括思想政治理论课教育教学、党团组织思想政治教育等。做好青年学生的思想政治教育工作,要充分发挥思想政治理论课的主渠道作用,这就需要正确处理教师教学与学生学习之间的关系。因为,与其他专业课教学一样,在思想政治理论课教学工作中,教师起到主导作用。教师的主导作用是指教师在教学过程中制订计划,组织、指导、管理、协调教学活动使之有序运行。教育大计,教师为本,教师是学生成长成才的指导者和引路人,教师在教学中的主导作用主要体现在以下几方面。第一,教师是思想政治理论课教育教学的具体组织者和实施者,不仅要承担所讲课程的全部教育教学的计划组织管理施教工作,而且要负责每一节课的教学活动以及教学考核评价。第二,教师是保证思想政治理论课教育教学坚持正确方向的引领者。列宁指出:"在任何学校里,最重要的是课程的思想政治方向,这个方向由什么来决定呢? 完全而且只能由教学人员来决定。"①思想政治理论课有鲜明的意识形态性,教师要坚持以科学的理论武装人,以正确的舆论引导人,以高尚的精神塑造人,以优秀的作品鼓舞人,把握教育教学规律,引领大学生沿着正确的道路前进。第三,教师是学生健康成长的指导者和引路人。"师者,所以传道授业解惑也。"解惑最主要的是解大学生思想之"惑",当下,"90 后"已经成为大学生的主体,互联网已经成为他们获取信息及知识的主要渠道,在全球化时代,各种思想文化交流、交融、交锋更加激烈,思想政治理论课教育教学要在多元、多样、多变中确立马克思主义的指导地位,大力弘扬社会主旋律,让大学生自觉汇聚在中国特色社会主义共同理想的旗帜下,坚定中国特色社会主义道路自信、理论自信、制度自信、文化自信,成为社会主义核心价值观的培育者、践行者、弘扬者。当好大学生健康成长的指导者和引路人,思想政治理论课教师要坚定理想信念、培养高尚道德品质、练就扎实理论功底、提升教学能力,以人格魅力和学识魅力影响感染学生,使思想政治教育的影响力从课堂走向学校,从学校走向社会,为实现中华民族伟大复兴的中国梦传递正能量。除了思想政治理论教育教学外,高校还有党团组织的思想政治教育,业余党校、业余团校教育教学,以及围绕重要节庆日、国内外重大事件等对大学生进行的党的基本路线方针教育、党团基本知识、形势与政策等经常性和即时性思想政治教育。这些与思想政治理论课教育教学相比处于次要渠道,当然并不是说党团思想政治教育不重要。思想政治理论课

---

① 《列宁全集》(第 45 卷),人民出版社 1990 年版,第 249 页。

教学是做好大学生思想政治教育的基础,党团思想政治教育是思想政治理论课教学的延伸,搞好思想政治理论课教学有利于提高大学生的思想政治觉悟,从而有利于更好地开展党团思想政治教育,党团思想政治教育的开展有助于理论联系实际,深化思想政治理论课教学,两者互相协调,互相补充,把思想政治理论课教育教学与党团思想政治教育有机结合起来形成合力,而不是"两张皮",这样才能促进大学生思想道德素质提升。"师傅请进门修行在个人",教育与自我教育是一对矛盾,教育是前提,自我教育是归宿,青年学生是接受教育的主体,也是自我教育的主体,教育只是外因,外因必须通过内因才能起作用,提高思想政治理论教育实效性,必须发挥学生的积极性、主动性,教师传授的理论知识必须经过学生的学习思考掌握,在思想深处经过知、情、信、意、行才能行成自身思想道德素质。在全球化、信息化、市场化时代,随着学习、生活、就业方式的变化,人们独立性、自主性、能动性不断增强,自我意识也在不断强化,特别是网络技术的突飞猛进,获取知识技术等途径越来越多,自我教育显得越来越重要,学校方面面要善于把思想政治理论教育教学与学生自我教育结合起来,用身边可亲可信可学的先进典型激励学生成长,提高自我教育、自我修养、自我管理、自我发展、自我服务能力。

思想政治理论课教育教学还要处理好政治理论教育与社会实践之间关系。大学生思想政治理论教育是一门理论性很强的学问,也是一项实践性很强的活动,课堂教学是传播马克思主义的重要途径,社会实践也是对大学生进行思想政治教育的基本形式。实践观点是马克思主义认识论的首要的和根本的观点,实践是认识的基础和理论的源泉。思想政治理论教育教学要充分利用社会教育资源,理论与实践相结合,引导组织学生走进工厂、农村、机关、社区、街道,开展社会调查、参观考察、志愿服务、教学实习以及文化科技卫生"三下乡"等活动,用所学的知识服务人民群众,体验劳动人民生活,培养亲近人民群众情感,走与工农相结合、与实践相结合的道路,深入社会,了解国情省情县情,开阔学生视野,使大学生受教育、长才干、做贡献。值得注意的是,近年来随着人民群众生活水平的提高,加之升学竞争激烈,学校往往重视升学率,中小学劳动教育受到很大限度的削弱,不重视学生劳动观念和劳动习惯养成。一些家长比较重视智力开发投入,往往比较关心孩子的学习成绩,认为只要成绩好,其他的都可放一边,有意无意地忽视了孩子体力劳动和生产劳动锻炼。从社会上看,急功近利、一夜暴富、不劳而获的思想有所蔓延,体力劳动和生产劳动受到轻视,轻视劳动、特别是轻视生产劳动的现象也在高校学生身上有所体现。开展社会实践不是权宜之计,而是思想政治理论教育的一项战略任务,劳动能力培养锻炼是社会实践的重要内容,也是培养大学生良好思想道德素质的重要途径。习近平指出:"劳动是财富的源泉,也是幸福的源泉。人世间的美好梦想,只有通过诚实劳动才能实现;发展中的各种难题,只有通过诚实劳动才能破解;生命里的一切辉煌,只有通过诚实劳动才能铸就。劳动创造了中华民族,造就了中华民族的辉煌历史,也必将创造出中华民族的光明未来。"①

4.以人为本,解决思想问题与解决实际问题相结合

思想政治理论课教育教学是高校人才培养工作的重要方面,它以人为作用对象,着眼于做人的思想、精神世界的工作,引导和帮助人形成符合社会发展要求的思想道德素质,促进人的全面发展。以人为本要求我们要自觉地把人作为思想政治理论课教学的出发点和落脚点,把人看作具有独立个性及特定观念的主体,既关注人的物质生活需求,又关注人的精神生活需求,在教育教学中注重引导启发人的内在的教育需要,激发人成长成才的内趋力,成为担当民族复兴大任的时代新人。"习近平指出,思想政治工作从根本上说是做人的工作,必须围绕学生、关照学生、服务学生,不断提高学生思想水平、政治觉悟、道德品质、文化素养,让学生成为德才兼备、全面发展的人才。"②思想政治理论课教育教学要以促进学生德智体美劳等方面全面发展为宗旨,解决好为谁培养人、培养什么样的人的问题。以人为本的德育理念就是以学生为中心,突出学生的全面发展。学生是教育的中心,也是教育的目的;学生是教育的出发点,也是教育的归宿。思想政治教育要始终着眼于学生的成长成才与全面发展,更好地关注学生的根本利益,切实解决好"如何培养人"的问题。

思想政治理论课教育教学不是单纯的"灌输",要真正入耳、入脑、入心,要把解决思想问题与解决实际问题有机结合起来,这是增强教育教学实效性的重要途径。思想政治理论课教育教学是从思想理论教学入手,引导大学生德智体美劳等方面全面发展的教育活动,与专业教学相比它主要关注大学生主观世界的改造,也就是通过学习马克思主义、毛泽东思想、中国特色社会主义理论体系等,培养正确的世界观、人生观、价值观。大学时代是一个人世界观、价值观、人生观形成的关键时期,当今世界多极化、全球化深入发展,文化多样化、社会信息化持续推进,我国社会正处于转型过程中,大学生思想问题产生

---

① 《习近平谈治国理政》,外文出版社 2014 年版,第 46 页。

② 《习近平在全国高校思想政治工作会议上强调:把思想政治工作贯穿教育教学全过程 开创我国高等教育事业发展新局面》,载《人民日报》2016 年 12 月 9 日第 1 版。

有其复杂的社会背景。辩证唯物主义告诉人们,社会存在决定社会意识,社会意识是社会存在的反映。大学生思想问题来源于对自身发展及所面对社会现实问题的思考。一方面,思想理论教育教学必须直面大学生成长中的烦恼,关注大学生的学习、生活、心理、情感、就业、创业等实际,另一方面,信息化时代,面对西方敌对势力对我国西化、分化的图谋,市场经济对传统价值观念的冲击、利益关系和分配方式日益多样化,以及党内出现的贪污、腐败等消极现象,一些学生也会对社会发展出现的各种问题感到困惑,这些都是教育教学过程中不容回避的现实问题。如果我们的教学工作理论与现实脱节,仅仅就思想问题谈思想问题,不从利益诉求与利益动因上去分析学生思想问题的根源,就会使思想政治理论教育教学陷入"大而空"、不接地气的窘境,不但解决不了学生思想问题,还可能影响学生学习思想政治理论的积极性。学习的目的全在于运用,对学生的思想问题不能漠视,教师可以通过面对面或电子邮件、QQ、微信等网络工具与学生交流,了解学生所思所想所盼,把教育学生与服务学生结合起来,在力所能及的范围内,尽力帮助学生解决实际困难。切实重视和加强人文关怀与心理疏导,培育大学生自尊自信、理性平和、积极向上的社会心态。高校要加强心理健康教育,按照教育部的要求,构建由知识普及体系、危机预警体系和危机应对体系组成的三级危机预防网络。"打铁还需自身硬",面对各种社会思潮的冲击,对于解决一些较为复杂的思想认识问题,首先,教师必须重视学习与调查研究,强化问题意识,从学生关注的社会现实问题入手,聚焦热点难点问题,理论联系实际,采取多种形式,改进教学方法,引导学生用马克思主义的立场观点方法分析问题,解决问题。其次,与党、政、工、团、学等部门协同努力,经常对有困难的学生予以切实关爱,帮助他们解决学习生活等方面的实际困难,让他们感受到学校的温暖,同时教育他们自尊、自强、自立、自律,培养抵抗挫折困难的勇气,提高适应学校、适应未来社会需要的素质和能力。解决思想问题与解决实际问题相结合正好彰显了以人为本的德育理念,实际问题的解决使学生的合理利益诉求得到满足,能有效解决学生的思想问题,两者相辅相成,能够有效地提升教育效果。

三、高校思想政治理论课教育教学的作用

我国是世界上最大的发展中国家,中华人民共和国成立70年,特别是改革开放以来,随着我国经济社会发展,教育事业也取得了长足进步,为社会发展提供了强有力的人才支撑。当今世界科技进步日新月异,综合国力竞争越

来越激烈,2008 年世界经历了一场深刻的金融危机,对各国产生很大冲击,至今世界还没有完全走出危机的阴霾,各国纷纷调整战略,更加重视教育改革、人才培养、科技创新,以期在新一轮科技革命中占据有利地位。综合国力竞争的关键是人才,基础在教育。人类历史发展表明,教育对每个国家民族发展都是十分重要的,教育是提高国民素质和促进人的全面发展的根本途径。

(一)思想政治理论课教育教学是提高大学生思想道德素质的根本途径

素质是一个经常使用的词语,在不同学科中人们有不同的理解,但也有共同点,即素质是以人的生理与心理实际状况作为基础,以其自然属性为基本前提,个体生理、心理成熟水平不同决定着个体素质的差异,因此,对人的素质的理解以人的身心组织结构和质量为前提。在教育学上,"素质就是知识加能力,再加上能使知识和能力发挥作用的动力品质——做人"①。素质不仅包括人的知识和能力,但更强调做人的根本,侧重人的内在素养。一般来说,素质是指个体在先天基础上,经过后天环境的影响和教育训练所形成的能够从事某种实践活动的基本品质或基础条件,简单地讲素质是先天天赋条件与后天习得才能的集合体。从宏观方面讲,素质包括德育、智育、体育、美育等方面;从微观方面讲,大学生素质是一个由各种素质构成要素组成的有机系统,主要包括身心素质、思想道德素质、科学文化素质、业务素质、法律素质以及能力素质等方面。素质的各个组成部分在个人整体素质中所处的地位也有所区别,身心素质是人的各种素质的物质承担者;思想道德素质主要包括思想政治素质和道德素质,思想政治素质是一种特殊的素养,是人们在各种社会实践活动中表现出来的特定品质;科学文化素质是人们在改造自然、社会过程中形成的认识成果,包括自然、社会、思维的知识体系;业务素质是指从不同专业所具备的专业基础知识、专业知识、专业技能等;法律素质是指学法、知法、守法、用法、维护法律尊严的素养和能力;能力素质是人们在掌握科学文化知识基础上形成的在社会实践中分析问题、解决问题的各种本领。知识、能力、素质三者是辩证统一的关系,知识是能力、素质的基石,一个人没有丰富的知识做底蕴就不会形成较强的能力,最终也不会表现出较高的素质,能力是关键,它是一个人在掌握一定科学文化知识基础上,经过后天教育培训,在实践历练中发展起来的,表现为做人做事获取知识的本领,也就是我们常说的处理人际关系、

---

① 田建国:《以人为本与道德教育》,山东人民出版社 2005 年版,第 151 页。

干事创业的本领。素质是人的内核,它是一个人在掌握一定程度知识、培养锻炼出一定能力基础上,经过一定时期的实践逐渐形成的稳定的、内在的、综合的个人心理品质,是知识和能力的升华,从而形成一种复合的人文素养和科学求实精神,素质是知识与能力融合的最高表现形式。素质是学校教育、家庭教育、社会教育与自我教育综合形成的结果。素质是一个变量,个人素质会随着知识、能力、阅历等因素的变化而不断变化,一般来讲,随着个人修养水平的提升其素质也会提升,反之,一个人如不重视加强个人修养,特别是不重视思想道德修养,精神缺"钙",尽管知识存量增多了、能力增强了,但其素质可能没有真正提升,甚至会降低、会发生质变,在当下社会这样的事例屡见不鲜,这是个人在成长中需要面对的现实问题,思想政治素质对大学生素质具有决定性作用。《国家中长期教育改革和发展纲要(2010—2020)》指出:"坚持以人为本、全面实施素质教育是教育改革发展的战略主题,是贯彻党的教育方针的时代要求,其核心是解决好培养什么人、怎样培养人的重大问题。"[①]思想政治理论课教育教学有鲜明的政治特征,中华人民共和国成立以来,我们党始终坚持把思想政治教育与党和人民的事业发展后继有人紧密联系在一起,从培养社会主义建设者和接班人的战略高度看待思想政治理论教育。毛泽东指出:"不论是知识分子,还是青年学生,都应该努力学习。除了学习专业之外,在思想上要有所进步,这就需要学习马克思主义,学习时事政治。没有正确的政治观点,就等于没有灵魂。"[②]邓小平指出:"毫无疑问,学校应该永远把坚定正确的政治方向放在第一位。但这并不是说要把大量的课时用于思想政治教育。学生把坚定正确的政治方向放在第一位,这不仅不排斥学习科学文化,相反,政治觉悟越高,为革命学习科学文化就应该越加自觉,越加刻苦。"[③]江泽民指出:"思想政治教育,在各级各类学校都要摆在重要地位,任何时候都不能放松和削弱。要说素质,思想政治素质是最重要的素质。不断增强学生和群众的爱国主义、集体主义、社会主义思想,是素质教育的灵魂。"[④]胡锦涛指出:"坚持以人为本,在教育工作中的最集中体现就是育人为本、德育为先。德是做人

① 《全国教育工作会议文件选编》,人民出版社 2010 年版,第 59 页。

② 《毛泽东邓小平江泽民论教育》,中央文献出版社、人民教育出版社、北京师范大学出版社 2002 年版,第 65 页。

③ 《毛泽东邓小平江泽民论教育》,中央文献出版社、人民教育出版社、北京师范大学出版社 2002 年版,第 139 页。

④ 《毛泽东邓小平江泽民论教育》,中央文献出版社、人民教育出版社、北京师范大学出版社 2002 年版,第 275 页。

的根本,只有树立崇高理想和远大志向,从小打牢思想道德基础,学习才有动力,前进才有方向,成才才有保障。"①习近平强调:"要在坚定理想信念上下功夫,教育引导学生树立共产主义远大理想和中国特色社会主义共同理想,增强学生的中国特色社会主义道路自信、理论自信、制度自信、文化自信,立志肩负起民族复兴的时代重任。要在厚植爱国主义情怀上下功夫,让爱国主义精神在学生心中牢牢扎根,教育引导学生热爱和拥护中国共产党,立志听党话、跟党走,扎根人民、奉献国家。要在加强品德修养上下功夫,教育引导学生培育和践行社会主义核心价值观,踏踏实实修好品德,成为有大爱大德大怀的人。要在增长知识见识上下功夫,教育引导学生珍惜学习时光,心无旁骛求知问学,增长见识,丰富学识,沿着求真理、悟道理、明事理的方向前进。要在培养奋斗精神上下功夫,教育引导学生树立高远志向,历练敢于担当、不懈奋斗的精神,具有勇于奋斗的精神状态,乐观向上的人生态度,做到刚健有为、自强不息。要在增强综合素质上下功夫,教育引导学生培养综合能力,培养创新思维。要树立健康第一的教育理念,开齐开足体育课,帮助学生在体育锻炼中享受乐趣、增强体质、健全人格、锤炼意志。要全面加强和改进学校美育,坚持以美育人、以文化人,提高学生审美和人文素养。要在学生中弘扬劳动精神,教育引导学生崇尚劳动、尊重劳动,懂得劳动最光荣、劳动最伟大、劳动最美丽的道理,长大后能够辛勤劳动、诚实劳动、创造性劳动。"②

　　人力资源是经济社会发展的第一资源,其中最重要的是人才资源,高校是培养和造就千百万社会主义事业建设者和接班人、实现中华民族伟大复兴"中国梦"的重要人才基地。"才者,德之资也,德者,才之帅也。"思想道德素质,特别是思想政治素质在大学生的各种素质中起到统帅作用。贯彻党的教育方针,全面实施素质教育,就是要把德育放在首位,通过系统的思想政治理论课教育,让学生学习马克思主义理论、毛泽东思想、邓小平理论、"三个代表"重要思想、科学发展观及习近平新时代中国特色社会主义思想。掌握马克思主义的基本理论、基本原理、基本立场,坚定理想信念,树立科学的世界观、人生观、价值观、道德观、法治观念,成为党和人民事业发展需要的可以信赖的人才。大学生有了较好的思想道德素质,就能够正确处理人生道路上遇到的各种矛盾和冲突,就能够抵御各种社会思潮的冲击,自觉践行社会主义核心价值观,

---

① 《全国教育工作会议文件选编》,人民出版社 2010 年版,第 10 页。

② 《习近平在全国教育大会上强调:坚持中国特色社会主义教育发展道路培养德智体美劳全面发展的社会主义建设者和接班人》,载《人民日报》2018 年 9 月 11 日第 1 版。

把个人的理想与国家民族的前途命运结合起来,在实现个人抱负中为中国特色社会主义事业建功立业。

(二)思想政治理论课教育教学是坚持社会主义办学方向,落实立德树人根本任务的坚强保障

思想政治工作是经济工作和其他一切工作的生命线。习近平在全国教育大会上强调"思想政治工作是学校各项工作的生命线"。这些是我们党在长期革命斗争中形成的重要的马克思主义原则,对高等教育事业发展也有十分重要的指导作用。在革命、建设、改革的不同历史时期,我们党重视从思想上建党,加强思想政治教育工作,善于从思想上教育引领广大党员群众,提高思想政治觉悟,为实现党提出的目标而奋斗。思想政治素质在人的素质中起统帅作用,培养什么样的人,怎样培养人,事关社会主义事业后继有人。思想政治理论课教育教学是巩固马克思主义在高校意识形态领域指导地位、坚持社会主义办学方向的重要阵地,是全面贯彻党的教育方针、培养德智体美劳全面发展人才的主渠道,是开展社会主义核心价值观教育、引导大学生树立科学世界观、人生观、价值观的核心课程。"大量事实证明,思想文化阵地,马克思主义、无产阶级的思想不去占领,各种非马克思主义、非无产阶级的思想甚至反马克思主义的思想就会去占领。"①高校是意识形态工作的前沿阵地,也是西方敌对势力对我们进行西化、分化、渗透的重要领域,历史和现实告诉我们,越是面临复杂多变的国内外环境,越是面对各种风险和挑战,我们越是要牢固树立阵地意识,越是要坚守和壮大主流思想舆论,发挥思想政治理论课教育教学引领青年思想进步的积极作用。党的十一届三中全会以来,党带领人民走出了一条中国特色社会主义道路,我国社会主义现代化建设取得了举世瞩目的伟大成就,一个重要结论,就是我们正确处理改革发展稳定之间的关系,实现改革发展稳定的统一。发展是硬道理,稳定是硬任务,没有稳定,什么事情都是空谈,如今北非的利比亚、中东的叙利亚等国家混乱局面就是很好的例证。赢得青年,才能赢得未来。办好中国特色的社会主义大学,必须加强思想引领,确保高校和谐发展稳定。高校的和谐发展稳定,对全社会和谐发展稳定具有十分重要意义。发挥思想政治理论课教育教学作为主渠道主阵地作用,用马克思主义理论武装青年,扣好人生的"第一粒扣子",关系高校培养的学生举什么旗、走什么路的问题,关系中国特色社会主义的兴旺发达。因此,中央高度重

---

① 江泽民:《论党的建设》,中央文献出版社 2001 年版,第 438 页。

视思想政治理论课建设，根据党和国家事业发展需要和人才队伍的现状，对思想政治理论课教育教学不断做出新部署、提出新要求，用马克思主义中国化的最新成果武装学生，推进中国特色社会主义理论体系"进教材、进课堂、进头脑"，更好地服务中国特色社会主义事业。

思想政治理论课不仅关系高校办学的社会主义方向，更关系人才培养质量。十七大报告提出"坚持育人为本，德育为先"，十八大报告进一步明确"把立德树人作为教育的根本任务，培养德智体美全面发展的社会主义建设者和接班人"。《左传》讲："太上有立德，其次有立功，其次有立言，虽久不废，此之谓不朽。"立德是第一位，因为要成才，先成人。《管子》讲："一年之计，莫如树谷；十年之计，莫如树木；终身之计，莫如树人。"无论什么时代，只有培养大批各方面需要的人才，才能支撑起国家社会发展。"立德树人"是我国历代教育智慧的结晶。高校落实立德树人任务，首先，思想政治理论课要坚持德育为先，德是做人的根本。当今我国正处在开放的国际环境和多元文化的环境下，德育为先更有紧迫性和现实性，要把理想与信念教育作为重点，把弘扬以爱国主义为核心的民族精神和以改革创新为核心的时代精神作为重要内容，增强文化自信，引导大学生自觉践行社会主义核心价值体系。大学生只有树立崇高理想和远大志向，养成良好道德品行，才能成为社会需要的人才。其次，立德树人要求教师不仅要传授知识、传承文化、培养能力，而且要用马克思主义理论引领学生，帮助学生树立正确世界观、人生观、价值观、荣辱观、法治观，自觉践行社会主义核心价值观。"核心价值观，其实就是一种德，既是个人的德，也是一种大德，就是国家的德、社会的德。国无德不兴，人无德不立。如果一个民族、一个国家没有共同的核心价值观，莫衷一是，行无依归，那这个民族、这个国家就无法前进。"①再次，立德树人要求思想政治理论课教育教学要坚持以人为本，促进学生全面发展。人的全面发展是人类的崇高理想，是人的发展和社会发展的最高目标及终极价值追求，思想政治理论课教育教学的目的在于满足学生需求，提高思想政治素质，促进大学生全面而自由的发展。因此，我们必须坚持以学生为本，关注学生成长成才，使学生德智体美劳全面发展、和谐发展、可持续发展。最后，立德树人，师德为范。教师是人类灵魂的工程师，立德树人是教师的天职和根本任务，师德对从事思想政治理论课教学的教师尤为重要，教师的思想政治素质和道德操守对大学生的价值观产生非常

---

① 习近平：《青年要自觉践行社会主义核心价值观》，载《人民日报》2014 年 5 月 5 日第2 版。

重要的影响。"学高为师,身正为范",教师要想"树人德"必先"己立德",从事思想政治理论课教育教学的教师要坚定理想信念,努力学习马克思主义、毛泽东思想、中国特色社会主义理论体系,站稳政治立场,忠诚党和人民的教育事业,增强教书育人的责任感、使命感,不仅要重视言教,更要重视身教,成为学生健康成长的指导者和引路人。

(三)思想政治理论课教育教学是有效抵制错误思想观念冲击的重要武器

当今世界正处于大发展、大变革、大调整的时期,世界多极化全球化深入发展,科技革命突飞猛进,各种思想文化交流、交融、交锋更加频繁。我国已经进入全面深化改革攻坚期和深水区,改革发展稳定任务繁重,矛盾风险挑战繁多。高校作为意识形态前沿阵地,也是各种思想潮流的集聚地,思想政治理论课教育教学不可避免地遭受来自各方面的冲击。

经济全球化是当今时代发展的重要趋势,不同国家和民族都不可避免地被裹挟到这一进程中,使世界各国经济发展联系日益密切,同时也对各国的政治文化等产生影响。一方面,全球化给我国改革开放和社会主义现代化建设带来机遇,我们可以引进国外的资金、技术,学习先进的管理经验,充分利用国际市场。另一方面,伴随我国改革开放进程加快,不同国家、不同民族之间文化交流日益频繁,人员往来日渐增多,各种异质文化、思想、价值观念之间的碰撞冲突在所难免,甚至会比较尖锐。全球化是西方发达国家主导下进行的,这些国家凭借强大的政治、经济、科技、军事、文化等优势,向世界推行其价值观。随着全球化的推进,特别是互联网技术快速发展,使海量信息即时在网上快速传播,出现多种文化、社会思潮、价值观念碰撞。在此大背景下,西方敌对势力或明或暗借机对我们进行西化、分化、渗透,以期对我们施加影响,力图干扰延迟中国的和平崛起。当前各种社会思潮或观点可谓是泥沙俱下,冲击着社会主义核心价值体系,冲击马克思主义在我国意识形态领域的指导地位。比如"普世价值论"、历史虚无主义等。"普世价值论"表面上看是宣扬美好的全人类的普世价值,实质上是以"普世"为借口,鼓吹资产阶级所谓的自由、民主、人权、宪政等价值观念。"'普世价值论',不论作为一种政治理念,就其产生的历史背景、思想内涵和社会作用而言,还是作为一种社会思潮,就其泛起的时代背景、理论指向和现实作用而言,都是对西方资本主义社会'三权鼎立'、'两院制'和多党轮流执政等政治制度模式合理性、合法性和永恒性的价值的判断和政治理念。"①普世价值论之争实质上是道路之争,也就是中国发展是像西方国家一样走资本主义道路,还是走中国特色社会主义道路。中国选择社会主义制度不是偶然的,它是中国共产党人把马克思主义普遍真理同中国具体实际相结合,团结带领人民群众经过艰苦卓绝的革命斗争取得的伟大成就,实践证明只有社会主义才能救中国、发展中国。历史虚无主义思潮往往以"反思历史"为名,歪曲党的历史和中华人民共和国成立以来的历史,否定中国共产党领导的人民革命,否定历史人物和历史事件,贬损英雄人物,诋毁党的领袖等。有一段时间,质疑邱少云、黄继光、狼牙山五壮士等英雄人物的言论,在网络上一度盛行。诚然,对于今天许多生活在和平阳光下的人们,很难体会到过去革命战争环境的残酷,也难以体会民族英雄视死如归、战胜强大敌人的勇气和决心。英雄是一个社会的价值标杆,是我们民族的脊梁,世界上任何民族,任何国家都尊崇自己的英雄人物,一个英雄辈出的民族是任何力量都摧不垮的。近代以来,正是无数民族英雄发出"中华民族到了最危险的时候"的呐喊,冒着敌人的炮火前进,前仆后继英勇牺牲,才换来了我们今天幸福的生活。时代呼唤英雄精神,在实现中华民族伟大复兴的征程中,我们要发扬光大英雄精神,为实现中国梦汇聚强大正能量。如果听任历史虚无主义者颠倒黑白,"重构历史",最终将瓦解社会主义核心价值体系和社会主义核心价值观,蛀空我们伟大的民族精神,使我们民族限于无所依归的境地,成为一盘散沙。在颁发"中国人民抗日战争胜利70周年"纪念章仪式上,习近平指出:"近代以来,一切为中华民族独立和解放而牺牲的人们,一切为中华民族摆脱外来殖民统治和侵略而英勇斗争的人们,一切为中华民族掌握自己命运、开创国家发展新路的人们,都是民族英雄,都是国家荣光。"②

当今中国由于差异化的存在,多种经济成分并存,分配方式、就业方式、生活方式多样化,社会利益群体不像改革开放前那样相对的同质化,因而必然导致人们的思想认识多样化,各种思想并列杂陈,有与社会主义核心价值体系、社会主义核心价值观相一致的思想,也有错误的思想,这些都会对青年学生产生影响。正确的思想无疑能够帮助青年学生认识社会发展规律前进方向,而错误的思想会给生活阅历较少的大学生增加辨别是非的困难,消解主流思想

---

①　杨瑞森:《弘扬中华优秀传统文化四题》,载《思想理论教育导刊》2014年12期。

②　《中国人民抗日战争胜利70周年纪念章颁发仪式在京隆重举行》,载《人民日报》2015年9月3日第1版。

文化的价值,同时,错误的思想作为一种社会心理倾向和理论形态,一种与一定群体意识形态相结合的产物,它会自觉不自觉地对大学生的思想行为发生消极影响,使得高校思想政治教育增加难度系数。对于错误的思想,思想政治理论课教师要敢于"亮剑",我们要毫不动摇地坚持马克思主义指导地位,旗帜鲜明地抵制各种错误思想,运用马克思主义理论分析这些错误思想产生的根源及其危害,使大学生明辨是非。高校是社会思想文化高地,也是各种错误思想传播渗透的重要集散地。高校要建立主管部门牵头引导机制,有针对性地组织专家学者开展对各种错误思想的分析批判,"学术无禁区,宣传有纪律",管控好各种讲座、学术活动,利用党校团校对学生骨干进行教育,引导学生正确认识各种错误思想的实质及影响。高校还要加强思想舆论阵地建设,特别要重视网上思想政治教育阵地建设,旗帜鲜明地宣传马克思主义,巩固社会主义核心价值体系,深入进行理想信念教育,帮助大学生树立科学的世界观、人生观、价值观,筑牢社会主义意识形态阵地,掌握宣传思想工作主动权,坚持用社会主义核心价值体系、社会主义核心价值观引领社会思潮,凝聚社会共识。

　　思想政治理论课教育教学不仅是抵制错误思想观念的有效手段,也是加强思想道德建设、推进社会主义法治的有力抓手。中华人民共和国成立 70 年来,特别是改革开放以来,随着社会主义市场经济体制的建立,加入 WTO,中国经济建设快速发展取得了巨大成就,已经成为世界第二大经济体,城乡面貌、人民群众的生活水平有了显著的改善和提高。不可否认,发展市场经济有利于我国解放和发展社会主义的生产力,增强国家综合国力,实现国家富强、人民富裕、社会进步,有利于增强人们的自立意识、竞争意识、效率意识和创新精神等,但是市场经济消极和弊端的一面也会逐步暴露出来,"一些领域道德失范,拜金主义、享乐主义、个人主义滋长;封建迷信活动和黄赌毒等丑恶现象沉渣泛起;假冒伪劣、欺诈活动成为社会公害;文化事业受到消极因素的严重冲击,危害青少年身心健康的东西屡禁不止;腐败现象在一些地方蔓延,党风、政风受到很大损害;一部分人国家观念淡薄,对社会主义前途发生困惑和动摇"①。实践证明,发展社会主义市场经济有利于我国解放和发展生产力,增强社会主义国家的综合实力,提高人民生活水平。但是我们也看到市场主体的趋利意识、等价交换原则使人们在生产、交换、人际关系等方面采取不同的价值判断标准,导致人们道德行为选择的多样化,也左右着人们的荣辱观念变

---

① 中共中央文献研究室:《社会主义精神文明建设文献选编》,中央文献出版社 1996 年版,第 4 页。

化。经济基础决定上层建筑,上层建筑对经济基础具有能动作用。道德作为社会主义精神文明的重要组成部分,对社会主义发展具有十分重要的促进作用,市场经济也是道德法治经济,没有良好的社会道德和法治,要实现我国经济可持续发展,全面建成惠及十几亿人的小康社会是不可想象的。2010 年 2 月 27 日,时任国务院总理温家宝在接受中国政府网、新华网联合专访,与广大网友在线交流,在回答网友提出的有关"毒奶粉"等假冒伪劣产品的问题时说,对于整个社会来讲,道德问题十分重要,"我以为诚信和道德是现代社会应该解决的紧迫问题"。可以说,三聚氰胺"毒奶粉"事件,给消费者身体健康和我国乳品业发展造成的冲击至今人们仍心有余悸。伟大的实践,总是伴随着相应高尚的道德基础,早在革命战争年代,共产党领导的人民军队就制定了"三大纪律,八项注意";在抗日战争时期,1941 年至 1943 年晋察冀边区军民的生产生活处于最困难的时期,而树叶变成了军民主要的口粮。聂荣臻司令员看到这一幕,于是下令不许部队在村庄方圆十五里之内采摘树叶,"宁可饿着肚子,也不与民争食",展示了新型人民军队良好的精神面貌。改革开放以来,党和政府始终从战略高度重视社会主义精神文明建设,大力发展教育科学文化事业,加强社会公德、职业道德、家庭美德、个人品德建设,践行社会主义荣辱观,新时期涌现了郭明义、张丽莉、龚全珍以及"全国见义勇为舍己救人大学生英雄集体"等一大批道德模范,为社会树立了精神标杆。"精神的力量是无穷的,道德的力量也是无穷的。中华文明源远流长,孕育了中华民族宝贵的精神品格,培育了中国人民的崇高价值追求。"[①]

市场经济不仅是道德经济也是法治经济,道德与法律都是社会主义上层建筑的重要内容,服务于社会主义的经济基础,它们都是调解人们思想行为、协调人际关系、维护社会秩序的基本规范。道德与法律虽然在调解领域、调解方式、调解目标等方面发挥的作用和方式有很大的不同,但是二者之间却是紧密联系、相辅相成的。社会主义法律是工人阶级领导下的广大人民意志的体现,是由国家制定或认可并由国家强制力保证实施的行为规范的总和。法律是社会成文的道德,道德是人们内心的法律,两者都是党领导人民治国理政的重要手段。法律以其导向性、强制性和权威性规范社会成员的行为,道德以其说服力和劝导力提高社会成员的思想道德觉悟。十八届四中全会通过的《中共中央关于全面推进依法治国若干重大问题的决定》指出:"坚持依法治国和

---

① 《习近平谈治国理政》,外文出版社 2014 年版,第 158 页。

以德治国相结合。国家和社会治理需要法律和道德共同发挥作用。必须坚持一手抓法治、一手抓德治,大力弘扬社会主义核心价值观,弘扬中华传统美德,培育社会公德、职业道德、家庭美德、个人品德。"①思想政治理论课教育教学要注重培养正确的荣辱观和法治意识,提高大学生学法用法守法能力,使他们成为社会主义法治忠实的崇尚者、自觉的遵守者、坚定的捍卫者。

---

① 《中共中央关于全面推进依法治国若干重大问题的决定》,载《人民日报》2014 年 10 月 29 日第 1 版。

第二章

高校思想政治理论课程的历史演变

　　中华人民共和国成立后,随着我国社会主义建设和改革开放进程的发展,高校思想政治理论课也经历了一个由初创发展到逐渐稳定成熟的过程,但在不同的历史时期,思想政治理论课组成成分和称谓也不完全一样。中国共产党历来重视思想政治教育工作,在 20 世纪早期,先进知识分子就利用学校讲坛和各种纪念活动向劳苦大众宣传马克思主义。在同各种反马克思主义思潮斗争中,具有共产主义觉悟的先进知识分子逐步深化了对工人阶级及其历史使命的认识,懂得了只有用马克思主义的科学理论唤醒群众、掌握群众、组织群众才能变成强大的战胜敌人的物质力量。在中国共产党成立后不久,"中央指出党的宣传工作具有极端重要性,规定中央和地方组织都要利用出版书籍、地方通报、日报、周报、传单和通告等方式,宣传党的纲领和政策,使马克思主义和党的路线、纲领和主张深入人心"①。在当时的革命斗争形势下,中国共产党刚刚成立不久,思想政治教育处于初创时期,宣传马克思主义和党的路线纲领也就成为思想政治教育的主要内容。在中共党史上,以课程方式比较系统地进行马克思主义理论教育,是在土地革命战争时期我党创办的各类干部培训学校以及在抗日战争时期党领导的抗日根据地创办的各类高等学校,在这些学校开设了马克思主义理论教育课程。由于处于艰苦的战争年代,受各方面条件的限制,当时所编写开设的马克思主义理论教育课程,还处于比较分散且不定型的阶段。中华人民共和国成立后,党的领导地位的确立,培养社会主义需要的各方面建设人才的巨大需求,为思想政治理论课程的建设和教学提供了广阔的舞台,但也经历曲折,党的十一届三中全会召开,开启了改革开

---

　　①　王树荫:《中国共产党思想政治教育史》,中国人民大学出版社 2011 年版,第21 页。

放的新时代,思想政治理论课建设也获得了新的发展。

一、中华人民共和国成立和向社会主义过渡时期的政治理论课

这一时期是指从 1949 年 10 月中华人民共和国成立,到 1956 年年底我国基本上完成对生产资料私有制的社会主义改造,分为两个时段。

(一)进行新民主主义教育的政治理论课程

"在长期的革命斗争中,以毛泽东为主要代表的中国共产党人深刻认识中国的国情,确定党领导的整个中国革命运动,包括新民主主义革命和社会主义革命两个阶段。第一阶段的任务,是由工人阶级领导人民大众,推翻帝国主义、封建主义、官僚资本主义在中国的统治,变半殖民地半封建社会为新民主主义社会。第二阶段的任务,是要在中国建立社会主义社会。"[①]

中华人民共和国成立,百废待兴,党和政府即着手对旧社会遗留下的教育制度进行全面改革,鉴于教育的特殊性,强调对旧社会留下的教育事业,不能采取像摧毁国民党的反动统治机构一样的做法,而是采取先妥善接受,再逐步改革的谨慎政策。事实证明这一政策既维护了学校的教学秩序和师生职工的思想,又尊重了教育的传承性,受到学校和社会各界的拥护和支持,使旧社会留下的教育事业完整地回到人民手里,为中华人民共和国教育事业发展打下了基础。各地在接收学校后,废除了原有的法西斯式的训导制度、特务统治和反动的政治教育,废止了国民党政府颁布的"党义"等带有反动性的课程,逐步建立起新民主主义革命的政治教育,为社会主义教育事业发展起了好头。

抗日战争时期,面对日本帝国主义的武装入侵,中国共产党坚决主张全面抗战,国共两党第二次合作,形成抗日民族统一战线。为了战胜日本侵略者,需要培养大批革命干部和各类政治军事文化教育建设等方面的人才,共产党在解放区创办了一些学校,进行新民主主义的教育,改变旧的教育制度和旧的课程。1937 年 8 月,创办于延安的陕北公学,其主要任务是培养政治工作干部,教学计划的安排原则是三分军事、七分政治,以革命的政治教育为主。当时学校有两种学制,一种是普通班(即学员队),一般学习 4 个月;另一种是高

---

① 中共中央党史研究室:《中国共产党历史:第二卷(1949—1978)》(上册),中共党史出版社 2011 年版,第 5 页。

级研究班(即高级队),学习 1 年,主要任务是培养师资。普通班开四门课程,一是"社会学概论",包括"社会发展史""政治经济学"等课程,讲授马列主义关于社会发展规律的基本知识;二是"抗日统一战线",主要讲抗日民族统一战线的提出、产生的历史背景和在实践中的重要作用;三是"游击战争";四是"民众运动",是一门抗日民主的理论与实践相结合的重要课程。高级班的课程主要有"中国革命运动史"(即"中国问题")、"马列主义"、"辩证唯物主义"和"政治经济学"等。后又增设了"世界革命运动"、"科学社会主义"、"三民主义研究"、"世界政治"和"战区政治工作"等课程。① 可以说解放区高等教育的发展,不仅为中华人民共和国高等教育事业的建立提供了有益经验,也为高等学校政治理论课程建设积累了实践经验。

　　1949 年 9 月 29 日,中国人民政治协商会议第一届全体会议通过了起临时宪法作用的《中国人民政治协商会议共同纲领》(以下简称《共同纲领》),《共同纲领》在总纲中明确规定:"中华人民共和国为新民主主义即人民民主主义国家。"②《共同纲领》还指出:"中华人民共和国的文化教育为新民主主义的,即民族的、科学的、大众的文化教育。人民政府的文化教育工作,应以提高人民文化水平,培养国家建设人才,肃清封建的、买办的、法西斯主义的思想,发展为人民服务的思想为主要任务。"③《共同纲领》对中华人民共和国的文化教育所提出的要求,逐步在各地得到贯彻实施。1949 年 10 月 8 日,华北人民政府高等教育委员会发布了《华北专科以上学校 1949 年度公共必修课过渡时期实施暂行办法》,提出该年度一、二、三、四各年级均必修"辩证唯物论与历史唯物论"(包括社会发展史)、"新民主主义论"(包括近代中国革命运动史);该年度文、法、教育(或师范)学院毕业班学生必修"政治经济学",二、三年级学时除特殊情况外,暂不修习;对开设课程的学时和学分做出明确的规定。④

　　1949 年 11 月 1 日,中央人民政府教育部成立,12 月 23 日至 31 日在北京召开了第一次全国教育工作会议,教育部长马叙伦在开幕词中指出:"随着帝国主义和封建,买办的统治在中国宣告终结,中国旧教育的政治经济基础是基

---

　　①　曲士培:《抗日战争时期解放区高等教育》,北京大学出版社 2005 年版,第 56～64 页。

　　②　中共中央党史研究室:《中国共产党历史:第二卷(1949—1978)》(上册),中共党史出版社 2011 年版,第 10 页。

　　③　教育部社会科学司:《普通高校思想政治理论课文献选编(1949—2006)》,中国人民大学出版社 2007 年版,第 1 页。

　　④　教育部社会科学司:《普通高校思想政治理论课文献选编(1949—2006)》,中国人民大学出版社 2007 年版,第 2 页。

本上被摧毁了。代替这种旧教育的应该是作为反映新的政治经济的新教育，作为巩固与发展人民民主专政的一种斗争工具的新教育。这种新教育就是新民主主义的，即民主的、科学的、大众的教育。"①教育部副部长钱俊瑞在第一次全国教育工作会议上的总结报告要点中提出："对新区学校安顿以后的主要工作，是有计划、有步骤地在教师和青年学生中进行政治与思想教育，其主要目的乃是逐步建立革命的人生观。这种教育是国民教育的一部分，其基本性质是新民主主义的，还不是社会主义的。这种教育首先要反对买办的、封建的、法西斯主义思想，建立为人民服务的思想。但是为了建立和巩固为人民服务的思想，应当提倡和鼓励马克思列宁主义世界观和毛泽东思想的学习，目的是在保证和贯彻目前历史时期的新民主主义建设，并不是要求立即实现社会主义。"②

　　1950 年 6 月 1 日至 9 日，教育部在北京召开全国高等教育会议，会议通过了《关于实施高等学校课程改革的决定》（后经 1950 年 7 月 28 日中华人民共和国政务院第 43 次政务会议审议批准），提出："全国高等学校应根据共同纲领的第 41 条和 47 条的规定，废除政治上的反动课程，开设新民主主义的革命政治课程，借以肃清封建的、买办的、法西斯主义的思想，发展为人民服务的思想。"③针对各高校在政治课教学中遇到的问题，1950 年 10 月 4 日，教育部下发了《关于全国高等学校暑期政治课教学讨论会情况及下学期政治课应注意的事项的通报》，总结了一年来全国高等学校进行政治思想教育的经验和教训，对于社会发展史及新民主主义论的内容方面提出两门课的重点，"社会发展史"的内容重点包括：引论、劳动创造了人类世界、五种生产方式——阶级斗争、国家与政治、社会思想意识。"新民主主义论"的内容重点包括：中国革命的历史特点、中国新民主主义革命史、中国革命的主要经验、新民主主义的政治、新民主主义的经济、新民主主义的文化、中国革命的前途。还以附件的形式提出了"关于高等学校政治课教学方针、组织与方法的几项原则"和"华北区 1950 年第一学期政治课'社会发展史'的教学内容与教学组织、华北区'社会

---

　　①　教育部社会科学司：《普通高校思想政治理论课文献选编（1949—2006）》，中国人民大学出版社 2007 年版，第 3 页。

　　②　教育部社会科学司：《普通高校思想政治理论课文献选编（1949—2006）》，中国人民大学出版社 2007 年版，第 4 页。

　　③　教育部社会科学司：《中华人民共和国重要教育文献》（1949—1975），海南出版社 1998 年版，第 48 页。

发展史'教学进度表"。①

　　1951年9月10日,教育部发出了《关于华北地区各高等学校1951年度上学期进行"辩证唯物论与历史唯物论"等课教学工作的指示》,提出:"华北地区各高等学校两年来通过'社会发展史'、'新民主主义论'和'政治经济学'三门课目的教学工作,进行思想政治教育,是收到了一定的效果的,今后仍需对学生加强马克思列宁主义、毛泽东思想教育。"②为了克服过去有些学校将革命的思想政治教育和一般业务课程对立起来片面进行、不联系实际的现象,该《指示》提出:"为了纠正政治课与业务课对立的错误认识和只有政治课才是进行思想政治教育的课目的不正确看法,'政治课'一名应予取消,'社会发展史'一课目应增授'辩证唯物论'部分,改为'辩证唯物论与历史唯物论'与'新民主主义论'及'政治经济学'同为独立的课目。"③上述指示要求"辩证唯物论与历史唯物论"、"新民主主义论"及"政治经济学"三课目,应着重于讲授系统的马克思列宁主义、毛泽东思想,并尽可能地联系中国的革命实际、建设实际和学生的思想实际,防止教条主义的偏向;还要求将现有的政治教学委员会(或大课委员会)改为各课目的教学研究指导组,如"辩证唯物论与历史唯物论教学研究指导组"、"新民主主义论教学研究指导组"及"政治经济学教学研究指导组",作为三个课目的基本教学组织。

　　中央一方面加强对各高校政治课教学工作的具体指导,另一方面加紧培养高校政治课师资。为此,中共中央发出《关于培养高等、中等学校马克思列宁主义理论师资的指示》,提出:"由中央教育部负责筹划,在中国人民大学创设马克思列宁主义研究班,为全国各高等学校培养一部分政治理论师资;在高等学校的助教和高等、中等学校高年级学生中选拔优秀的党员、团员在本校担任政治理论课程的助教或助理,经常地指导他们结合自己的实际工作,有系统地学习马克思列宁主义的理论,逐步培养他们成为高等、中等学校新的政治理论师资;各大行政区应该选择具备适当条件的高等学校,举办马克思列宁主义研究班,培育高等学校的政治理论师资;设立政治教育系或政治教育专修科,

---

① 教育部社会科学司:《普通高校思想政治理论课文献选编(1949—2006)》,中国人民大学出版社2007年版,第5~8页。

② 教育部社会科学司:《普通高校思想政治理论课文献选编(1949—2006)》,中国人民大学出版社2007年版,第9~10页。

③ 教育部社会科学司:《普通高校思想政治理论课文献选编(1949—2006)》,中国人民大学出版社2007年版,第9~10页。

培养中等学校的政治理论师资。"①《关于培养高等、中等学校马克思列宁主义理论师资的指示》要求各中央局、分局及有关的地方党委加强对各地区培养政治理论师资和学校政治教育的领导,对于加快各地高校急需的政治理论课师资培养工作起到了积极推动作用。

1952 年 10 月 7 日,教育部发出《关于全国高等学校马克思列宁主义、毛泽东思想课程的指示》,系统总结了中华人民共和国成立三年来,各地各高校政治思想教育工作的经验,根据国家今后的政治任务以及全国高校政治理论课教学实际情况的发展和要求,为了加强和提高学生的系统理论教育,对于全国高校马克思列宁主义、毛泽东思想课程的开设做出规定:(1)综合性大学及财经艺术等学院应依照第一、二、三年级次序分别开设"新民主主义论""政治经济学""辩证唯物论与历史唯物论",工、农、医等专门学院依照第一、二年级次序分别开设"新民主主义论"及"政治经济学"。(2)三年级的专科学校开设课程及先后次序与工、农、医等专门学院相同,二年的专科学校不修"政治经济学",二年的专修科第一年级及一年的专修科均修"新民主主义论",二年以上财经性质的专科学校或专修科第一年级可同时开设"政治经济学"。(3)各类型高等学校及专修科(一年的专修科除外)准备自 1953 年度起开设"马列主义基础",学习时数与"政治经济学"相同。(4)"新民主主义论"、"政治经济学"及"辩证唯物论与历史唯物论"各为一学年的课程,在讲授"新民主主义论"前两周或三周应增加关于"新民主主义论教学目的"的学习,以端正学生的学习态度。(5)高等师范学校各系科的政治课程,在本部师范教育司发给各地参考的"师范学院教学计划草案"(已发)及"师范专科学校教学计划草案"(即发)上已另有规定,各校如目前尚无条件试行,应根据以上(1)(2)(3)(4)各条规定办理。《关于全国高等学校马克思列宁主义、毛泽东思想课程的指示》还包括附件"全国高等学校马克思列宁主义毛泽东思想课程设立种类及上课时数表",自 1952 年度在全国高校开设实施。

回溯历史文献,我们可以看出从 1949 年 10 月至 1952 年年底,在党和政府的领导下,接受旧社会留下的学校后,教育部贯彻落实《中国人民政治协商会议共同纲领》精神,从发展新民主主义教育出发,对高等学校政治思想教育做出了一系列部署,各地高等学校在开设"社会发展史""新民主主义论"课程基础上,又调整增开了"政治经济学""辩证唯物论与历史唯物论"课程,形成

---

① 教育部社会科学司:《普通高校思想政治理论课文献选编(1949—2006)》,中国人民大学出版社 2007 年版,第 11～12 页。

了"新民主主义论""政治经济学""辩证唯物论与历史唯物论"三门相对稳定的政治理论课程,使中华人民共和国高校政治思想教育有了可靠的载体和渠道。

(二)实现党在过渡时期总路线总任务需求的政治理论课程

这一阶段是指从 1953 年至 1956 年年底,我国基本上完成了对生产资料私有制的社会主义改造,在党的领导下顺利实现了从新民主主义到社会主义的历史转变时期。

中华人民共和国成立到 1952 年年底,国家各级政权逐步建立起来,土地改革在全国基本完成,我国国民经济经过三年的恢复与发展,社会中的社会主义因素在政治经济文化教育等方面已经居于领导地位,非社会主义因素不断受到限制改造,新民主主义革命在全国取得决定性胜利。根据新民主主义社会的发展和国家形势的变化,中共中央和毛泽东提出了党在过渡时期的总路线:即"从中华人民共和国成立,到社会主义改造基本完成,这是一个过渡时期。党在这个过渡时期的总路线和总任务,是要在一个相当长的时期内,逐步实现国家的社会主义工业化,并逐步实现国家对农业、对手工业和对资本主义工商业的社会主义改造。这条总路线是照耀我们各项工作的灯塔"[①]。教育部门从贯彻党在过渡时期的总路线和总任务的根本要求出发,在高等学校原有政治思想教育实践的基础上,对高等学校政治思想教育做出部署。

1953 年 2 月 7 日,中央人民政府高等教育部发出了《关于确定马列主义基础自 1953 年度起为各类型高等学校及专修科(二年以上)二年级必修课的通知》,指出教育部 1952 年 10 月 7 日发出的《关于全国高等学校马克思列宁主义、毛泽东思想课程的指示》中,要求"各类型高等学校及专修科(一年的专修科除外)准备自 1953 年度起开设'马列主义基础',学习时数与'政治经济学'相同",现因有些行政区教育部及学校来文要求明确规定"马列主义基础"在哪一年开设,经高教部研究确定,各类型高等学校及专修科(一年级的专修科除外)自 1953 年度起,有条件者即在二年级开设"马列主义基础","政治经济学"改为三年级以上各类型高等学校的三年级必修课程。由此,高校的政治理论课又增加了一门"马列主义基础"课程,共有四门课,开设"马列主义基础",使高校政治理论课程体系更加完善。

1953 年 6 月 17 日,高教部发出《关于改"新民主主义论"为"中国革命史"

---

① 中共中央党史研究室:《中国共产党历史:第二卷(1949—1978)》(上册),中共党史出版社 2011 年版,第 185~186 页。

及"中国革命史"的教学目的和重点的通知》,总结了各地高校开设"新民主主义论"的经验指出,鉴于目前高级中学三年级已开设"共同纲领"课程,"新民主主义论"的政策部分与之重复,且影响新民主主义革命史部分的充分讲授,同时"新民主主义论"的经济部分,又与"政治经济学"的新民主主义经济部分重复。高教部决定自1953年度起,将高等学校一年级开设的"新民主主义论"一律改为"中国革命史",其讲授、课堂讨论和自学时数同"新民主主义论"课程原规定,于1953年秋季开始实行。还提出了"中国革命史"的教学目的、重点和要求,在教学时要向学生"说明中国革命的发展规律,1927年革命失败后,革命的工作重点由城市转入农村,以农村来包围城市,革命战争取得胜利后,又由城市来领导农村。讲授这一问题时,应说明农民在中国革命中的重大作用;土地革命、武装斗争和建设根据地的特殊意义;中国革命基本胜利后统一集中领导的重要性;目前国家走向工业化农业合作化的具体道路;说明新民主主义社会的过渡性,其前途必然是社会主义和共产主义,以加强学生的革命前途教育"①。

1954年7月1日,高教部发出《关于工、农、医二年制专修科二年级开设政治理论课程的通知》,指出原来文件规定的所有二年制专修科应在二年级开设"马列主义基础"课程,为136学时,鉴于专修科有不同种类,一律执行这个规定有困难,特为工、农、医的专修科重新规定,工、农、医的二年制(医科为二年半或三年制)专修科从1954年至1955学年度起,停设"马列主义基础",改为"社会主义经济建设",以"联共(布)党史简明教程"九至十二章为中心内容,结合"为动员一切力量把我国建设成为一个伟大的社会主义国家而奋斗"进行教学。开设这门课主要目的,是让学生能够比较系统地了解学习苏联社会主义建设的路径及经验,了解我国过渡时期总路线总任务,提高学生的社会主义觉悟。

为了总结中华人民共和国成立以来各地高校的政治思想教育工作经验,高等教育部于1955年4月至6月,召开高等工业学校、综合大学校院长座谈会,会上刘子载副部长发言指出:"全国大多数高等学校按照高等教育部的指示,逐步开设了'马列主义基础'、'中国革命史'、'政治经济学'三门课,综合大学、财经、政法、师范等院校并增设有'辩证唯物论与历史唯物论',有专修科的学校还开设了'社会主义经济建设',而且在教学工作方面也取得了一些经验。

---

① 教育部社会科学司:《普通高校思想政治理论课文献选编(1949—2006)》,中国人民大学出版社2007年版,第16~17页。

各校一般都注意了时事教育,组织了党和国家重要政策的学习,特别是深入地宣传了党在过渡时期的总路线。"①刘子载还强调:"必须加强马克思列宁主义理论教育。系统的马克思列宁主义理论教育是提高青年社会主义觉悟,培养青年辩证唯物主义世界观,培养青年共产主义道德和行为的基础。政治理论课程是高等学校进行经常的、系统的政治思想教育最基本的形式;高等教育部将逐步编订出较完善的四门政治理论课程的教学大纲并适当地解决教材问题,印刷必要的教学参考资料,组织编制直观教材来帮助学校改进这方面的工作;必须加强对政治理论课师资的培养提高工作等。"由以上论述我们可以看出,中华人民共和国成立几年来,在中央和地方党委领导下,高校政治理论课教学逐步走向规范,并有效地在学生中进行了党的过渡时期总路线总任务教育。

1956 年 9 月 9 日,高等教育部颁发了《关于高等学校政治理论课程的规定(试行方案)》,对 1954 年政治理论课程的规定做出修改,目的是提高教学质量,克服学生学习负担过重的现象,培养学生的独立思考能力,并使政治理论课能适当与专业结合。一是确定各系科开设政治理论课的门数和学时。"马列主义基础":历史系的马列主义基础专业系业务课,学时由主管单位另订;其他系科一律都开。分 102 学时与 68 学时两种,开 68 学时的系科,如果学校愿意开 102 学时,可自行决定。"中国革命史":历史系的业务课,学时由主管单位另定;其他系科一律都开,分 136 学时与 102 学时两种。"政治经济学":财经院校及综合大学各财经系科系业务课,学时由主管单位另定;医科院校(但药学院亦得学"政治经济学"而不学"辩证唯物主义与历史唯物主义"),农林院校的兽医,四年制综合大学的中国语文系、外国语言与理科各系及四年制艺术院校不开,其余各系科及五年制艺术院校都开,分 136 学时与 68 学时两种。"辩证唯物主义与历史唯物主义":哲学系系专业课,学时由主管单位另定;四年制财经系科不开;农林各系(农林经济与兽医除外)与工科各系(建筑学专业与海运类专业除外)四年制不开,五年制设选修;其余各系科一律开,分 102 学时与 68 学时两种。二是明确了开设课程顺序:一年级开设"马列主义基础";二年级开设"中国革命史";三年级开设"政治经济学";四年级开设"辩证唯物主义与历史唯物主义";对于有些系科,政治理论课是业务课可以不按照上述顺序,由主管单位另定;"马列主义基础"与"中国革命史"之间开设顺序,各学

---

① 教育部社会科学司:《普通高校思想政治理论课文献选编(1949—2006)》,中国人民大学出版社 2007 年版,第 19~23 页。

校可以根据师资条件作适当调整。据此,高校政治理论课的设置就相对稳定下来,各高校开设"马列主义基础""中国革命史""政治经济学""辩证唯物论与历史唯物论"共四门课。

从中华人民共和国成立到1956年年底,在党的坚强领导下,中华人民共和国的教育事业从接收旧社会留下的学校开始建立起来,保持了学校的稳定与发展。在学习借鉴我党在土地革命战争时期、抗日战争时期解放区兴办高等教育的经验和苏联社会主义高校政治思想教育经验基础上,立足于国情实际,经过摸索实践,我国高校马克思主义理论课程逐步建立起来,适应了新民主主义教育以及党在过渡时期总路线总任务对高等教育事业培养各类人才的需要,为今后的发展积累了经验,打下了坚实基础。

二、社会主义全面展开和对社会主义道路艰辛探索时期的高校政治思想课程

这一阶段是指从1956年生产资料的私有制的社会主义改造完成,到1966年5月"文化大革命"开始,高校政治理论课程进入一个曲折发展阶段,这一时期政治理论课与国际国内形势的急剧发展变化密切相关,可以分为三个小的阶段。

(一)开设"社会主义教育"课并将其作为主要的政治理论课程

1956年,生产资料的私有制的社会主义改造取得了决定性胜利。在党的领导下,随着以生产资料占绝对优势的新的先进的社会主义经济基础建立,我国社会主义政治、经济、文化、教育、卫生、科学体制等也基本形成,马克思列宁主义、毛泽东思想在党和国家各项工作中的指导地位得以全面加强。1956年9月,党的八大会议确认:"社会主义的社会制度在我国已经基本建立起来了。"我国进入了社会主义社会(用今天的视野看当时只是刚进入了社会主义的初级阶段)。由此,八大以后,党领导人民开始转入全面的大规模的社会主义建设时期。国际范围内,苏共二十大召开后,在世界社会主义阵营和国际共产主义运动内部引起极大的震动,也给我国刚建立起来的政治经济体制带来不利影响。波匈事件引起我们党的高度重视和深入思考,毛泽东对国内外形势做出科学分析,提出了社会主义社会矛盾问题的学说。1957年全党发动整风运动,整风的主题就是正确处理人民内部矛盾,在整风运动过程中发生了反右派斗争。1957年2月毛泽东在最高国务会议第十一次(扩大)会议上发表

《关于正确处理人民内部矛盾的问题》的重要讲话,指出:社会主义社会存在着敌我之间和人民内部两类性质根本不同的矛盾,前者需要用强制的、专政的方法去解决,后者只能用民主的、说服教育的、"团结—批评—团结"的方法去解决,决不能用解决敌我矛盾的方法去解决人民内部的矛盾。① 他还强调:对知识分子和青年学生要加强思想政治工作,思想政治工作,共产党应该管,青年团应该管,政府行政部门应该管。对错误的东西要有批评。批评和自我批评是人民内部教育自己和发展自己事业的一个方针。②

　　1957 年 12 月 10 日,高等教育部、教育部联合发出《关于在全国高等学校开设社会主义教育课程的指示》,提出我们完全同意中共中央宣传部"关于设立社会主义教育课程向中央的报告"与中共中央对中央宣传部"关于设立社会主义教育课程的报告"的批示,规定在全国高等学校各年级普遍开设"社会主义教育课程",全体学生和研究生必须无例外地参加学习。课程内容中共中央宣传部规定是以毛主席的"关于正确处理人民内部矛盾的问题"为中心教材,同时阅读一些必要的马克思列宁主义经典著作、党的文件和其他文件。各校应根据中共中央宣传部编写的社会主义教育课程的阅读文件,结合本校大鸣大放期间和反右派斗争中暴露出来的政治思想问题,规定切合本校实际的教学计划与阅读文件,并确定学习重点,力求学深学透。③《关于在全国高等学校开设社会主义教育课程的指示》规定这一课程的学习时间暂规定为一年,每周规定时间为 8 小时(课内时间不少于 4 小时),必要时得利用时事政策学习和党团活动时间,社会科学系科可适当增加时间,毕业班、实习班及其他有特殊情况的班级,可集中在一个时期内完成。各班级在学习社会主义教育课程期间,原应开的四门政治课一律停开,但作为专业课的政治理论课,例如经济系、政治教育系和部门经济专业的"政治经济学"仍照开,社会主义教育课程学完以后的政治课教学问题,将另作规定。《关于在全国高等学校开设社会主义教育课程的指示》的发出是与当时国际上的波匈事件和国内的反右派运动紧密相关的,虽然开设社会主义教育课程停开其他四门政治理论课是暂时措施,但是,却使高校政治理论课正常的教学秩序被打断,损害了刚建立起来的政治

---

① 胡绳:《中国共产党的七十年》,中共党史出版社 1991 年版,第 353～355 页。

② 中共中央党史研究室:《中国共产党历史:第二卷(1949—1978)》(上册),中共党史出版社 2011 年版,第 431～432 页。

③ 教育部社会科学司:《普通高校思想政治理论课文献汇编(1949—2006)》,中国人民大学出版社 2007 年版,第 31～32 页。

理论课课程体系,这一规定一直执行到 1961 年年初。

　　1958 年 4 月 12 日教育部政治教育司发出《对高等学校政治教育工作的几点意见(草稿)》,指出目前政治理论课教学的情况是:几年来,政治课的教师队伍,不断成长壮大。政治课的教师质量,不断提高,成绩是主要的。但教学目的在教学实践中不够明确,重视传授知识,忽视改造思想,有严重的脱离实际、脱离政治的教条主义和歪曲马列主义基本原理的修正主义倾向。原有政治课程共四门,即"马列主义基础"、"中国革命史"、"政治经济学"和"辩证唯物主义与历史唯物主义"。半数以上学校开四门,其他如工农医和外文等四年制专业开三门,有的不开"政治经济学",如医学院;有的不开"辩证唯物主义与历史唯物主义",如大部分四年制工学院。从 1957 年暑假起,作为政治课的上述四门课一律停开一年或二年,改开一门"社会主义教育"课程;教学内容,原"马列主义基础"课的教本是《苏共党史简明教程》,原"政治经济学"课的教材是苏联编的《政治经济学教科书》,原"辩证唯物主义与历史唯物主义"课没有教材(有的学校对于历史唯物主义部分仍用苏联康士坦丁诺夫的《历史唯物主义》),由教师自编讲稿,其内容实际上是 1953 年中国人民大学苏联专家克列的讲稿。关于今后开设政治课的意见,教育部政治教育司要求"明确政治课的教学目的,是改造思想,提高社会主义觉悟。贯彻理论与实际相结合的教学方针,克服教条主义,反对修正主义。任何类型的高等学校(二年制的专修科除外),一律开设三门课——'马列主义基础'(即今天所开设的'社会主义教育'课程,代替过去的'苏共党史'和'中国革命史'两门课程)、'政治经济学'和'辩证唯物主义与历史唯物主义'"①。《对高等学校政治教育工作的几点意见(草稿)》提出,教学内容,"应确立以研究中国革命的实际问题为中心,以马克思列宁主义基本原则为指导方针,废除静止地孤立地研究马克思列宁主义的方法"。对党的方针、政策、任务,毛主席的著作和国内外重大时事,应当占用政治课的正课时间进行教学。教学方法,要一律课前印发讲义,还必须创造性地吸收老解放区的政治课教学经验。教学时数:不分年级,一律每周有三或四小时的政治课,另有相应的课外自学时间,改变过去那种高年级无政治课和有些类型的高等学校政治课过少的偏向。

(二)提出党的教育方针,逐步建立政治理论课程

　　"1956 年 4 月毛泽东《论十大关系》的讲话,是中国共产党比较系统地探

---

　　①　教育部社会科学司:《普通高校思想政治理论课文献选编(1949—2006)》,中国人民大学出版社 2007 年版,第 33～34 页。

索中国自己的建设社会主义道路的开始。"①1957 年 2 月 27 日毛泽东在最高国务会议第十一次(扩大)会议上,发表了《关于正确处理人民内部矛盾的问题》重要讲话,提出"我们的教育方针,应该使受教育者在德育、智育、体育几方面都得到发展,成为有社会主义觉悟的有文化的劳动者。"②1957 年 3 月 7 日,毛泽东《在普通教育工作座谈会上的讲话》指出:"苏联的教材,应当学的就要学,不应当学的就不要学。你们要来一个改革,不要照抄国外的,一定要符合中国的情况,并且还要有地方的特点。"③可以说"以毛泽东《论十大关系》和党的八大为标志,探索中国自己的建设社会主义道路有了一个良好开端"④。这些探索也表现在党和国家教育工作中。

1958 年 9 月 19 日,中共中央国务院颁发《关于教育工作的指示》,总结了中华人民共和国成立以来,我国教育工作在党的领导下取得的巨大成绩,指出在学校开设了马克思列宁主义的课程,在教师和学生中进行了思想改造,进行了院系调整和教学改革,进行了反对资产阶级右派的斗争。但是,教育工作在一定的时期内曾经犯过教育脱离生产劳动、脱离实际,并在一定程度上忽视政治、忽视党的领导的错误。9 年的工作,使我们得到了经验,并且使我们有可能更加明确地系统地提出党和国家的教育方针,以便团结全党和一切可以团结的教育工作者,克服教育工作中的右倾思想和教条主义思想,更好地为发展社会主义的教育事业而奋斗。党的教育工作方针,是教育为无产阶级的政治服务,教育与生产劳动相结合。为了实现这个方针,教育工作必须由党来领导。⑤《关于教育工作的指示》要求"在一切学校中,必须进行马克思列宁主义的政治教育和思想教育,培养教师和学生的工人阶级的阶级观点(同资产阶级进行斗争)、群众观点和集体观点(同个人主义观点进行斗争)、劳动观点及脑力劳动与体力劳动结合的观点(同轻视体力劳动和体力劳动者、主张劳心劳力分离的观点进行斗争)、辩证唯物主义的观点(同唯心主义和形而上学的观点

①　中央党史研究室:《中国共产党历史:第二卷(1949—1978)》(上册),中共党史出版社2011 年版,第 380 页。

②　《毛泽东邓小平江泽民论教育》,中央文献出版社、人民教育出版社、北京师范大学出版社 2002 年版,第 65～66 页。

③　《毛泽东邓小平江泽民论教育》,中央文献出版社、人民教育出版社、北京师范大学出版社 2002 年版,第 67～70 页。

④　中央党史研究室:《中国共产党历史:第二卷(1949—1978)》(上册),中共党史出版社2011 年版,第 404 页。

⑤　教育部社会科学司:《普通高校思想政治理论课文献选编(1949—2006)》,中国人民大学出版社 2007 年版,第 37～39 页。

进行斗争）。必须改变政治教育中脱离我国社会主义革命和社会主义建设的实际，脱离具体教育对象的教条主义的教学方法。轻视政治思想工作和拒绝在学校中设政治课，不论用什么借口，都是错误的。在一切学校中，必须把生产劳动列为正式课程，每个学生必须依照规定参加一定时间的劳动。现在勤工俭学的运动已经普遍开展起来了，事实证明，只要领导得好，参加生产劳动对学生来说，不论在德育、智育或体育方面都有好处，这是培养全面发展的新人的一条正确道路"。《关于教育工作的指示》还提出，评判学生学习成绩的时候，应当把学生的政治觉悟放在重要的地位，并且应当以学生的实际行动来衡量学生的政治觉悟的程度；在鉴定学生的时候，要首先注意政治觉悟的程度，解决实际问题的能力，同时也注意课内学习的成绩。《关于教育工作的指示》总结了中华人民共和国成立以来教育工作的得失，提出了党的教育方针，强调高校培养的"共产主义社会的全面发展的新人，就是既有政治觉悟又有文化的、既能从事脑力劳动又能从事体力劳动的人，而不是旧社会的只专不红、脱离生产劳动的资产阶级知识分子"。应当肯定《关于教育工作的指示》的基本精神是正确的，特别根据中华人民共和国成立以来教育实践的发展，《关于教育工作的指示》明确提出了党的教育方针，从战略高度为我国教育事业发展指明了方向；高校政治理论课程建设开始在学习苏联经验，创造性地吸收老解放区的政治课教学经验基础上，探索如何根据中国高校教育教学实际，编写出适合国情的教材。但是，受当时国际国内政治形势的影响，时断时续地开设政治理论课，使高校政治理论课受到一定冲击，以政治学习和参加政治运动的方式代替系统学习政治理论课，政治理论课的整体性受到影响，不利于政治理论课程建设。

1959年8月2日至16日，党的八届八中全会在庐山召开，全会通过了会议公报和《为保卫党的总路线，反对右倾机会主义而斗争》等四个文件。"八届八中全会尚在进行之时，党中央就已经开始部署和发动'反右倾'斗争。8月7日，中央发出《关于反对右倾思想的指示》，指出：'现在右倾思想，已经成为工作中的主要危险'，必须抓紧八九月两月反右倾、鼓干劲。"[①]1959年9月8日，中共中央发出通知，要求高等和中等学校应立即组织教职员和高中以上的学生，认真学习八届八中全会决议及其文件，展开一场"反对右倾机会主义，保卫总路线"的学习和辩论，进行一次深刻的政治教育。今后两三个月内，政治理

① 中央党史研究室：《中国共产党历史：第二卷（1949—1978）》（下册），中共党史出版社2011年版，第553页。

论课应当配合运动以讲解党的建设社会主义总路线为中心,讲清社会主义时期的阶级斗争,阐明马克思主义者应当怎样对待革命群众运动、不断革命论和革命发展阶段论等观点。从这个通知精神可以看出,高校政治理论课为无产阶级的政治服务的特点比较突出,在当时的政治氛围下,政治理论课不可避免地受到"左"的指导思想影响。

1961 年 4 月 11 日至 25 日,中央宣传部、教育部在北京召开高等学校文科和艺术院校教材编选计划会议,研究讨论了高校政治理论课教材的编选问题,并制定了《改进高等学校共同政治理论课程教学意见》。1961 年 7 月 24 日,教育部发布《关于 1961—1962 学年度上学期高等学校共同政治理论课安排的几点意见》,提出将中央教材编选计划会议制定的《改进高等学校共同政治理论课程教学意见》转发给各高等学校进行讨论,并参照上述文件的精神,研究下半年课程的开设,各高校在教材未出版以前,各地可以根据具体情况,采取一些过渡办法。《改进高等学校共同政治理论课程教学意见》认为 1957 年以来,由于加强了党的领导,高校共同政治理论课程的教学以毛泽东思想为指导的方向更加明确了,脱离政治、脱离实际的现象有了很大改变,学生思想政治水平有了显著提高,教师队伍更加纯洁了。《改进高等学校共同政治理论课程教学意见》也指出存在的问题,表现在"课程和教学内容很不稳定,没有教科书;教师的数量和质量不能满足客观需要,多数又是新手;学生的马克思列宁主义基础理论比较贫乏"[①]。还提出了课程设置和学习时间,高等学校共同政治理论课程包括:"马克思列宁主义基础理论""形势和任务"。"马克思列宁主义基础理论"课程开设的门数和学时数,在不同年制的学校、不同的专业应该有所不同。文科各专业一般设四门:"中共党史"、"马克思列宁主义基础"(主要学习毛泽东同志的政治学说)、"政治经济学"、"哲学";理、工、农、医各专业和艺术、体育院校一般设两门:"中共党史"、"马克思列宁主义概论"(包括马克思主义三个组成部分);专科学校一般设一门:"马克思列宁主义概论"。"形势和任务"课为各专业、各年级的必修课程(主要内容是讲解国内外形势,党和国家的任务、方针、政策)。该《意见》提出,政治理论课程课堂教学时数(不包括自习):在文科专业,一般不超过课堂教学总时数的 20%,在理、工、农、医各专业一般不超过课堂教学总时数的 10%。其中形势与任务课的课堂教学时间,一般平均每周1~2 学时。自习时间和课堂教学时间的比例,一般不少于 1

---

① 教育部社会科学司:《普通高校思想政治理论课文献选编(1949—2006)》,中国人民大学出版社 2007 年版,第 40~45 页。

：1. 关于教材，该《意见》提出每门课程都必须有教科书（或讲义）、经典著作选，并在上课前发给学生。教科书（或讲义）和经典著作选由中央教育部在现有教材中推荐一种，供各地高等学校采用。各地高等学校也可以采用其他教材，但必须经中央局批准，并报中央教育部备案。《改进高等学校共同政治理论课程教学意见》还提出了"学生阅读书目（草案）"包括马克思、恩格斯、列宁、斯大林、毛泽东、刘少奇等的著作；提出"教材编写计划（草案）"，确定由中国人民大学、北京大学、北京师范大学、中央高级党校等负责编写"中共党史""哲学和政治经济学""马克思列宁主义基础""马克思列宁主义概论""资产阶级哲学论文选""资产阶级右派言论""机会主义代表人物文选""现代修正主义文选"等高校政治理论课程教材及参考文献。可以看出该《意见》对高校政治理论课程建设是非常重视的，从教育部的层面，对教材编写和课程建设做出了全面的安排。1962 年 5 月 26 日，教育部《关于高等学校共同政治理论课教学安排的几点意见》提出，鉴于高等学校共同政治理论课程的部分教材在较短时间内尚不能编出，各院校可暂开"哲学"、"政治经济学"和"中共党史"三门课。哲学教科书可选用艾思奇主编的《辩证唯物主义历史唯物主义》；政治经济学教科书，可选于光远、苏星主编的《政治经济学》，并可根据理、工、农、医等专业的具体情况，适当压缩；《中共党史》教科书短期内不能编出，各高校仍可按原来的通知精神，选读毛泽东同志的有关著作，刘少奇同志的《马克思列宁主义在中国的胜利》《在庆祝中国共产党成立四十周年大会上的讲话》，同时以胡乔木同志的《中国共产党的三十年》作为教学提纲，并选择一本已经公开出版的党史著作作为参考读物。在当时的情形下，虽然教育部对高校共同政治理论课教材编写做出部署，因为编写教材的工作涉及方方面面，要在较短时间内编写出一整套适用于各地学校学生学习使用的政治理论课教材也不是一件容易的事。

　　教育部不仅重视本科生公共政治理论课程建设，还对研究生课程做出规定。1963 年 8 月 9 日教育部颁发了《关于高等学校研究生政治理论课的规定（草案）的通知（试行）》，规定研究生的政治理论课包括："马克思列宁主义理论"和"思想政治教育报告"；"马克思列宁主义理论"课，主要是选读马克思列宁主义经典作家和毛泽东同志的著作，同时也选读部分当前国际共产主义运动中的重要文件，学习这些著作和文件的方式，应以自学为主，适当进行辅导，学习时间文科各专业一般可按 250～300 小时安排，理、工、农、医各专业一般可按 160～200 小时安排。"思想政治教育报告"，主要向研究生做国内外形势、党的方针政策和共产主义品质的报告。研究生原则上应同本科生一起听课,讨论可单独进行,也可以同所在教研室的教师一起进行。

(三)以阶级斗争为纲,着眼于反修防修的共同政治理论课程

1962年7月25日至8月24日,"中央召开北戴河工作会议,原定议题是讨论农村、粮食、商业和国家支援农业等问题……在8月6日的大会上,毛泽东作关于阶级、形势、矛盾问题的讲话。随后又在各次中心组会上多次插话,继续阐发6日讲话的观点。这样,北戴河工作会议的重点就转为讨论阶级斗争问题"①。1962年9月,党的八届十中全会召开,"全会重提阶级斗争,对后来中国政治的走向产生了严重影响"②。在八届十中全会及其准备阶段的会议上,毛泽东联系对苏联赫鲁晓夫观点的批评和对国内形势的观察,反复提出阶级、矛盾和阶级斗争问题。在修改全会公报时,毛泽东加写了一段话,强调无产阶级和资产阶级之间的阶级斗争,社会主义和资本主义这两条道路的斗争,存在于"由资本主义过渡到共产主义的整个历史时期(这个时期需要几十年,甚至更多时间)"③。在对国内阶级斗争形势估计越来越严重的情况下,党中央决定在全国城乡发动一次普遍的社会主义教育运动(简称社教运动),开展了大规模的阶级斗争。1963年2月,党中央在北京召开工作会议。毛泽东批示将湖南、河北两省委的报告印发会议讨论,并在讲话中提出了中国出不出修正主义的问题,说只有抓好社会主义教育,才可以防止出修正主义;提出"阶级斗争一抓就灵",督促各地抓紧开展社会主义教育④。"社教运动全面铺开的同时,国际共运阵营内部矛盾的日益尖锐,使党中央把正在进行的'四清'和'五反',看作是与国际反修斗争相配合的国内反修防修的重大战略措施。防止'和平演变'、防止修正主义篡夺领导权,日益成为毛泽东和党中央其他领导人关注的重点。"⑤在当时复杂的国际国内形势下,由于党的指导思想发生重大转变,必然会对高校共同政治理论课带来一些"左"的影响。

---

① 中央党史研究室:《中国共产党历史:第二卷(1949—1978)》(下册),中共党史出版社,2011年版,第706~707页。

② 中央党史研究室:《中国共产党历史:第二卷(1949—1978)》(下册),中共党史出版社,2011年版,第713页。

③ 中央党史研究室:《中国共产党历史:第二卷(1949—1978)》(下册),中共党史出版社,2011年版,第710页。

④ 中央党史研究室:《中国共产党历史:第二卷(1949—1978)》(下册),中共党史出版社,2011年版,第720页。

⑤ 中央党史研究室:《中国共产党历史:第二卷(1949—1978)》(下册),中共党史出版社,2011年版,第721~722页。

1964 年 10 月 11 日,中央宣传部、高教部党组、教育部临时党组《关于改进高等学校、中等学校政治理论课的意见》提出:"高等学校、中等学校政治理论课的根本任务,是用马克思列宁主义、毛泽东思想武装青年,向他们进行无产阶级的阶级教育,培养坚强的革命接班人;是配合学校中各项思想政治工作,反对修正主义,同资产阶级争夺青年一代。""政治理论课必须从思想上和理论上积极参加这一场阶级斗争,兴无产阶级思想,灭资产阶级思想;宣传马克思列宁主义、毛泽东思想。政治理论课必须同国内国际的阶级斗争紧密联系,坚决反对主要危险现代修正主主义,同时也反对现代教条主义。"[①]"在学校中进行兴无灭资的斗争,改造学生的思想,单靠政治理论课是不行的,必须同劳动锻炼、下乡下厂,同各项政治运动,同经常的党团工作、班级工作结合起来进行。但是,把政治理论课教好,也是一个不可缺少的重要方面,它是学校思想政治工作中的一个重要环节。""改进课程和教材,必须坚决贯彻'少而精'",今后高等学校共同政治理论课,除继续开设"形势与任务"课外,设置"中共党史""哲学""政治经济学"等课程。《关于改进高等学校、中等学校政治理论课的意见》还对政治理论课教学方法、考试方式、教师队伍革命化等方面提出要求,规定"高校政治理论课教师,除随同学生一起下乡下厂外,在五六年内,要有计划地从头至尾参加一期到两期农村的社会主义教育运动,和一到两期城市的社会主义教育运动"。可以看出《关于改进高等学校、中等学校政治理论课的意见》体现了当时国际国内形势的需要,强调了政治理论课要积极参加当时的阶级斗争,并且要组织学生参加各种劳动锻炼、下乡下厂等社会实践,接受政治理论教育。这在某种程度上使高校正常的政治理论课教学受到一定的干扰,政治理论课程受现实社会政治运动的影响在日益加深。

总体看,这一阶段与我们党对建设社会主义道路进行艰辛探索一样,高校政治理论课程也在探索中曲折前进,虽然受到"左"的干扰,取得成绩仍然是第一位。在实践中确立了党的教育方针,经过不断探索调整政治理论课程基本稳定,各高校普遍开设了"形势与任务"及"中共党史""哲学""政治经济学"三门课程,教师队伍建设、教材建设也取得进步,逐步形成有较高马克思主义理论水平的教师队伍和比较稳定的教材,开展了研究生政治理论课程教育,政治理论课程的育人功能得以发挥。

---

① 教育部社会科学司:《普通高校思想政治理论课文献选编(1949—2006)》,中国人民大学出版社 2007 年版,第 50～53 页。

三、"文化大革命"时期政治理论课程遭受严重冲击

这一时期是指从 1966 年 5 月到 1976 年 10 月,"文化大革命"从开始到结束。

1966 年 5 月召开的中共中央政治局扩大会议是"文化大革命"正式发动的标志,这次会议通过的《中国共产党中央委员会通知》,成为发动"文化大革命"的纲领性文件。"文化大革命"使党、国家和人民遭到 1949 年以来最严重的挫折和损失,使社会主义中国偏离了正确的发展方向,也使本来相对稳定的高校政治理论课遭受严重冲击和破坏,出现倒退局面。在当时的特殊形势下,学校成了"文化大革命"的重灾区,学校党委、党支部、教师受到批斗,正常的教学工作秩序已经难以维持,校内出现无政府状态。从 1966 年到 1969 年由于"文化大革命"的冲击,高等学校停止正常招生,在校学生的所有课程都被迫停开。

1970 年下半年,高等学校开始恢复招生,6 月 27 日,中共中央《关于北京大学、清华大学招生(试点)的请示报告的批示》提出,"一年来,通过教育革命的实践,初步积累了有关招生、课程设置、教材改革、教学方法以及建立'三结合'教师队伍等方面的经验,建立了部分教学、科研、生产三结合的基地。目前已具备了招生的条件"[①]。《关于北京大学、清华大学招生(试点)的请示报告的批示》规定学习内容设置"以毛主席著作为基本教材的政治课;实行教学、科研、生产三结合的业务课;以备战为内容的军事体育课。文、理、工各科都要参加劳动"。随后高校开始招收有实践经验的工人、农民、解放军入学,由此,高校政治课教学得以恢复。

1971 年 4 月 15 日到 7 月 31 日,经毛泽东同志批准,全国教育会议在北京召开,会议分析了当前教育战线的形势,印发了《全国教育工作会议纪要》,提出"教育必须突出无产阶级政治,用政治统帅业务,把转变学生的思想放在首位。要坚持以学为主的原则,上好政治课和社会主义文化课,保证教学时间和质量。要把学文和兼学别样结合起来,坚持理论和实践的统一"[②]。"工农兵

---

① 教育部社会科学司:《普通高校思想政治理论课文献选编(1949—2006)》,中国人民大学出版社 2007 年版,第 54~56 页。

② 教育部社会科学司:《普通高校思想政治理论课文献选编(1949—2006)》,中国人民大学出版社 2007 年版,第 60~64 页。

学员要认真读马、列的书,读毛主席的书,坚持以阶级斗争为主课,始终把坚定正确的政治方向放在第一位。要坚决地改革旧的教学方法。学员和教员都要执行毛主席指示,'把精力集中在培养分析问题和解决问题的能力上。'"《全国教育工作会议纪要》还提出:"教材要彻底改革,要积极编写新教材,应当深入实际,学习和总结工农兵在三大革命运动中的丰富实践经验和发明创造,使教材适应社会主义革命和社会主义建设发展的需要。大破唯心主义、形而上学,坚持政治和业务、理论和实际的统一。对原有教材要根据不同情况,加以分析、批判、改造,推陈出新。适当编写一些反面教材,供批评用。"

1976 年 10 月,"四人帮"反革命集团被粉碎,十年"文化大革命"结束,我国进入了新的历史发展时期,整顿党和国家组织,平反冤假错案,工农业生产得到比较快的恢复,教育科学文化工作也开始走向正常。由于当时担任党中央主席的华国锋同志在指导思想上继续犯了"左"的错误,使得粉碎"四人帮"后到十一届三中全会之前,党的工作出现了在徘徊中前进的局面,还没有全面地认真地纠正"文化大革命"中及其以前的"左"倾错误,高校政治理论课建设也暂时未能摆脱"左"的指导思想的影响。

"文化大革命"由于"左"的指导思想,使党和人民遭到中华人民共和国成立以来最严重的挫折和损失,使全国人民艰苦创建的社会主义事业遭到前所未有的浩劫,社会主义中国偏离了正确的发展方向。"文化大革命"中,高校政治理论课强调要以阶级斗争为主课,结合正在开展的各种政治运动对学生进行教育教学,组织学生参加各种政治运动,在斗争中学习,政治理论课正常的教学活动被政治运动冲击取代,教师队伍建设、教材建设、课程体系受到严重的干扰和破坏。

四、高校政治理论课程恢复、稳定发展和改革时期

这一时期是指从 1978 年到 1997 年,是高校政治理论课程恢复、稳定发展和改革重要阶段。1978 年 12 月,党的十一届三中全会召开,开始全面认真纠正"文化大革命"及其以前的"左"倾错误,坚决批评了"两个凡是"的错误方针,充分肯定了必须完整、准确地掌握毛泽东思想的科学体系,高度评价了关于真理标准问题的讨论,确定了解放思想、开动脑筋、实事求是、团结一致向前看的指导方针,果断地停止使用"以阶级斗争为纲"的口号,做出了把党和国家工作中心转移到经济建设上来,实行改革开放的历史性决策。结束了粉碎"四人帮"以后的两年中党的工作在徘徊中前进的局面,重新确立了马克思主义的思

想路线、政治路线、组织路线,给高校政治理论课教育教学指明了方向。

(一)恢复高校马列主义课程,培养更好地为社会主义现代化建设服务人才

这一阶段时间跨度大致是从 1978 年到 1984 年年底。

伴随着教育事业全面拨乱反正,高校招生制度得以恢复。提高教育质量,提高科学文化水平,更好地为社会主义建设服务是高等教育事业面临的重要任务。1978 年 4 月,全国教育工作会议在北京召开,邓小平在会议上指出:"'四人帮'对教育事业的破坏,不仅造成科学文化的教育质量惊人下降,而且严重地损害了学校的思想政治教育,败坏了学校纪律,腐蚀了社会主义社会的革命风气。"[①]他提出:"我们希望从事教育工作的同志,各有关部门的同志,整个社会的家家户户,都来关心青少年思想政治进步,把被'四人帮'破坏了的优良革命传统恢复和发扬起来。"[②]1978 年 4 月,教育部办公厅《关于加强高等学校马列主义理论教育的意见》指出:"关于马列主义课的设置和学时问题,一般认为,今后高等学校应开设哲学、政治经济学和中共党史。理、工、农、医专业有条件的还应开设自然辩证法。文科应另加国际共产主义运动史。理工农医专业要不要开或如何开国际共运史的问题,各校可以酌情处理。也有不少人认为,停开国际共运史,改为科学社会主义,构成马克思主义三个组成部分,和哲学、政治经济学一起,是所有高等学校的必修课。文科另加党史。上述两种意见,均可由各校根据条件试行,暂不做统一规定。对各门马克思主义理论课开设的顺序问题,一般是党史、政治经济学、哲学、共运史。"[③]该《意见》还对马列主义理论课在高校的地位的认识问题、目的和任务问题、教材问题、教学方法问题、教师队伍建设问题、领导体制问题提出了明确要求。

1978 年 6 月 8 日至 29 日,高等院校文科教学工作座谈会在武汉召开。会议基本肯定了 1961 年文科教材会议制定的教学方案的原则精神,并决定选择 1961 年文科教材会议后编写出版的基础较好的教材,加以修订出版。这次会议后,教育部组织有关方面的专家学者编写了"中共党史""政治经济学""辩证唯物主义历史唯物主义""国际共产主义运动史"四门理论课的教学大纲。

1979 年 5 月 20 日,教育部政治理论教育司关于《高等学校政治理论课的

---

①　《邓小平文选》(第 2 卷),人民出版社 1994 年版,第 105 页。

②　《邓小平文选》(第 2 卷),人民出版社 1994 年版,第 105～106 页。

③　教育部社会科学司:《普通高校思想政治理论课文献选编(1949—2006)》,中国人民大学出版社 2007 年版,第 70～74 页。

基本情况和存在问题》，针对全国高校政治理论课教学实际情况，提出必须研究解决以下几个问题：政治理论课的性质、作用和任务问题、课程设置和教材问题、教师队伍的建设问题、加强领导和健全领导体制的问题，指出"政治理论课是我们社会主义高等教育的重要标志，是培养又红又专人才的重要保证。它在整个高等教育中的重要地位和作用必须充分肯定"①。1980 年 4 月 29日，教育部、共青团中央《关于加强高等学校学生思想政治工作的意见》指出："要切实改进和加强马列主义基本理论教育。开设马列主义理论课，是社会主义大学的特点之一，那种取消或削弱马列主义理论课的主张是错误的。教育行政部门要采取措施，培训教师，改革教材，交流经验，提高教学质量，恢复被林彪、'四人帮'败坏了的马列主义理论课的声誉。""在进行马列主义基本理论教育中，要着重进行坚持四项基本原则的教育。四项基本原则是立国的根本，是今后长期对学生进行思想教育的重要内容。""要教育学生正确理解解放思想和坚持四项基本原则、民主与集中、民主与法制、自由和纪律的关系，划清社会主义民主和资产阶级民主的界限，反对无政府主义和极端民主化的倾向。"②

　　1980 年 7 月 7 日，教育部《关于印发〈改进和加强高等学校马列主义理论课的试行办法〉的通知》充分肯定了政治理论课的重要地位，指出："三十年来，高等学校马列主义理论课，经历了曲折的过程。在大部分时间里，坚持了马列主义、毛泽东思想的基本理论教学，对培养学生成为社会主义革命和社会主义建设需要的人才，起了重要作用。"《关于印发〈改进和加强高等学校马列主义理论课的试行办法〉的通知》对高校马列主义理论课的地位和任务，教学方针、课程、学时、大纲和教材，教学制度、教学环节和教学方法，开展科学研究和提高教学质量，马列主义教研室的设置和任务，教师队伍建设，加强领导和健全体制等提出明确具体的要求，上述通知是进入改革开放新时期，指导规范高校马列主义理论课教学工作的一部非常重要的文件。

　　1982 年 9 月，党的十二大在北京召开，邓小平在开幕词中强调指出："我们的现代化建设，必须从中国的实际出发。无论是革命还是建设，都要注意学习和借鉴外国经验。但是，照抄照搬别国经验、别国模式，从来不能得到成功。

---

　　① 教育部社会科学司：《普通高校思想政治理论课文献选编（1949—2006）》，中国人民大学出版社 2007 年版，第 76 页。

　　② 教育部社会科学司：《普通高校思想政治理论课文献选编（1949—2006）》，中国人民大学出版社 2007 年版，第 81 页。

这方面我们有过不少教训。把马克思主义的普遍真理同我国的具体实际结合起来,走自己的路,建设有中国特色的社会主义,这就是我们总结长期历史经验得出的基本结论。"①邓小平提出的建设有中国特色的社会主义的思想,既是十二大的指导思想,也是整个新的历史时期改革开放和社会主义现代化建设的指导思想,对高校马列主义理论教育有十分重要的指导意义。1984 年 9 月 4 日,中央宣传部、教育部印发《关于加强和改进高等院校马列主义理论教育的若干规定的通知》,指出:"党的十一届三中全会以来,全国高等院校恢复了正规化的马列主义理论教育。在各级党委的领导下,广大马列主义课教师,在解放思想,拨乱反正,进行四项基本原则教育,宣传党的路线、方针和政策,培养学生的无产阶级世界观和共产主义道德等方面,做了大量工作。但是,目前高等院校的马列主义理论教育还不能适应社会主义现代化建设的需要。"②这个通知提出,新时期必须加强对学生进行马列主义教育;坚持理论联系实际的方针,改进课程设置和教材内容;加强教学的各个环节,改进教学方法;加强马列主义理论和教学法的研究;加强教师队伍的建设,改善他们的政治待遇和工作条件;加强对高校马列主义理论教育工作的领导。《关于加强和改进高等院校马列主义理论教育的若干规定的通知》强调:"马克思主义是发展的科学,它的生命力就在于同各个时代、各个国家的具体实际相结合,回答实践提出的重大问题。"为了增强马列主义的实际性,推进中国特色社会主义实践,要求现在着手准备在高校增设"中国社会主义建设基本问题"课程。在新课程设置未确定和新教材未编之前,现行课程不变。还指出高校马列主义理论教育工作,除了本文件规定的几个问题外,其他方面仍按教育部 1980 年颁布的《改进和加强高等学校马列主义理论课的试行办法》执行。

从 1978 年到 1984 年,随着党在指导思想上的拨乱反正的胜利完成,我们党重新确立了马克思主义的思想路线,停止使用"以阶级斗争为纲"为纲的口号,纠正了"文化大革命"及其以前的"左"的错误,统一了全党全国人民的思想,为改革开放、开创社会主义现代化建设新局面打下了坚实思想基础。在党的思想路线指引下,高校政治理论课建设各方面也取得了进步。

---

① 《邓小平文选》(第 3 卷),人民出版社 1993 年版,第 2~3 页。

② 教育部社会科学司:《普通高校思想政治理论课文献选编(1949—2006)》,中国人民大学出版社 2007 年版,第 94~99 页。

(二)适应改革开放和社会主义现代化建设需要,推动马列主义理论课程改革

该阶段时间跨度大约是从 1985 年到 1992 年。

1982 年 9 月,党的十二大召开,大会提出了党在新的历史时期的总任务是,团结全国各族人民,自力更生,艰苦奋斗,逐步实现工业、农业、国防和科学技术现代化,把我国建设成为高度文明、高度民主的社会主义国家。大会把继续推进经济建设作为全面开创社会主义现代化建设新局面的首要任务。1984 年 10 月,党的十二届三中全会通过的《关于经济体制改革的决定》指出:"经济体制的改革,不仅会引起人们经济生活的重大变化,而且会引起人们生活方式和精神状态的重大变化。社会主义物质文明和精神文明的建设要一起抓,这是我们党坚定不移的方针。"①

为了适应我国社会主义现代化建设的需要,适应现代科学技术和现代经济政治的巨大变化,适应新时期青少年心理发展的具体状况,以及各方面改革的需要。1985 年 8 月 1 日,中共中央印发了《关于改革学校思想品德和政治理论课程教学的通知》指出:"大学(指各类高级学校,下同):进行以中国革命史为中心的历史教育,使学生了解具有悠久的历史文化传统的中国是怎样根据历史的必然走上以共产党为领导力量的社会主义道路的;进行马克思主义基本理论的教育,使学生了解马克思主义的哲学、历史学、经济学、政治学和科学社会主义等基本理论观点的历史渊源、主要内容和现代发展(包括在中国的运用和发展);同时有分析、有比较地介绍当代其他各种社会思潮,对错误的思潮要有分析地进行充分说理的批评,培养学生运用马克思主义对这些思潮进行鉴别和分析的能力;进行中国社会主义建设和改革的理论、政策和实际知识的教育,使学生了解我国党和人民正在进行的有世界意义的伟大事业与青年一代的密切关系及崇高责任。在进行上述各项教育中,要适时地穿插各种切合学生需要的时事教育、文学艺术教育和课外活动……还应向学生介绍当代世界政治经济的基本情况、国际关系的基础知识,帮助学生开阔视野,使他们在对外开放的环境下有坚定的立场和较强的适应能力。"②这个通知为新时期高校思想品德课和政治理论课改革提供了指导和依据。

---

① 中共中央文献研究室:《社会主义精神文明建设文献选编》,中共中央文献出版社 1996 年版,第 180 页。

② 教育部社会科学司:《普通高校思想政治理论课文献选编(1949—2006)》,中国人民大学出版社 2007 年版,第 106~108 页。

鉴于改革学校思想品德和政治理论课程教学是一项涉及面广、政策性强的工作,需要加强领导,统筹规划,积极稳步推进。1986 年 3 月 20 日,国家教育委员会发出《关于在高等学校进一步贯彻〈中共中央关于改革学校思想品德和政治理论课程教学的通知〉的意见》,提出,设想从 1986 年起,用 3～5 年时间进行政治理论课教学改革工作,逐步开设 4 门新的课程:"中国革命史""中国社会主义建设""马克思主义原理""国际政治经济和国际关系"。国家教委预计从 1990 年起,全国多数高校政治理论课的课程设置可基本实现中共中央《关于改革学校思想品德和政治理论课程教学的通知》的要求,教学内容也将得到充实、提高。各高校在新课程没有开设之前,继续按原有课程组织教学,但课程内容应按中共中央《关于改革学校思想品德和政治理论课程教学的通知》的精神进行改革,高校因地制宜进一步加强对学生的共产主义思想品德教育。《关于在高等学校进一步贯彻〈中共中央关于改革学校思想品德和政治理论课程教学的通知〉的意见》提出,为了实现国家教委对政治理论课程改革的设想,应做好以下几方面的工作:进一步学习中央文件精神,提高思想认识;认真抓好教学改革的试点;有计划地开展科学研究;有组织地进行新教材建设;切实加强政治理论课教师队伍建设。

1987 年 3 月 5 日,国家教委发出《关于在高等学校马克思主义理论课(公共课)教学中旗帜鲜明地坚持四项基本原则反对资产阶级自由化的通知》,提出高校党政领导要组织马克思主义理论课教师认真学习中央文件和邓小平同志有关坚持四项基本原则、反对资产阶级自由化的论述。统一思想,提高认识,认清坚持四项基本原则、反对资产阶级自由化对于维护和发展安定团结的大好形势,坚持改革和对外开放,促进社会主义现代化建设的极端重要性。教师要深入了解资产阶级自由化思潮在学生中的影响,加强教学的针对性,着重解决根本政治原则和政治方向问题。要从中国国情出发,讲清只有坚持四项基本原则,才能坚持开放、改革,实现社会主义现代化的道理。[①] 1987 年 3 月17 日,国家教委发出《关于进一步改革高等学校马克思主义理论课(公共课)教学的意见》,指出"一年多的教学改革实践证明",开设"中国革命史"课,适合当代大学生的实际,是完全必要的。"中国社会主义建设"课的试点也表明,这门课对于帮助学生正确理解我国社会主义建设和改革的理论以及党的路线、方针和基本政策,坚定社会主义的方向,认清当代青年的历史责任,是有好处

---

① 教育部社会科学司:《普通高校思想政治理论课文献选编(1949—2006)》,中国人民大学出版社 2007 年版,第 118～120 页。

的。"中国革命史"课，只要学校和教师做了必要的准备，就可以开设。原有的"哲学""政治经济学"课，可以根据学校的不同条件，分别采取以下几种做法进行改革。一种是试开"中国社会主义建设"课，并把"马克思主义原理"课分解为几个部分，如"马克思主义哲学""当代资本主义""科学社会主义的产生和发展"，先分别讲授，然后逐步建立"马克思主义原理"课的教学体系。一种是继续开设"哲学""政治经济学"课，积极改革教学内容和教学方法。文科各专业还应积极创造条件，逐步开出"世界政治经济与国际关系"课，以适应对外开放的需要。《关于在高等学校马克思主义理论课（公共课）教学中旗帜鲜明地坚持四项基本原则反对资产阶级自由化的通知》规定，对马克思主义理论课程必要的学时，要有一个基本的统一规定。马克思主义理论课教学内容不比原来的 3 门课少，因此应维持原有的教学时数。理工农医专业四年制的本科马克思主义理论课，以 3 门课学习 3 年、每周按 2 学时计算，仍需 120 学时，占教学计划总学时数的 9% 左右。一般文科专业（包括外语专业）四年制本科马克思主义理论课，以 4 门课学 3 年、按每周 3 学时计算，仍需 315 学时，占教学计划总学时的 13% 左右。马克思主义理论专业的公共理论课时另行规定。

在中共中央《关于改革学校思想品德和政治理论课程教学的通知》精神指引下，经过各地各高校和广大马克思主义理论课教师一年多时间的积极稳步推进，高校原来的 4 门政治理论课，即"中共党史"、"政治经济学"、"马克思主义哲学"、"科学社会主义"或"国际共产主义运动史"，逐步过渡为"中国革命史"、"中国社会主义建设"、"马克思主义原理"和"世界政治经济与国际关系"新的 4 门课。

1991 年 8 月 3 日，国家教委发出《关于加强和改进高等学校马克思主义理论教育的若干意见》指出："在高校的全部思想政治工作中，马克思主义理论课在对青年学生系统灌输马克思主义科学理论，进行科学世界观、人生观和价值观的教育，以及党的路线、方针和政策教育方面，担负着特殊重要责任。它是高校思想政治教育的主阵地和主渠道。"①强调"要继续按照《中共中央关于改革学校思想品德和政治理论课程教学的通知》精神，积极进行教学改革"。"马克思主义理论教育的各门课程都应该从不同的理论侧面和不同的逻辑体系，去阐明四项基本原则是中国革命和建设不可动摇的历史逻辑和政治结论，去回答学生所存在的带倾向性的深层思想认识问题。要坚持马克思主义理论

---

① 教育部社会科学司：《普通高校思想政治理论课文献选编(1949—2006)》，中国人民大学出版社 2007 年版，第 139~144 页。

的纯洁性,发扬马克思主义的革命批判精神,要同资产阶级自由化的理论观点、民主社会主义的理论观点和其他一切非马克思主义的理论观点划清界限"。为了保证马克思主义理论教育任务完成和教学内容改革的深入进行,课时应适当增加。四年制本科课时,文科类为 350 学时,理工农医类为 280 学时,大学专科二年制文理科均为 140 学时,三年制均为 210 学时(以上均不含时事政策学习和德育课程学时)。上述规定的课时必须予以保证,任何学校和个人都不得以任何理由为借口任意减少或挪用马克思主义理论课的课时。高校马克思主义理论教育的课程形式以相对稳定为宜。根据几年来课程改革的实践和教学实际情况,四年制本科应继续开设"中国革命史"和"中国社会主义建设",各 70 学时;"马克思主义原理"课要在教学试点的基础上总结经验,继续完善,目前可根据各校实际情况,或继续作为一门大课开设,或分解为几门小课开设,但不论采取哪种课程形式,均需涵盖《马克思主义原理教学要点》所规定的教学内容,并定为 140 学时;文科类专业还应开设"世界政治经济与国际关系"课。综合性大学理论专业,财经政法类和民族类院校的马克思主义理论课的课程设置,可根据其专业特点做必要的调整。二年制和三年制大学专科应分别开设 2 门或 3 门马克思主义理论课,目前课程设置暂可根据各校具体情况,并参照大学本科的课程设置安排,但必须开设马克思主义原理课程。

(三)高校政治理论课程内容不断丰富和发展的重要阶段

这一阶段是指 1992 年至 1997 年。

1992 年邓小平南方谈话发表,标志着我国改革开放和社会主义现代化建设进入了新的阶段。同年 10 月,党的十四大召开,江泽民在十四大报告中系统阐述了邓小平建设有中国特色社会主义的理论,明确提出:"党的基本路线要毫不动摇地长期坚持下去,社会主义的改革开放和现代化建设要搞得更好更快,国家要长治久安和繁荣富强,关键在于我们党,在于坚持用邓小平同志建设有中国特色社会主义的理论武装全党。"

新形势下,用邓小平建设有中国特色社会主义理论武装学生头脑成为高校思想政治理论教育的首要任务,教育战线特别是高等学校要毫不动摇地坚持党的"一个中心、两个基本点"的基本路线,高校思想政治理论教育要警惕"右",但主要是防"左",必须解放思想、实事求是,摆脱"左"的思想束缚,善于吸收和借鉴人类社会创造的一切文明成果,包括西方发达资本主义国家的对我们有用的东西,加快高等教育改革发展步伐,以经济建设为中心,使高等教育更好地为加快经济发展服务,为社会培养德才兼备人才。因此,高校思想政治理论教育面临的任务不是轻了而是更重了,"两课"(马克思主义理论课和思想政治教育课)要适应国家经济政治形势发展的需要,进行全面改革显得更加紧迫。

1992 年 7 月 1 日,中共中央政治局委员、国家教委主任李铁映在高校党建工作会议的报告中提出:"在广大党员、干部和师生员工中进行邓小平同志关于建设有中国特色社会主义理论的教育是当前和今后一个长时期内理论学习和思想政治教育的重要内容。"①

1993 年 2 月 13 日,中共中央、国务院印发《中国教育改革和发展纲要》,指出:"用马列主义、毛泽东思想和建设有中国特色的社会主义理论教育学生,把坚定正确的政治方向摆在首位,培养有理想、有道德、有文化、有纪律的社会主义新人,是学校德育即思想政治和品德教育的根本任务。"1993 年 8 月 13 日,中组部、中宣部、国家教委印发《关于新形势下加强和改进高等学校党的建设和思想政治工作的若干意见》,指出:"马克思主义理论课和思想政治教育课是学生思想政治教育的主渠道,是社会主义学校的本质特征之一。加强和改进'两课'教育是摆在我们面前的一项紧迫任务。'两课'要贯彻理论联系实际的方针和'少而精'、'要管用'的原则,以增强说服力和有效性为目标,以改进教学内容和方法为重点,注意相辅相成,深入进行教学改革。""要在坚持马克思主义基本原理的前提下,根据各自的学科特点,更新、充实、调整教学内容。要贯彻建设有中国特色社会主义的理论,及时改革不适应形势发展要求的教学内容,注意吸收和反映建设有中国特色社会主义伟大实践中产生的新的科学理论成果,增强帮助青年学生形成科学的世界观,人生观的内容,调整课程间不必要的重复内容。"②

1993 年 12 月 21 日至 24 日,国家教委社会科学司在南京师范大学召开全国高校马克思主义理论课教学改革研讨会,各省、自治区、直辖市教委和部分部委教育局主管理论课教学的政教处或高教处处长,以及马列课教改试点的部分高校马列(社科)部主任出席会议。中国社科院研究生院、中国人民解放军总政宣传部、解放军空军政治学院、国家教委思政司等单位负责同志也应邀出席会议。国家教委党组成员、国家教委专职委员林炎志在开幕式讲话中指出,1993 年 7 月召开的第四次全国高校党建工作会议之后,国家教委对高校

---

① 李铁映:《加强党的建设深化高教改革为经济建设服务》,载《中国高等教育》1992 年第 7～8 期。

② 教育部社会科学司:《普通高校思想政治理论课文献选编(1949—2006)》,中国人民大学出版社 2007 年版,第 145～148 页。

马克思主义理论教育的指导方针做了一些必要的调整,就是由"在坚持中改革"转变为"在改革中坚持"。他强调高校要按照中宣部、中组部、国家教委的要求积极地和稳妥地推动高校"两课"改革。国家教委社会科学司司长杨瑞森在开幕式上作了《抓住时机,深化改革,努力开创高校马克思主义理论课教学新局面》的报告。他指出,高校理论教育的根本出路乃在于改革,只有进行改革才能坚持马克思主义,马克思主义理论教育的作用只有通过改革才能得到充分发挥。我们今天主动地和旗帜鲜明地提出高校马列课教改问题,是为了使高校的马列课教学更好地适应形势发展的要求,而决不意味着对以往工作的否定。会上清华大学、华东理工大学等试点高校介绍了改革情况和经验。[①]这次会议进一步明确了高校"两课"改革的指导思想、基本思路和改革的必要性,改革的目标、中心内容和重点,以及改革的领导和有关政策问题。强调马列课的教学改革如同我国其他各条战线的改革一样,必须经过试点,以取得经验。国家教委和省市教委要确定自己的试点学校,以便多途径和多方式创造新鲜经验。非试点单位的改革要在原有的框架内进行,原有文件中关于理论课的课程设置、教学时数和教学大纲规定的精神均应相应稳定,改革的重点是教学内容和方法的改革。这次会议明确了改革的指导思想和原则,部署了今后一个时期高校"两课"改革的具体措施,有力地推动了"两课"改革的深入发展,维护了教学的稳定。

为了适应深化改革,扩大开放和加快社会主义现代化建设步伐的新形势要求,1995 年 10 月 24 日,国家教委发出《关于印发〈关于高校马克思主义理论课和思想品德课教学改革的若干意见〉的通知》,提出:"'两课'教学要以邓小平同志建设有中国特色社会主义理论为中心内容,进一步加强马克思主义教育⋯⋯'两课'教学及其改革的主要任务就是要进一步加强马列主义、毛泽东思想,特别是邓小平同志建设有中国特色社会主义理论的教育。要以《邓小平同志建设有中国特色社会主义理论学习纲要》为教学纲要,把邓小平同志建设有中国特色社会主义理论编成教材,进入课堂,用以教育武装青年学生,为他们今后投身于建设有中国特色社会主义的宏伟事业奠定扎实的思想理论基础。"[②]1995 年 11 月 23 日,国家教委《关于颁布〈中国普通高等学校德育大纲〉

---

① 佘克:《努力开创高校马克思主义理论课教学新局面——全国高校马克思主义理论课教学改革研讨会综述》,载《中国高等教育》1994 年第 2 期。

② 教育部社会科学司:《普通高校思想政治理论课文献选编(1949—2006)》,中国人民大学出版社 2007 年版,第 158 页。

的通知》中,把马列主义、毛泽东思想和邓小平建设有中国特色社会主义理论教育放在德育内容的首要位置。

1996年3月27日至30日,全国高校"两课"管理工作座谈会在广州召开,会议指出国家教委关于"两课"教学改革文件已适时地提出了争取在1997年确定新教学方案的要求,这是"两课"教学内容改革的一个重要方面。会议认为:"新的课程设置方案的制定要认真贯彻党中央关于'两课'教学改革要以邓小平建设有中国特色社会主义理论为中心内容来加强和改进高校马克思主义理论教育的指示,贯彻'学马列要精,要管用'的方针,全面总结和吸收1985年以来,'两课'教学改革的经验,特别是改革试点的重要成果,注意保持工作的连续性和教学秩序的相对稳定性;要对课程名称和教学内容作出统一的规定和要求。"①

《全国高校"两课"管理工作座谈会会议纪要》的附件——《关于落实"两课"教学改革〈若干意见〉几项重要工作的实施计划》特别提出:"进一步推动邓小平同志建设有中国特色社会主义理论进课堂、进教材的工作。在修订《中国社会主义建设》等教材中,进一步充实建设有中国特色社会主义理论相关内容。推荐今秋出版的《建设有中国特色社会主义理论读本》作为教学用书。"②

为了加强高校马克思主义理论课和思想品德课教学的宏观管理,充分发挥专家学者对"两课"教学改革与建设的咨询和指导作用,1997年12月9日,国家教委印发《关于成立国家教委普通高等学校马克思主义理论课和思想品德课教学指导委员会的通知》,"两课"教学指导委员会是在国家教委领导下,对高等学校"两课"教学工作进行研究、咨询、评价和指导的专家组织,指导委员会成立对高校"两课"教学改革和学科建设是一项重要举措。

(四)高校思想品德课程的建立与发展

从中华人民共和国成立到"文革"前,高校的政治理论课程主要进行马列主义、毛泽东思想教育,没有专门开设对大学生进行思想品德教育的课程。十一届三中全会后,随着党对社会主义现代化建设规律认识的深化,我们党提出要在建设高度物质文明的同时,建设高度的社会主义精神文明。邓小平提出:"我们国家已经进入社会主义现代化建设的新时期。我们要在大幅提高社会

---

① 教育部社会科学司:《普通高校思想政治理论课文献选编(1949—2006)》,中国人民大学出版社2007年版,第171～172页。

② 教育部社会科学司:《普通高校思想政治理论课文献选编(1949—2006)》,中国人民大学出版社2007年版,第173页。

生产力的同时,改革和完善社会主义的经济制度和政治制度,发展高度的社会主义民主和完备的社会主义法制。我们要在建设高度物质文明的同时,提高全民族的科学文化水平,发展高尚的丰富多彩的文化生活,建设高度的社会主义精神文明。"[1]1981 年 6 月 27 日,十一届六中全会通过的《关于建国以来若干历史问题的决议》提出:"要加强和改善思想政治工作,用马克思主义世界观和共产主义道德教育人民和青年,坚持德智体全面发展、又红又专、知识分子与工人农民相结合、脑力劳动与体力劳动相结合的教育方针,抵制腐朽的资产阶级思想和封建残余思想的影响,克服小资产阶级思想的影响,发扬祖国利益高于一切的爱国主义精神和为现代化建设贡献一切的艰苦创业精神。"[2]1982年 9 月,党的十二大召开,大会提出"社会主义精神文明是社会主义的重要特征,是社会主义制度优越性的重要表现。社会主义精神文明建设大体可以分为文化建设和思想建设两个方面。思想建设决定着精神文明的社会主义性质,其中最重要的是革命的理想、道德和纪律"[3]。

　　为了贯彻十二大提出的加强共产主义思想道德教育精神,在高校马列主义理论课教育教学工作逐步走向正常轨道后,各高校积极探索思想政治教育的新途径,一些高校尝试开设共产主义思想品德课,对学生进行革命人生观教育、共产主义道德品质教育,有些学校还举办中国近现代史专题讲座,对学生进行爱国主义教育。1982 年 10 月 9 日,教育部印发了《关于在高等学校逐步开设共产主义思想品德课的通知》,认为:"有必要把共产主义思想品德课作为一门必修课程,纳入教学计划。各高等学校可根据本校的实际情况,逐步开设这门课程。"[4]该文件对教学工作的组织管理、教师队伍建设、教学大纲、教学方法、教学时间安排提出了建议。

　　在各地各高校实践基础上,1984 年 9 月 12 日,教育部印发《关于高等学校开设共产主义思想品德课的若干规定》,明确了共产主义思想品德课的任务、内容、教学原则、教学计划、成绩考核、教学时间安排、教师队伍建设、教学机构等方面的问题。由此,共产主义思想品德课作为一门重要的思想品德教

---

[1]　中共中央文献研究室:《社会主义精神文明建设文献选编》,中共中央文献出版社 1996年版,第 50 页。

[2]　中共中央文献研究室:《社会主义精神文明建设文献选编》,中共中央文献出版社 1996年版,第 91 页。

[3]　胡绳:《中国共产党的七十年》,中共党史出版社 1991 年版,第 509 页。

[4]　教育部社会科学司:《普通高校思想政治理论课文献选编(1949—2006)》,中国人民大学出版社 2007 年版,第 100～101 页。

育课程在高校得到确立和健康发展。

1985年11月5日,中共中央、国务院转发中宣部、司法部《关于向全体公民基本普及法律常识的五年规划的通知》(中发〔1985〕23号)指出:"全民普及法律常识是我国人民政治生活中的一件大事,是社会主义精神文明建设的一个重要组成部分。做好这项工作,对于进一步发扬社会主义民主,加强社会主义法制,推进社会主义两个文明的建设,实现党在新时期总的奋斗目标和总任务,都具有重要的意义。"1985年11月22日,全国人大常委会第十三次会议通过了《关于在公民中基本普及法律常识的决议》强调:"大力加强法制宣传教育,在公民中普及法律常识,对于加强社会主义法制,保障国家的长治久安,促进社会主义物质文明和精神文明的建设,实现我国在新时期的奋斗目标和总任务,具有重大的意义。"①

为贯彻落实中央普法宣传精神,1986年9月1日,国家教委发出《关于在高等学校开设"法律基础"课的通知》,要求高校要结合公共政治理论课"中国社会主义建设"讲授"社会主义民主与法制",内容包括"人民民主专政的国家制度"、"建设高度的社会主义民主"和"建设健全的社会主义法制"。结合学生思想实际,开设法律基础知识专题讲座,内容为:(1)全民普法和大学生学习法律常识的意义;(2)法的本质和作用;(3)民主和法制、民主和专政;(4)我国公民的基本权利和义务;(5)犯罪与刑罚;(6)民主的任务和作用;(7)婚姻和继承问题。《关于在高等学校开设"法律基础"课的通知》对"法律基础"课的学时、师资、教材提出要求,明确于1986年暑期后,各省、自治区、直辖市选择一至数所条件好的高校进行试点,其他高校可以不定期举办法律基础知识讲座,逐步创造条件面向全体学生开设。

1987年10月20日,国家教委发出《关于高等学校思想教育课程建设的意见》指出,建设思想教育课程是改进和加强高等学校学生思想政治教育的需要。"根据新时期对思想教育提出的要求和高等学校学生的实际情况,现规定设置如下五门课程:'形势与政策'、'法律基础'两门为必修课,'大学生思想修养'、'人生哲理'、'职业道德'三门可因校制宜有选择地开设。"②《关于在高等学校开设"法律基础"课的通知》要求思想教育课程应列入教学计划,教务部门

---

① 中共中央文献研究室:《社会主义精神文明建设文献选编》,中共中央文献出版社1996年版,第219页。

② 教育部社会科学司:《普通高校思想政治理论课文献选编(1949—2006)》,中国人民大学出版社2007年版,第132～134页。

要将思想教育课程合理地排入课表。按规定形势政策教育时间为每周 2 学时，一般院校按每学期有效教学时间 18 周计算，4 学年共 288 学时（不同类型学校可按本校实际有效教学周数计算）。各校开设思想教育课程的总学时不要超过 288 学时，除"形势与政策"外，其他几门课程的教学时数不宜多，每门课可适当集中安排；思想教育课程由学校主管学生思想政治教育的部门和教务处共同领导，由思想政治教育研究室负责组织实施，学校要加强对思想政治教育课程建设的领导，各有关部门要相互配合，共同努力，采取有力措施落实这项工作。1992 年，国家教委教政司转发《高校思想政治教育课程教学改革与建设研讨会纪要》，将原有的"大学生思想修养""人生哲理"两门课合为一门课，称为"思想道德修养"，并作为必修课，在大学一年级开设，规定不少于 54 学时。由此，思想品德课的三门课程："思想道德修养""法律基础""形势与政策"，与马克思主义理论课的几门课程一起形成结构合理、功能互补的课程体系，并作为大学生的必修课相对稳定下来。

(五)研究生政治理论课程的建设和发展

1977 年恢复高考，1978 年，因"文化大革命"中断的研究生教育也得到恢复，十年动乱，我国各行各业出现了高层次专门人才严重匮乏、青黄不接的局面。恢复研究生教育培养制度，对缓解社会人才短缺现状起到积极作用。在改革开放的新形势下，加强思想政治教育，培养又红又专的研究生提上党和国家人才培养工作的议事日程。

1981 年 3 月 28 日，教育部《关于开设自然辩证法方面课程的意见》，提出："自然辩证法方面的课程，有条件的，应列为理工科研究生的必修课；文科研究生是否开设，由各校自定，学时可包括在马列主义理论课教学时间内。有条件的可以列为高等学校有关专业本科生的选修课。所需学时不包括在马列主义理论课教学时间内。自然辩证法课程的内容，各高校可根据各自的条件及专业特点，自行确定。"[①]1985 年 8 月 1 日，中共中央《关于改革学校思想品德和政治理论课程教学的通知》对研究生政治理论课教学提出明确要求："研究生阶段的思想理论教育，应当在大学本科的基础上继续提高，并注意与专业学习适当地结合起来。"[②]1987 年 5 月 29 日，中共中央《关于改进和加强高等

---

①　教育部社会科学司：《普通高校思想政治理论课文献选编(1949—2006)》，中国人民大学出版社 2007 年版，第 91 页。

②　教育部社会科学司：《普通高校思想政治理论课文献选编(1949—2006)》，中国人民大学出版社 2007 年版，第 107 页。

学校思想政治工作的决定》指出："高等学校培养出来的大学生、研究生，应当有坚定正确的政治方向，爱祖国、爱社会主义，拥护共产党的领导，努力学习马克思主义……"还要求"加强和改进研究生的思想政治工作。研究生是高等教育的最高层次，他们的思想政治情况如何，对学校和社会都要重要的影响。要改进研究生招生工作。一个单位能否招收研究生，不能只看学术水平和研究条件，还要看思想政治条件。招生时，既要重视业务，也要考核政治思想表现……研究生思想政治工作的内容和方法要适合于他们的特点。导师对研究生既要指导业务，又要关心思想政治上的健康成长"[①]。可见，《关于改进和加强高等学校思想政治工作的决定》对研究生思想政治教育的重要性提出了新的更高的要求。1987 年 6 月 15 日，国家教委印发了《关于高等学校研究生马克思主义理论课（公共课）教学的若干规定》，指出："研究生的马克思主义理论课，是《中华人民共和国学位条例暂行实施办法》中规定的硕士、博士研究生必修的学位课程之一。开设这类课程是全面贯彻社会主义教育方针的重要组成部分。"[②]关于研究生马克思主义理论课的课程设置，该《规定》提出，对所有的硕士研究生都要开设"科学社会主义的理论与实践"课（课内安排 36 学时）；对文科各专业研究生要开设"马克思主义经典著作选读"课（课内安排 70 学时）；对理工农医科各专业的研究生还要开设"自然辩证法概论"课（课内安排 54 学时）；硕士研究生马克思主义理论课的学习时间，原则上按课内外 1∶1 安排，在一年内学完。规定要求对文科各专业的博士研究生开设"马克思主义与当代社会思潮"课程、对理工农医科各专业的博士研究生开设"现代科学技术革命与马克思主义"课程，文科和理工农医科各类专业博士研究生马克思主义理论课的教学，均按 200 学时（包括课内外）安排，其中教师讲授和集体讨论应不少于 50 学时。另外，还对研究生马克思主义理论课的教学任务、教学方法和考试要求、教学管理等提出了要求。

综上所述，在粉碎"四人帮"后，结束了十年"文化大革命"，恢复了高考和研究生招生培养。1978 年 12 月，党的十一届三中全会召开，确定了解放思想、开动脑筋实、实事求是、团结一致向前看的指导方针，做出了把党和国家工作中心转移到经济建设上来的战略决策，开启改革开放和社会主义现代化建

---

① 　教育部社会科学司：《普通高校思想政治理论课文献选编（1949—2006）》，中国人民大学出版社 2007 年版，第 122～125 页。

② 　教育部社会科学司：《普通高校思想政治理论课文献选编（1949—2006）》，中国人民大学出版社 2007 年版，第 129 页。

设的新征程,给高等教育事业的发展带来春天,高校马克思主义理论课建设也面临新的发展新机遇,在中央和主管部门的高度重视下,专科生、本科生、研究生各层次的政治理论课程得到恢复和稳定发展,同时提出了高校政治理论课程设置的具体要求及课程标准,政治理论课程逐步完善。随着改革开放和中国特色社会主义现代化建设事业发展,特别是邓小平南方谈话发表和十四大召开,用邓小平建设有中国特色社会主义理论武装大学生成为高校思想理论教育亟待解决的问题。在中央和教育主管部门的领导下,高校"两课"教学改革提上议事日程,并逐步得到有序推进,"两课"教学工作为培养社会主义现代化建设需要的人才做出了重要贡献。

五、适应深化"两课"教学改革,加强"两课"课程建设,实施"两课"教学新方案——"98方案"

这一时段是指从1997年至2004年。进入改革开放和社会主义现代化建设的新时期,随着国际国内形势发生深刻变化,高校"两课"课程建设也走过了不平凡的路程,由"在坚持中改革"转变为"在改革中坚持"。1996年3月,国家教委在中山大学召开的全国高校"两课"管理工作会议,周远清在开幕式上的讲话中强调"两课"改革是高等教育教学内容和教学方法改革的重点和难点,是重中之重。教学部门,尤其是各级主管部门要充分重视,要把强化"两课"声音,深化"两课"改革,加强"两课"管理,作为整个高等教育改革的重要部分。①

1997年6月中旬,第六次全国高校党建会议召开,国家教委主任朱开轩在会议所作的报告指出:"现在要抓紧对前一段的'两课'改革工作进行总结,尽快确定普通高等学校'两课'新的课程设置方案和教学基本要求,及时进行部署,使'两课'教学改革和建设迈出重大步伐。制定'两课'新的课程设置方案和教学要求,要以邓小平建设有中国特色社会主义理论为中心内容,有鲜明的时代特点;要贯彻理论联系实际,学马列要精、要管用的原则,把理论性、科学性、思想性和现实针对性统一起来,提高思想理论教育的说服力和教学效

---

① 逸青:《强化"两课"声音　深化"两课"改革　加强"两课"管理——全国高校"两课"管理工作座谈会侧记》,载《中国高等教育》1996年第5期。

果;要重视已有的教学改革成果,保持工作的连续性。"①在这次党建会上,国家教委提交了《关于普通高等学校"两课"课程设置的若干意见(征求意见稿)》,以征求意见和建议。这次会议之后,国家教委在总结各地各高校试点经验,广泛吸取各方面意见基础上,提出了普通高等学校"两课"新的课程设置方案,1998 年 4 月 23 日中共中央政治局常委会研究同意了这一方案(通常称为"98 方案")。

1997 年十五大召开,会议把邓小平理论确立为党的指导思想,党中央号召全党全国人民要努力学习马列主义、毛泽东思想,特别是学习邓小平理论。这对高校马克思主义理论课教学提出了新的更高的要求。1998 年 4 月 28 日,中宣部、教育部发出《关于普通高校开设邓小平理论概论课的通知》,要求从 1998 年秋季开始,普通高校都要以"中国社会主义建设"课程为基础,开设邓小平理论课,并把《马克思主义原理》中"科学社会主义论"的课程内容和《中国革命史》中的关于 1956 年以后的课程内容融合到这一课程中统一进行讲授。教育部将颁布《"邓小平理论"教学的基本要求》,作为教学与教材编写的规范。②

1998 年 6 月 10 日,中宣部、教育部《关于印发〈关于普通高等学校"两课"课程设置的规定及其实施工作的意见〉的通知》提出普通高校"两课"的课程设置。(1)专科的课程设置。二年制专科马克思主义理论课:①"马克思主义哲学原理"(36 学时);②"邓小平理论概论"(64 学时)。三年制专科马克思主义理论课:①"马克思主义哲学原理"(50 学时);②"毛泽东思想概论"(40 学时);③"邓小平理论概论"(60 学时)。二年制和三年制专科思想品德课:①"思想道德修养"(40 学时);②"法律基础"(28 学时)。(2)本科的课程设置。本科马克思主义理论课:①"马克思主义哲学原理"(54 学时);②"马克思主义政治经济学原理"(理工类 40 学时;文科类 36 学时);③"毛泽东思想概论"(理工类 36 学时;文科类 54 学时);④"邓小平理论概论"(70 学时);⑤"当代世界经济与政治"(文科类开设,36 学时)。本科思想品德课:①"思想道德修养"(51 学时);②"法律基础"(34 学时)。"职业道德"课,除师范、医学等一些特殊专业要作为基础课纳入教学计划外,其他专业可作为选修课或作为"思想道德修

① 朱开轩:《进一步加强党的建设,把高等学校建设成为社会主义精神文明的坚强阵地》,载《中国高等教育》1997 年第 Z1 期。
② 教育部社会科学司:《普通高校思想政治理论课文献选编(1949—2006)》,中国人民大学出版社 2007 年版,第 180~181 页。

养"课的一部分安排教学。有关院校政治理论专业和财经类、政法类专业,可根据本通知的规定,与专业基础课统筹考虑,在覆盖"两课"教学基本要求的前提下,确定本校此类专业的课程设置。《关于印发〈关于普通高等学校"两课"课程设置的规定及其实施工作的意见〉的通知》还对硕士、博士研究生马克思主义理论课提出明确要求,规定各层次各科类学生都要开设"形势与政策"课,并要将其列入教学计划,平均每周 1 学时,一般按专题进行;实行学年考核制度,纳入学籍管理。《关于印发〈关于普通高等学校"两课"课程设置的规定及其实施工作的意见〉的通知》是自 1985 年中央《关于改革学校思想品德课和政治理论课教学通知》(中发〔1985〕18 号)发出后,在中央和主管部门的高度重视下,经过十几年的努力,在各地各高校试点基础上,汇集众多专家学者和一线教师的智慧,由国家教委制定并经党中央批准的比较全面系统的"两课"设置方案,涵盖了专科、本科、研究生教育。

1998 年 7 月,在第七次全国高校党建工作会议上,陈至立在会议上的报告中要求高校要认真组织实施"两课"课程设置新方案,加快邓小平理论"进教材、进课堂、进学生头脑"工作步伐;认真按照中央指示精神,全面抓好"两课"教学改革和建设;要切实加强师资队伍建设,支持和鼓励教授为大学生上政治理论课,到 2000 年年底,要在中央、省(区、市)和各高校的共同努力下,采取多种形式,对高校"两课"教师普遍进行一次培训;重视教材建设,教育部要尽快制定颁布普通高校"两课"各门课程的教学基本要求或教学大纲,作为教学、教材编写的基本依据和主要规范;还将按新的课程设置方案组织编写各门课的示范教材,供各地各高校选用。[1]

1999 年 6 月 15 日至 18 日,第三次全国教育工作会议在北京召开,这次会议从社会主义现代化建设全局和战略的高度,对我国面向新世纪的教育改革和发展做出了重要部署。江泽民同志在会议开幕式上发表重要讲话,他强调:"思想政治教育,在各级各类学校都要摆在重要位置,任何时候都不能放松和削弱。要说素质,思想政治素质是最重要的素质。不断增强学生和群众的爱国主义、集体主义、社会主义思想,是素质教育的灵魂。我们必须全面贯彻党的教育方针,坚持教育为社会主义为人民服务,坚持教育与社会实践相结合,以提高国民素质为根本宗旨,以培养学生的创新精神和实践能力为重点,努力造就'有理想、有道德、有文化、有纪律'的,德育、智育、体育、美育等全面发展

---

[1]　陈至立:《高举邓小平理论伟大旗帜,进一步加强高校党的建设,把有中国特色社会主义的高等教育事业全面推向二十一世纪》,载《中国高等教育》1998 年 Z1 期。

的社会主义事业建设者和接班人。"①会议期间发布了中共中央、国务院于 6月 13 日做出的《关于深化教育改革全面推进素质教育的决定》,提出高等学校要进一步加强邓小平理论"进教材、进课堂、进学生头脑"的工作。

建设一支政治过硬、业务精湛的教师队伍是搞好"两课"教学的关键环节。为了贯彻落实第三次全国教育工作会议和第八次全国高校党建工作会议精神,高质量地实施马克思主义理论课和思想品德课(即"两课")课程新方案,根据《面向 21 世纪教育振兴行动计划》确定的师资培训任务。1999 年 12 月 3日,教育部、国务院学位委员会发出《关于开展高校"两课"教师在职攻读硕士学位工作的通知》指出,当前,高校"两课"教师队伍整体情况较好。广大"两课"教师忠诚党的教育事业,热爱思想理论教育工作,为帮助青年学生树立正确的世界观、人生观、价值观付出了辛勤的劳动。同时,我们也必须清醒地看到,近几年来"两课"教师队伍基本上实现了新老交替,在教学第一线的多数为青年教师,他们的思想政治素质和业务素质与担当的任务相比,还存在许多不相适应的地方……对高校"两课"教师队伍状况调研的结果表明,目前,"两课"教师中具有硕士以上学位教师的比例明显低于高校其他学科专任教师中具有硕士以上学位教师的比例。要在 1999 年至 2004 年间,使 3500 名左右在任"两课"专职教师通过在职学习的方式,获得硕士学位,从而建设一支结构优化、素质良好、富有活力的高水平的"两课"教师队伍。②

为了推进教学改革和创新,2001 年 1 月教育部制作了邓小平理论教学片《新时期的旗帜》,该片充分发挥了电视媒体形象、生动、直观的特点,展示了邓小平理论的基本观点、理论体系及精神实质,引发了"两课"教学观念的变化,促进了多媒体教学手段的运用和发展。

2011 年 7 月 1 日,江泽民同志《在庆祝中国共产党成立八十周年大会上的讲话》(以下简称《讲话》)中,全面阐述了"三个代表"重要思想的科学内涵,深刻回答了新的历史条件下加强和改进党的建设需要解决的重大问题,进一步明确了党在新世纪的历史任务和奋斗目标。教育部于 7 月 26 日发出《关于普通高校"两课"教育教学中贯彻江泽民同志"七一"重要讲话精神的通知》,要求高校要根据中央领导关于"要总结和吸取邓小平理论'三进'工作的成功经验,积极推动'三个代表'重要思想进课堂、进教材、进学生头脑"工作,将贯彻

---

　　①　《十五大以来重要文献选编》(中),人民出版社 2001 年版,第 879～880 页。

　　②　教育部社会科学司:《普通高校思想政治理论课文献选编(1949—2006)》,中国人民大学出版社 2007 年版,第 186～187 页。

《讲话》精神,特别是"三个代表"重要思想的要求与"两课"教育教学整体工作有机结合。

2002年党的十六大召开,会议把"三个代表"重要思想同马列主义、毛泽东思想、邓小平理论一道确立为我们党必须长期坚持的指导思想,中央发出关于认真学习贯彻十六大会议精神的通知,对高校特别是"两课"教育教学用科学理论武装大学生提出了新的要求。2003年2月12日,教育部发出《关于进一步深化"三个代表"重要思想"三进"工作的通知》,要求将"邓小平理论概论"课调整为"邓小平理论和'三个代表'重要思想概论"课。各高校从2003年秋季开学开始,应普遍开设"邓小平理论和'三个代表'重要思想概论"课。有条件的高校可在2003年春季开学后开始实行。教育部将颁布该课程的教学基本要求,作为本门课教学与教材编写的基本规范,并在"两课"的其他课程中也要进一步体现贯彻"三个代表"重要思想基本精神和主要观点的根本要求。

六、适应新世纪新阶段全面建设小康社会新要求,加强和改进大学生思想政治教育,"05方案"的诞生

这一阶段是从2004年开始到目前仍在进行。

十六大报告提出,我们一定要紧紧抓住新世纪头20年这一重要战略机遇期,加快推进中国特色社会主义现代化建设,把"低水平的、不全面的、发展很不平衡的"小康社会建设成为"经济更加发展、民主更加健全、科教更加进步、文化更加繁荣、社会更加和谐、人民生活更加殷实"的小康社会。报告认为全面建设小康社会,必须大力发展社会主义文化,建设社会主义精神文明,要坚持弘扬和培育民族精神;切实加强思想道德建设,依法治国和以德治国相辅相成。要建立与社会主义市场经济相适应、与社会主义法律规范相协调、与中华民族传统美德相承接的社会主义思想道德体系;大力发展教育和科学事业,教育是发展科学技术和培养人才的基础,在现代化建设中具有先导性全局性作用,必须摆在优先发展的战略地位。全面贯彻党的教育方针,坚持教育为社会主义现代化建设服务,为人民服务,与生产劳动和社会实践相结合,培养德智体美全面发展的社会主义建设者和接班人。

新世纪、新阶段、新任务、新战略对高校"两课"教学工作提出了新的要求。

2004年1月,《中共中央关于进一步繁荣发展哲学社会科学的意见》提出要实施马克思主义理论研究和建设工程,组织编写全面反映邓小平理论和"三

个代表"重要思想的哲学、政治经济学、科学社会主义以及政治学、社会学、法学史学、新闻学和文学等学科的教材,进一步推进邓小平理论和"三个代表"重要思想"三进"工作,改进教学工作,增强马克思主义理论课的吸引力和感染力。要抓好马克思主义理论师资队伍建设,着力培养一批青年马克思主义理论教学骨干。

2004 年 8 月 26 日,中共中央、国务院发出《关于进一步加强和改进大学生思想政治教育的意见》指出:"高等学校思想政治理论课是大学生思想政治教育的主渠道。思想政治理论课是大学生的必修课,是帮助大学生树立正确世界观、人生观、价值观的重要途径,体现了社会主义大学的本质要求。要加强对思想政治理论课的宏观指导,采取有力措施,力争在几年内使思想政治理论课教育教学情况有明显改善。"①根据该《意见》精神,高校的"两课"正式改称为"思想政治理论"课。

2005 年 1 月 17 日至 18 日,全国加强和改进大学生思想政治教育工作会议召开。胡锦涛在会议上发表重要讲话。他指出,高校是培养人才的重要基地,必须把培养中国特色社会主义事业的建设者和接班人作为根本任务。办好高校,首先要解决好培养什么人、如何培养人这个根本问题。全国高校都要始终不渝地全面贯彻党的教育方针,坚持学校教育、育人为本,德智体美、德育为先,充分发挥大学生思想政治教育主阵地、主课堂、主渠道的作用,全方位推进大学生思想政治教育,多方面促进大学生全面发展。

2005 年 2 月 7 日,中宣部、教育部发出《关于进一步加强和改进高等学校思想政治理论课的意见》(教社政〔2005〕5 号)提出,要充分认识新形势下加强和改进高校思想政治理论课的重要性,全面把握加强和改进思政课的指导思想和总体要求,大力推进高校思政课的学科建设,不断完善思政课的课程体系,抓紧编写好的教材,改进教学方法和方式,建设一支高素质的思政课教师队伍,切实加强和改进党对高校思政课的领导。

2005 年 3 月 9 日,中宣部、教育部《关于印发〈《中宣部、教育部关于进一步加强和改进高等学校思想政治理论课的意见》实施方案〉的通知》(教社政〔2005〕9 号)规定高校思想政治理论课的课程设置。(1)本科课程设置 4 门必修课:"马克思主义基本原理"(3 学分)、"毛泽东思想、邓小平理论和'三个代表'重要思想概论"(6 学分)、"中国近现代史纲要"(2 学分)、"思想道德修养

---

① 　教育部社会科学司:《普通高校思想政治理论课文献选编(1949—2006)》,中国人民大学出版社 2007 年版,第 202～206 页。

与法律基础"(3 学分),另外开设"当代世界经济与政治"。(2)专科课程设置2 门必修课:"毛泽东思想、邓小平理论和'三个代表'重要思想概论"(4 学分)、"思想道德修养与法律基础"(3 学分)。(3)本、专科都要开设"形势与政策"课,本科 2 学分,专科 1 学分。有关具体要求按照中宣部、教育部《关于进一步加强和改进高校学生形势与政策教育的通知》(教社政〔2004〕13 号)规定执行。(4)民办高校、中外合作高校的课程设置,按照本规定执行。(5)成人高校的课程设置,参照本规定执行。(6)研究生(包括硕士、博士生)的课程设置,另行通知。《方案》提出从实际出发,着眼于教学秩序的稳定,按照整体推进、分类指导,先试点、后推广,突出重点、逐步过渡的原则,积极稳妥地做好实施工作。从 2005 级学生开设,在中宣部、教育部指导下试点,从 2006 级学生开始,全国普通高校普遍实施。除试点学校外,2005 级(含 2005 级)以前的学生,仍然按照"98 方案"开设相关课程。成人高校、民办高校和中外合作高校的本科、专科同类课程的开设时间可参照普通高校规定执行。

2006 年 1 月,中宣部、教育部、新闻出版总署发出《关于加强高校思想政治理论课教材出版管理的通知》提出,将高校思想政治理论课教材编写纳入马克思主义理论研究和建设工程,集中全国力量组织编写。中宣部、教育部成立高校思想政治理论课教材编写领导小组,负责教学大纲和教材的编写组织领导工作。未经中宣部、教育部、新闻出版总署批准,任何部门、单位和个人不得再自行组织编写、出版发行各种名义的高校思想政治理论课教材。2006 年 4月 12 日,教育部办公厅发出《关于进一步加强高校思想政治理论课教材编写管理、规范教材使用的通知》,要求从 2006 级新生入学开始,全国普通高校统一使用由中宣部、教育部组织编写的、由高等教育出版社出版的"马克思主义理论研究和建设工程重点教材",包括思想政治理论课的 4 门课程的教材。为贯彻落实党的十七大精神,教育部决定,自 2008 年秋季学期开始,将高校思想政治理论课"毛泽东思想、邓小平理论和'三个代表'重要思想概论"课程名称调整为"毛泽东思想和中国特色社会主义理论体系概论"。[①]

2005 年 12 月,国务院学位委员会、教育部发出《关于调整增设马克思主义理论一级学科及所属二级学科的通知》,决定在《授予博士、硕士学位和培养

[①] 《教育部办公厅关于将高校思想政治理论课"毛泽东思想、邓小平理论和'三个代表'重要思想概论"课程名称调整为"毛泽东思想和中国特色社会主义理论体系概论"的通知》(教社科函〔2008〕15 号),http://www.moe.gov.cn/srcsite/A13/moe_772/200808/t20080806_80383.html,下载日期:2015 年 11 月 18 日。

研究生的学科、专业目录》中增设马克思主义理论一级学科及所属二级学科。从而为马克思主义理论研究和发展提供了一个广阔的舞台和良好的条件,为思想政治理论课教育教学提供了强有力的学科支撑。

2008年9月,中宣部、教育部印发《中共中央宣传部、教育部关于进一步加强高等学校思想政治理论课教师队伍建设的意见》(教社科〔2008〕5号)指出,改革开放以来特别是党的十六大以来,各地各高等学校采取多种措施加强思想政治理论课教师队伍建设,取得了较好成效,积累了一定经验。广大思想政治理论课教师爱岗敬业、勤奋工作,取得了明显成绩。但是,从总体上看,思想政治理论课教师队伍的状况,还不能很好地适应新形势新任务的需要。特别是一些学校不同程度地存在对思想政治理论课认识不足、重视不够;教师队伍整体素质有待提高,数量不足,优秀中青年学术带头人缺乏;学科支撑薄弱,教学科研组织亟待规范等问题。在思想政治理论课新方案全面实施,教材建设取得突破性进展的情况下,加强教师队伍建设、提高教师队伍的素质和水平,显得尤为迫切。该《意见》提出加强高等学校思想政治理论课教师队伍建设的重要性、紧迫性和总体要求;大力加强高等学校思想政治理论课教学科研组织建设;认真做好高等学校思想政治理论课教师的选聘配备工作;切实加强高等学校思想政治理论课教师队伍的培养培训工作;为高等学校思想政治理论课教师队伍建设提供学科支撑;切实为高等学校思想政治理论课教师队伍建设提供政策和制度保障。[①]

2011年1月,为贯彻落实全国加强和改进大学生思想政治教育工作座谈会精神以及《中共中央宣传部、教育部关于进一步加强高等学校思想政治理论课教师队伍建设的意见》(教社科〔2008〕5号)有关规定,进一步加强宏观指导,规范高校思想政治理论课的组织管理、教学管理、队伍管理和学科建设,教育部研制了《高等学校思想政治理论课建设标准(暂行)》,要求高校设置直属学校领导的思想政治理论课教学科研二级机构,使得广大思想政治理论课教师工作有条件、干事有平台、发展有空间。[②] 目前,全国高校普遍独立设置了

---

① 《中共中央宣传部、教育部关于进一步加强高等学校思想政治理论课教师队伍建设的意见》(教社科〔2008〕5号), http://www. moe. gov. cn/srcsite/A13/moe_772/200809/t20080925_80380. html,下载日期:2015年11月8日。

② 教育部《关于印发〈高等学校思想政治理论课建设标准(暂行)〉的通知》(教社科〔2011〕1号),http://www. moe. gov. cn/srcsite/A13/moe_772/201101/t20110119_114966. html,下载日期:2015年11月8日。

这样的二级机构。2015 年 9 月,教育部发文对《高等学校思想政治理论课建设标准(暂行)》进行了修订。

2015 年 1 月,中共中央办公厅、国务院办公厅印发《关于进一步加强和改进新形势下高校宣传思想工作的意见》。强调指出,意识形态工作是党和国家一项极端重要的工作,高校作为意识形态工作前沿阵地,肩负着学习研究宣传马克思主义,培育和弘扬社会主义核心价值观,为实现中华民族伟大复兴的中国梦提供人才保障和智力支持的重要任务。做好高校宣传思想工作,加强高校意识形态阵地建设,是一项战略工程、固本工程、铸魂工程,事关党对高校的领导,事关全面贯彻党的教育方针,事关中国特色社会主义事业后继有人,对于巩固马克思主义在意识形态领域的指导地位,巩固全党全国人民团结奋斗的共同思想基础,具有十分重要而深远的意义。

2015 年 7 月,中央宣传部、教育部《关于印发〈普通高校思想政治理论课建设体系创新计划〉的通知》指出,实施高校思想政治理论课建设体系创新计划的目标是:整体推进教材、教师、教学等方面综合改革创新,编写充分反映马克思主义中国化最新成果、教师好用学生爱读的系列教材,建设一支对马克思主义理论真学、真懂、真信、真用的教师队伍,培育推广理论联系实际、富有吸引力感染力的多种教学方法,重点建设一批教学科研皆强的马克思主义学院,逐步构建重点突出、载体丰富、协同创新的思想政治理论课建设体系,不断深化中国特色社会主义和中国梦教育,深入开展社会主义核心价值观教育,加强法治教育,坚持不懈地推动中国特色社会主义理论体系进教材、进课堂、进头脑,不断改善思想政治理论课教学状况,努力把思想政治理论课建设成为学生真心喜爱、终身受益、毕生难忘的优秀课程。[①]

十八大以来,以习近平为核心的党中央团结带领全国各族人民,紧紧围绕实现"两个一百年"奋斗目标和中华民族伟大复兴的中国梦,推进中国特色社会主义事业不断发展,围绕改革发展稳定、内政外交国防、治党治国治军发表一系列重要讲话,在新的实践中形成了习近平新时代中国特色社会主义思想,进一步丰富和发展了马克思主义。习近平新时代中国特色社会主义思想,是马克思主义中国化最新成果,是当代最现实、最鲜活的马克思主义,为实现中华民族伟大复兴提供了精神力量。

---

① 　中央宣传部、教育部《关于印发〈普通高校思想政治理论课建设体系创新计划〉的通知》(教社科〔2015〕2 号),http://www.moe.edu.cn/srcsite/A13/moe_772/201508/t20150811_199379.html,下载日期:2015 年 11 月 8 日。

　　为了贯彻十八大，十八届三中、四中、五中全会精神，十九大精神，学习习近平新时代中国特色社会主义思想，充分体现十八大以来党的最新理论成果，特别是"中国梦"、"五位一体"总体布局、"四个全面"战略布局、"五大发展理念"等，中宣部、教育部组织有关方面的专家，在 2013 年、2015 年、2018 年对马克思主义理论研究和建设工程重点教材进行了三次修订，使之更好地为师生教学和学习服务。

　　由以上可知，重视从思想上建党，加强思想政治工作和思想政治建设，善于从思想上教育党员干部和群众，提高思想政治觉悟，激励党员干部和群众自觉地为实现自己的根本利益而努力奋斗是中国共产党的传家宝和优良传统。高校思想政治理论课教育教学是党的全部思想政治教育系统工程的一个重要组成部分，它的发展是一个历史过程，并与我们党和国家事业发展对高校培养的人才素质的要求紧密相连。中华人民共和国成立后，高校思想政治理论课教育教学吸收了我们党在中华人民共和国成立前各个历史阶段对党员干部、群众进行马克思主义教育的基本经验，又借鉴苏联的做法逐步建立起来，但也受到"左"的干扰和破坏。虽然，在不同时期思想政治理论课的称谓不同，但是，思想政治理论课教育教学始终是高校对大学生进行思想政治教育的主渠道主阵地。十一届三中全会后，我国进入改革开放和社会主义现代化建设的新时期，思想政治理论课教育教学逐步恢复并稳步发展完善，在组织领导、课程体系、教材建设、师资队伍建设、学科建设、科研水平、教学改革等方面都取得了显著成绩，为培养中国特色社会主义事业建设者和接班人做出了贡献。

第三章

高校思想政治理论教学课程体系
内容及结构

　　高校思想政治理论课是大学生思想政治教育的主渠道,思想政治理论课程是大学生的必修课。什么是思想政治理论课程? 它有哪些特征? 确立科学的思想政治理论课程内容的依据是什么? 搞清这些问题对于把握思想政治理论课的本质有重要意义。

一、思想政治理论教学课程的科学内涵

　　以课程的形式对大学生进行系统的思想政治理论教育教学是高校思想政治理论教育的有效途径。思想政治理论课程集中体现了我国社会主义大学的本质要求,具体反映了教学内容,是联结教师的教与学生的学的桥梁与纽带。作为一种特殊的课程,它具有课程的一般特性,进行思想政治理论教育教学需要从"课程论"的视角全面审视思想政治理论课程的本质特征。

(一)课程的概念及其本质

　　课程是一个比较古老的概念,根据已有的研究资料,"课程"一词为我国所固有。唐代孔颖达在《五经正义》中为《诗经·小雅》里的"奕奕寝庙,君子作之"这句话作注疏时用到"教护课程,必君子监之,乃得以法制也"[①]。据考证这是我国"课程"一词的最早出处。但,这里所讲的"课程"与我们今天所讨论的"课程"在内涵上相距甚远,两者的关系不大。据现有的研究,较早地在与现代"课程"比较接近的意义上,使用"课程"一词的是宋代的理学家朱熹,在其

---

　　① 李学勤:《十三经注疏三·毛诗正义》(中),北京大学出版社1999年版,第758页。

《朱子全书·论学》多次用到"课程",如"宽著期限,紧著课程","小立课程,大作功夫"等。朱熹所说的"课程",基本含义是课业及其进程,与我们今天所讲的"课程"含义比较接近。当今一些研究文献在解释"课程"概念时,习惯于以此含义作为基础。王本陆在《课程与教学论》一书中,从词源上分析了古今中外各种语境下课程的含义,认为课程就是指教学的内容及其进程的安排,这是在不同语言中"课程"一词的基本含义,指出学者们对课程界定无不带有个人的价值倾向。因此,合理地给课程下定义,首先必须有逻辑性的基本知识,其次,要有思想和批判能力,最重要的是要谙熟课程领域的事实与理论。[①]

在英语中,与"课程"相对应的词是 curriculum,它来源于拉丁文 currere(curere to run),currere 的名词含义为"跑道",而作为动词其含义是"奔跑"。因此,curriculum 可以理解为"学习的进程",从英文角度 curriculum 译为"课程",它的基本含义是"学程",这与汉语中将"课程"理解为"学程"比较接近。

上文,从中文、英文词源上分析了课程的含义,但是,要给课程下一个准确的定义却是十分困难的。

国际教育界对课程的定义也存在很大的分歧。美国课程论研究专家奥利瓦总结了学界对课程的多种理解,他认为可以从以下从十三个方面对课程进行解读:(1)课程是学校所教的东西;(2)课程是一系列的学科;(3)课程是内容;(4)课程是一种学习方案;(5)课程是一系列材料;(6)课程是一系列学程;(7)课程是一系列行为目标;(8)课程是一种学习进程;(9)课程是学校里所发生的一切,它包括班外活动、指导和人际关系;(10)课程既是学校内所教的东西,也是学校指导下校外所教的东西;(11)课程是由学校人员所设计的一切;(12)课程是学校中学习者所经历的一系列经验;(13)课程是作为学校教学之结果的学习者个人的经验。[②]

瑞典斯德哥尔摩大学国际教育研究所前所长胡森教授和德国汉堡大学比较教育学教授波基特尔斯威特主编的《国际教育百科全书·课程》提出了目前9种比较有代表性的课程定义:(1)为训练儿童和青少年在集体中思维和行动的目的而制定的潜在经验的序列;(2)在学校指导下的学习者的全部经验;(3)使学生有资格毕业,或取得文凭,或进入某一专业或职业领域而由学校提供给学生的教学内容或者具体教材的总计划;(4)课程是探索学科中的教师、学生、

---

① 王本陆:《课程与教学论》,高等教育出版社 2004 年版,第 29 页。

② Peter F. *Oliva Developing the Curriculum*, Little, Brown & Company(Canada)Limited 1982,p.5.

科目和环境等因素的方法论研究;(5)课程是学校的生活和纲领……一种有指导的生活事业,它变成青少年和他们长辈生活中能动的活动的场合本身;(6)课程是一种学习计划;(7)为在学校的指导下,使学生的个人的和社会的能力获得不断的、有意识的发展,通过知识与经验的系统重建而形成的,有计划和有指导的学习经验以及预期的学习结果;(8)课程必须基本上由五大领域的有组织的学问组成,即掌握母语和系统学习语法,文学和写作、数学、科学、历史和外语;(9)课程被看作是关于人们的经验(而不是结论)的日益广泛可能的思想范例,从这些范例中引出结论,这些结论只能在这些范例的背景中扎下根基,并获得认可。① 从上述一些专家学者关于课程的定义,可以看出学界对课程的理解还是有很大差异的。

澳大利亚教育学家马什在《理解课程的关键概念》一书中,提出了课程的6种定义:(1)课程是体现基本知识的"固定的"科目;(2)课程是那些对当代生活最有用的科目;(3)课程是学校负责的所有有计划的学习;(4)课程是为了让学生在多种多样的学习场所获得技能和知识而提供的学习经验的总体;(5)课程是学生通过使用计算机及诸如因特网的各种网络进行工作而建构起来的东西;(6)对权威的询问和对关于人类情境的复杂观点的探索。② 到目前为止,国际上对课程的解释也没有达成共识。

自20世纪80年代始,国内开始关注课程论研究,我国学界对"课程"提出了不同的看法。徐继存从多元课程观出发,认为课程本质是课程是什么的问题,他认为:"迄今为止,没有一个课程定义可以使所有的课程研究者都感到满意,也没有任何一个定义是永远不能改变的。因为,各种不同的课程定义反映着各种不同的课程本质观,同时也反映着人们对课程、对教育和学校、对学生,乃至对知识、对社会的观点及其发展变化。可见,多元的课程本质观是有其必然性的。"③

国内学者对课程的概念提出如下几种观点:(1)"学科"说。认为"课程"有广义与狭义之分,"广义指为实现各级各类学校的培养目标而确定的教育内容

---

① 江山野主编译:《简明国际教育百科全书·课程》,教育科学出版社1991年版,第64~65页。

② Colin J. Marsh, *Key Concepts for Understanding Curriculum*, Routledge Falmer, 2004,p. 4.

③ 徐继存:《课程本质研究及其方法论思考》,载《当代教育科学》2003年第14期。

的范围、结构和进程安排。狭义是指教学计划中设置的一门学科"①。（2）进程说。《朱子全书·学六》："宽著期限，紧著课程。"课程有"功课的进程"之意。②（3）计划（规划）说。廖哲勋、田慧生在《课程新论》中指出："课程是在一定学校的培养目标的指引下，由具体的育人目标、学习内容及学习活动方式组成的，具有多层组织结构和育人计划功能、育人信息载体功能的，用以指导学校教育、教学活动的育人方案，是学校教育活动的一个组成部分。"③李秉德在《教学论》中提出："课程就是课堂学习、课外学习以及自学活动的内容纲要和目标体系，是教学和学生各种学习活动的总体规划及其过程。"④（4）总和说。王策三认为："课程是教学内容和进程的总和。'课程'和'教学计划'、'教学大纲'、'教科书'两种称谓，可以并行不悖，互相补充，结合起来。"⑤（5）教育内容说。这种观点认为课程是"为实现学校教育目标而选择的教育内容的总和"⑥。（6）学校经验说。这种观点沿袭了美国著名教育家杜威的思想，认为只有使学生亲自参加活动，才可能从中学到以前没有学过的东西，才能获得经验，才能认识和预见到学习对其现在和未来的行动所导致的后果。陈侠在《课程论》中指出，课程是"学习者在学校指导下获得的全部经验"⑦。（7）法定知识说。教育社会学研究者认为课程作为社会文化的一部分，必然受到社会现有的政治、经济、法制等诸多因素的影响，作为社会文化的一个重要组成部分，课程既传递和复制社会文化，同时也要受社会文化尤其是意识形态的规范和制约。吴康宁提出课程"是由承担着社会代言人角色的教育机构编订、编制、编撰、审定的，不论这些课程计划、课程标准及教材是否存在，以及在多大程度上存在着不合理甚至荒谬之处，它们都具有'合法性'。美国社会教育学家阿普尔认为课程是教育知识的法定基本形式"⑧。（8）文化说。持这种观点的学者认为"课程内容的选择不能忽视特定社会文化的制约作用，只能在社会文化发展所允许的范围内寻求，而且还不能机械地模拟和重复社会文化，所选择的

---

① 《辞海》(中)，辞书出版社 2003 年版，第 575 页。
② 《辞海》(中)，辞书出版社 2003 年版，第 575 页。
③ 廖哲勋、田慧生：《课程新论》，教育科学出版社 1985 年版，第 126 页。
④ 李秉德：《教学论》，人民教育出版社 1991 年版，第 159 页。
⑤ 王策三：《教学论稿》，人民教育出版社 1985 年版，第 202 页。
⑥ 教育大词典编纂委员会：《教育大辞典》(第 1 卷)，上海教育出版社 1990 年版，第 257 页。
⑦ 陈侠：《课程论》，人民教育出版社 1989 年版，第 14 页。
⑧ 吴康宁：《课程社会学的研究对象》，载《上海教育科研》2002 年第 9 期。

课程内容应是人类文化遗产中最具广泛的适应性和迁移性的内容,是人类最精粹的文化要素"①。其实,国内研究者关于课程的定义远不止这些。

随着各国教育教学实践以及教育信息技术的发展,人们对课程的认识也会越来越深化。课"指一门或一类课程。如语文课和数学课、基础课和专业课。也指教材组成的数量单位。如一学期的语文教材分为若干课"②。"程"即"程序"。③ 结合上述国内外对于课程的研究,我们似乎可以这样给课程下定义,"从狭义角度讲,课程即课业及其进程,是指学校开设的教学科目的总和以及它们之间的开设顺序和时间比例关系;从广义角度讲,课程即学校中有组织的教育内容,是指为了实现教育目标而规定的教学科目及其目的、内容、范围、分量和进程的总和。它不仅是知识技能方面的内容,还包括思想品德、行为习惯、身体素质等各方面;既包括课内活动,也包括课外活动"④。

上文我们探讨了课程的概念,那么什么是课程的本质呢?与课程的定义有不同的观点一样,对于课程本质的认识也不完全一样。有研究者分析了学界对课程本质的研究现状,提出了国内比较有代表性的三种课程本质观。第一种,教学科目说。该观点影响比较大,往往被认为是最具代表性和普遍性的观点。持这种基本观点者认为,"课程本质上是教学科目或教学科目的总和"⑤。国内不少教育学教材也持这一观点。"广义而言,课程是指为了实现学校培养目标而规定的所有学科的总和,或指学生在教师指导下的各种活动的总和,如中学课程、小学课程;狭义而言,课程是指一个学科,如数学课程、历史课程等。"⑥一些比较有影响的工具书也持相似的观点。把课程的本质理解为教学科目,有久远的历史渊源,必然有其合理性。我国古代奴隶社会教育的内容主要是礼、乐、射、御、书、数六艺;封建社会教育内容主要是"四书"(《论语》《孟子》《中庸》《大学》)"五经"(《诗经》《书经》《礼记》《易经》《春秋》),都是典型的科目课程,1949 年后的中小学教育一直实行的学科课程,高校政治理论课也沿袭了这一传统做法。学科课程相对来讲具有系统性、逻辑性、连续

① 李定仁、徐继存:《课程论研究二十年(1979—1999)》,人民教育出版社 2004 年版,第 34～35 页。

② 《辞海》(中),辞书出版社 2003 年版,第 575 页。

③ 中国社科院语言研究所词典编辑室:《现代汉语词典》,商务印书馆 1995 年第 2 版,第 138 页。

④ 韩延明:《新编教育学》,人民教育出版社 2006 年版,第 333 页。

⑤ 徐继存:《课程本质研究及其方法论思考》,载《当代教育科学》2003 年第 14 期。

⑥ 李尚卫、吴天武:《普通教育学》,北京师范大学出版社 2010 年版,第 132 页。

性、简约性等特点,便于教师循序渐进教学,易于学生学习和掌握扎实的基础知识,在一定的时间阶段内提高学习有效性。事实上,学生学习并不限于已有的学习科目,因而学科课程也有明显的缺陷,比较容易形成和加剧学科的分离,不利于学生学习新知识新观念,也不利于课程体系完善和变革。在教育教学实践中,学生学习知识不完全局限于已有的教学科目,教学科目往往过于强调所学知识的分类,造成知识的完整性与现实社会生活和实践的脱节,在我国现行的文理分科高考制度下容易使学生偏科,不利于学生综合素质的提升。第二种,教学活动说。将课程的本质理解为教学科目说显得不够全面,有学者认为课程是学生各种自主性学习活动的总和,学生通过与活动对象的互相作用,从各种活动中获得知识,实现自身各方面素质的发展。这种课程本质观强调学习者是课程的主体,因而注重发挥学习者个人的主观能动性,在实践活动中学习,教育者要从学习者的兴趣、爱好、需求、能力、素质出发因材施教,在教学活动中,学习者不仅重视直接经验的学习,更要重视间接经验的获得。其实,课程科目说与教学活动说并不矛盾,"只是考虑到学生在除了教学活动之外的其他活动中也能获取某些知识和经验,而这些知识和经验又是传统的学科课程所无法包容和解释的,于是,以堆积的方式把这部分活动也纳入到课程含义中"①。第三种,学习经验说。认为只有经过学生亲身实践才能称得上学习,并将所学的知识最终转化为学生个体拥有的宝贵经验,促进个体的进步与发展。课程不应仅限于学习者在学校里学习的直接经验,还包括在学习过程中获得的间接经验。该观点主要来源于杜威的实用主义教育理论,他认为"教育是经验的改造或改组,这种改造或改组,既能增加经验的意义,又能提高后来经验生长的能力"②。杜威所说的"经验"不仅具有名词含义,更主要是它的动词意义,强调学生要在学习的过程中去亲身经历与体验,并把这些"经验"作为课程本身的重要组成部分。学习经验说比较注重发挥学习者学习主体的作用和其在课程学习中的感受,注意从学习者的立场出发组织课程,以学习者实践活动的形式来实施课程,突出了学习者与课程之间的互相作用,将学习者自主学习与体验也看作课程的一部分,从而克服了传统课程观没有充分关注学生的学习过程体验的流弊。把课程本质归结于学习经验,"课程不再仅仅是学科和教材。它是师生共同建构学习经验的过程,是师生在互动过程中产生的

---

① 徐继存:《课程本质研究及其方法论思考》,载《当代教育科学》2003 年第 14 期。
② (美)约翰·杜威著,王承绪译:《民主主义与教育》,人民教育出版社 1990 年版,第 87 页。

经验。课程不仅包括了知识，而且包括学习者占有和获取知识的主体活动过程，它是在充满生机的社会交往活动中建构产生的"①。但是，我们也不应忘记教育的根本宗旨是"培养什么样的人"，学生无论是学习直接经验，还是亲身参加实践获得间接经验，目的都是成为中国特色社会主义事业建设者和接班人，不能离开教育的根本宗旨片面地看待"经验"。有研究者指出："当代课程的本质，就是在一定培养目标指引下，由系列化的课程目标、课程内容及学习活动方式组成的，具有复杂结构与运行活力的，用以促进学生各项基本素质主动发展的指南。这一界定包含五个要点：培养目标的指引；构成课程的基本成分；复杂的结构与运行的活力；课程的根本功能；育人的指南。"②

从上文关于课程的本质的分析，我们可以看出由于课程概念本身的复杂性，基于人们对课程的认识不同，对其本质的认识也不可能完全一致。把课程本质归结于教学科目说显得比较狭隘，随着教育教学实践的发展，对课程本质研究不断深化，教学活动说突出了学生是课程学习的主体，尊重学生学习的主体地位，注重发挥学生学习的积极性，强调在课程教学中学生要通过与活动对象的相互作用，才能实现学生自身各方面的发展。学习经验说认为课程是学生学习过程中获得的直接经验与间接经验的总和，可能更加符合课程学习的实际情况。就本书而言，我们所持的课程本质观为学习经验说，即认为课程的本质是学校通过有目的、有计划、有组织，由系列化的课程目标、课程内容等构成的教育教学活动及学习活动，使学生获得直接经验与间接经验，以利于学生健康成长，成为社会所需要的合格一员。

(二)课程的内容及其形式

1. 课程内容。从学校课程发展的历史看，随着社会的发展变迁，课程内容也呈现出不断发展变化的态势，以满足不同社会对人才培养的需求。任何形式的课程都有其特定的内容，课程内容是构成课程的最基本要素，是课程目标得以存在和实现的有效载体。"从总体上讲，课程内容是根据课程目标，有目的地选择的一系列直接经验和间接经验的总和，是从人类的经验体系中选择出来，并按照一定的逻辑序列组织编排而成的知识体系和经验体系。"③关于课程内容的概念，国外课程理论也存在很大分歧，一般而言，课程内容可以理

---

①　叶秀丹：《论杜威的课程观及其现实启示》，载《国家教育行政学院学报》2006年第6期。

②　王鉴：《课程论热点问题研究》，广西师范大学出版社2008年版，第4页。

③　钟启泉：《课程论》，教育科学出版社2007年版，第137页。

解为"学校设置的学科内容的总称。可以指一门学科内容,也可以指学校的或一个专业的全部学科内容,或指一组学科内容"①。由此可见,在教育教学实践中,课程内容是一个非常宽泛的概念,它可以指一所学校(中小学、大学)所开设的全部课程的内容,也可以指学校内部某个学科、专业开设的所有课程的学习内容。因此,课程内容就有不同的指向,我们可以从宏观层面(也就是学校全部的课程)、中观层面(如某一学科课程)、微观层面(像某一专业的课程)来具体考察课程内容。就本书而言,我们是从马克思主义的思想政治教育学科角度来研究思想政治理论课程内容的。"我们的高校是党领导下的高校,是中国特色社会主义高校。办好我们的高校,必须坚持以马克思主义为指导,全面贯彻党的教育方针。要坚持不懈传播马克思主义科学理论,抓好马克思主义理论教育,为学生一生成长奠定科学的思想基础。要坚持不懈培育和弘扬社会主义核心价值观,引导广大师生做社会主义核心价值观的坚定信仰者、积极传播者、模范践行者。"②课程内容作为课程的最基本要素和主体是课程内在结构的有机组成部分,对课程有着重要意义。一般来讲,课程的内在结构是指由课程目标、课程内容、学习活动方式及课程评价等因素组成的系统。从课程论角度审视不同的课程内容承载着不同的课程目标及核心价值观,思想政治理论教育教学是学校思想政治工作的重要组成部分,有其明确的育人目的。"思想政治工作从根本上说是做人的工作,必须围绕学生、关照学生、服务学生,不断提高学生思想水平、政治觉悟、道德品质、文化素养,让学生成为德才兼备、全面发展的人才。"③思想政治理论课程内容不是单一的直接经验和间接经验的知识体系,而是要根据党和国家的教育目标和社会主义核心价值观导向而选择和建构知识体系。课程内容的科学性、合理性、逻辑性直接影响着教育目标、课程目标的实现程度,也影响着人才培养的质量规格,最终也影响学生思想道德素质。思想政治理论课程内容既要体现"学马列要精,要管用的"要求,又要体现马克思主义与时俱进的理论品质。时代是思想之母,实践是理论之源。十八大以来,以习近平同志为核心的党中央团结带领全国各族

---

① 教育大辞典编纂委员会:《教育大辞典》(第1卷),上海教育出版社1990年版,第261页。

② 《习近平在全国高校思想政治工作会议上强调:把思想政治工作贯穿教育教学全过程 开创我国高等教育事业发展新局面》,载《人民日报》2016年12月9日第1版。

③ 《习近平在全国高校思想政治工作会议上强调:把思想政治工作贯穿教育教学全过程 开创我国高等教育事业发展新局面》,载《人民日报》2016年12月9日第1版。

人民,围绕实现"两个一百年"奋斗目标和中华民族伟大复兴的中国梦,全面推进中国特色社会主义伟大事业,围绕改革发展稳定、内政外交国防、治党治国治军发表了一系列重要讲话,反映了中国共产党对新环境、新形势、新任务、新时代的清醒认识,进一步深化了我们党对共产党执政规律、社会主义建设规律、人类社会发展规律的深刻认识,是中国特色社会主义理论体系最新成果,是马克思主义中国化最新成果。思想政治理论课程内容要充分体现马克思主义中国化的最新理论成果,用中国特色社会主义理论体系武装头脑指导实践。不仅如此,课程内容还对课程实施过程中的教与学活动产生影响,思想政治理论课不仅仅是传授知识,更重要的是让学生通过理论知识的学习,塑造科学的世界观、人生观、价值观。要把教材体系转化为教学体系、把知识体系转化为信仰体系,在教育教学实践中,我们必须重视教学的组织形式、教学方法手段的合理选择、话语体系建设以及教学辅助材料的设计与运用、考核的方式等等。

2.课程的形式。课程内容需要借助于一定的形式表现出来,内容与形式相互联系,二者统一于课程之中,体现课程的本质。课程形式是指课程设计的不同种类或方式。根据不同分类标准,我们可以把课程的形式分为多种多样,若依据组织形式可分为学科课程、活动课程、综合课程;若按照课程的显隐程度不同,可以分为显性课程、潜在课程;若考虑到课程的管理体制或者权利分享的角色,可以分为国家课程、地方课程、校本课程等。

(1)学科课程。学科课程是最古老、使用范围最广泛的课程形式,在世界各国都有重要的影响,因而也是占主导地位的课程形式。所谓学科课程是指"以学科为中心编制的课程,即分别从各门科学中选取部分内容,按学科自身的逻辑顺序组织教材,进行教学,并且规定了一定的学习时数和期限。亦称'分科课程'。以文化遗产为基础组织起来的传统的课程形态的总称。由一定数量的不同学科组成。各门学科各具固有的逻辑和系统"①。《中国百科大辞典》认为学科课程作为"课程类型之一。学校课程分学科设置,即从各门科学中选择部分内容,组成分门别类的学科,分别组织教学。每门学科的教材依据科学所固有的逻辑和历史系统编制。可根据具体教学目的划分为各门科目,再由各科目划分为教材,即各学科的具体内容,如中小学的语文、数学、物理、外语等课程"②。一般来讲,学科课程是从学校育人目标出发,兼顾一定年龄

---

① 顾明远:《教育大辞典》(增订合编本·下),上海教育出版社1998年版,第1801页。

② 王伯恭:《中国百科大辞典》(八),中国大百科全书出版社1999年版,第6137页。

阶段学生的身心发展水平以及接受能力,以文化知识、科学理论为基础,从各门具体学科中选择学生必须掌握的基本知识、基本理论、基本原理,依据知识的内在逻辑体系组成不同的学科并分学科组织而成的课程形态。作为在现代教育中仍然发挥着重要作用的课程形式,它有利于学生在一定时期学习掌握一门学科系统的知识理论体系,提高学习效率;也便于教师的教育教学活动按计划组织施行,提高教学效能。但是它也有自身的不足之处,主要表现为"就课程对知识领域的处理来说,学科课程重分析、轻综合,重部分、轻整体,重特殊事实而轻整个过程。单纯的学科课程体系也违背了学习者智力活动的特点。因为学习者的思维不仅是纵向移动,也是横向联结的。对于大学生的思维活动来说,后者往往更为重要"[①]。另外,学科课程还存在教学上的弊端,"学科课程在教学实践中很容易导致偏重知识传授的倾向,表现为:教学方法过于注重讲授;教学组织方式整齐划一;重记忆,轻理解;重知识,轻能力。这对实现学生的全面和富有个性的发展十分不利"[②]。因此,在教育教学实践中,学科课程还不能很好地满足学生全面发展的需求。

(2)活动课程。由于学科课程存在明显的弊端,在教育实践中出现了活动课程。活动课程"亦称'儿童中心课程'、'经验课程'、'生活课程'。一种以儿童为中心的课程。以活动作为全新的组织要素,打破各个割裂的知识壁垒"[③]。活动课程最初是由课外活动发展不断演变而成的,是对学科课程的一种修正,源于美国实用主义教育家杜威的活动课程理论。杜威提出:"教育就是经验的改造或改组。这种改造或改组,既能增加经验的意义,又能提高指导后来经验进程的能力。"[④]从实用主义经验论出发,杜威主张以儿童的"生活"或"经验"作为课程的中心,要求儿童从自己的生活或经验中去学习实践,以"改造"儿童已有的经验。他提出"教育即生活""学校即社会""从做中学"的主张。在对传统的学校教育进行反思基础上,杜威论述了课程与教材的问题,强调学校的"一个课程计划必须考虑到能适应现在社会生活的需要"[⑤]。我们今天所讲的活动课程与杜威活动课程理论虽然有一定的联系,实际上已经发生了很大的变化。"活动课程是指在学科课程以外,由学校有目的、有计划、有组

---

①　钟以俊:《略论高等学校课程形式的发展》,载《中国高教研究》1996 年第 2 期。

②　刘家舫、余文森等:《现代课程论基础教程》,东北师范大学出版社 2007 年版,第 56 页。

③　顾明远:《教育大辞典》(增订合编本·上),上海教育出版社 1998 年版,第 619 页。

④　赵祥麟、王承绪:《杜威教育论著选》,华东师范大学出版社 1981 年版,第 159 页。

⑤　赵祥麟、王承绪:《杜威教育论著选》,华东师范大学出版社 1981 年版,第 200 页。

织地通过多种活动项目和活动方式,综合运用所学知识,开展以学生为主体,以实践性、自主性、创造性、趣味性以及非学科性为主要特征的多种活动内容的课程。"①杜威的活动课程理论是针对教育脱离社会生活实际提出来的,主张课程应着重围绕儿童的活动兴趣来合理设计,以此激发儿童的学习积极性,培养学习能力,开发智力,仍然有重要的价值。

(3)综合课程。随着时代的发展,教育与经济、科技、人才素质的联系日益紧密,科学技术在高度分化的同时越来越呈现综合化的趋势。进入 21 世纪,人类仍然面临贫困、战乱、疾病、大规模杀伤武器、恐怖威胁、气候变暖、环境污染等社会问题,人类社会作为一个命运共同体,必须共同应对这些严峻挑战。在全球化、市场化、信息化条件下,培育全面发展身心和谐的学生,要求学校课程能够提供全面的、整体的、综合的知识体系,满足学生可持续发展的需求。这种情况下,学科课程、活动课程的弊端就更加凸显,课程发展越来越呈现出综合化的趋势。课程的综合化的主张和实践大约起于 18 世纪。19 世纪末 20 世纪初,随着欧美等国倡导的"新教育"改革,教育家第一次将课程综合化的运动推向高潮。20 世纪 70 年代后,各国政府及国际教育组织将课程综合化作为一项改革政策写入文件并加以推动,进入 90 年代,软化学科界限、寻求课程综合化成为 21 世纪教育课程改革的方向。"综合课程是将具有内在逻辑或价值关联的原有分科课程内容以及其他形式的课程内容统整在一起的,旨在消除各类知识之间的界限,使学生形成关于世界的整体性认识和全息观念,并养成深刻理解和灵活运用知识综合解决现实问题能力的一种课程模式。"②依据综合的程度不同,综合课程可以分为相关课程、融合课程、广域课程、核心课程等类型。在《教育大辞典》中,综合课程"亦称'广域课程'、'复合课程'。把通常分别设课的若干有关学科的内容(或理论学习)与实践活动、学校教学与工厂实习有机结合起来的单个课程或一组课程"③。20 世纪 80 年代后期,我国开始在部分地区进行综合课程的理论研究及实践探索,取得一定成效。2001 年,国家教育部颁发了 21 世纪第一份课程改革指导性文件,即《国家基础教育课程改革纲要(试行)》,进一步推动了基础教育课程综合化发展。就高校思想政治理论课来说,课程综合化的发展也是非常明显的,"05 方案"中,把过去的

---

① 陈昌清:《活动课程理论与实践》,语文出版社 1997 年版,第 6 页。

② 赵彦改、曲瑞华:《综合课程的理论与实践总论》,地质出版社 2005 年版,第 1~10 页。

③ 教育大辞典编纂委员会:《教育大辞典》(第 3 卷),上海教育出版社 1991 年版,第 30 页。

"思想道德修养""法律基础"两门课整合为"思想道德修养与法律基础"课,其他课程也进行了不同程度的整合,这种整合不是简单的名称改变,而是在内容体系上进行了深度的融合,使之更好地适应学生学习的需要。当然,综合课程或者说课程的综合化并不是完美无缺的,也有自身的不足,由于比较重视知识的广度和宽度,难以向学生提供比较系统完整的专业知识,不能很好地顾及知识的深度,不利于高级人才的培养;在课程的内容组织安排上容易出现"大杂烩"的现象;同时在教学的组织实施过程中对教师的专业素质和实践技能提出了更高的要求,增加了课程实施的难度。

(4)显性课程与潜在课程。显性课程也被称为正式课程或正规课程,是指为了实现一定社会的教育目标,在学校课程体系中设计安排的具有明确存在形式,并通过学校有目的、有计划地组织实施的课程。"所谓显性课程,即指我们司空见惯的学校课程,包括学科教学与生活辅导两个方面。"①显性课程要求学校按照教育主管部门的要求组织学生在教师的指导下学习,通过系统的实施教学和考核,实现既定的教育目标。很明显,思想政治理论课就是显性课程的一种。20世纪60年代以来,随着教育实践和课程理论发展,潜在课程已经成为现代课程论研究的中心问题之一。"潜在课程"是按照课程的显隐程度不同对课程所作的划分,这个概念最初由美国教育社会学家杰克逊于1968年在其著作《教室的生活》中首次提出,并受到研究者的广泛关注。潜在课程的思想最早发端于美国实用主义教育家杜威。20世纪早期,他就提出与潜在课程类似的理念。目前,虽然这个教育术语广为人知,但对潜在课程的概念理解还不一致,作为舶来名词,也有将其称为隐蔽课程或隐性课程(非正式课程)等。《教育大辞典》提出,潜在课程"亦称'隐蔽课程'、'非正式课程'。广义的学校课程的重要组成部分。与'显在课程'相对。主要特点是潜在性和非预期性。它不在课程规划(教学计划)中反映,不通过正式的教学进行,对学生的知识、情感、信念、意志、行为和价值观等方面起潜移默化的作用,促进或干扰教育目标的实现。通常体现在学校和班级的情境之中,包括物质情境(如学校建筑、设备),文化情境(如教室布置、校园文化、各种仪式活动),人际情境(如师生关系、同学关系、学风、班风、校风、校纪等)"②。《现代课程论》认为:"所谓潜在课程,是指在课程背后制约这些公共知识的选择、合法化、分配、授受过程

---

① 钟启泉:《现代课程论(新版)》,上海教育出版社2009年版,第234页。
② 教育大辞典编纂委员会:《教育大辞典》(第1卷),上海教育出版社1990年版,第275页。

的价值、规范、信念体系,是潜在的课程、隐蔽的课程。"①刘根平、黄松鹤在所著《潜课程论》,直接采用了《国际教育百科全书》中对潜在课程所下的定义:"潜课程就是那些没有在课程计划或学校政策中显现,但却是学校教育实践和教学结果中必不可少且有效的组成部分。作为潜课程的那些教育实践,包括能力分组、师生关系、课堂规则与程序、隐喻的教材内容、学生性别差异、班级奖励方式等等。作为潜课程的那些教育结果,主要是指政治社会化、顺从、听话、文化风俗和价值的学习,以及对权威的态度的形成和阶级分化的维持等等。"②一般来说,潜在课程是指"学校通过教育环境(包括物质的、文化的和社会关系结构的)有意或无意地传递给学生的非公开性教育经验(包括学术的与非学术的)"③。尽管教育界对潜在课程的理解还有差异,在社会信息化的时代,人们获取信息的渠道更加便捷,潜在课程对受教育者的重要作用日益引起研究者的兴趣。在教育教学实践中,显性课程对传授科学文化知识,开发学生的智力,培养能力、培养核心价值观起到不可或缺的重要作用。潜在课程从教育的物质环境、精神氛围、制度环境入手,以"润物细无声"的方式,通过各种实践活动,关注学生的精神生活,对学生的思想品德、行为选择、核心价值观产生引导,同显性课程"共振",塑造学生的心灵,对思想政治理论课来说尤其如此。

(三)高校思想政治理论课程

立德树人是高校的根本任务,思想政治理论教育教学是高校思想政治工作的重要组成部分,思想政治工作关系高校培养什么样的人、如何培养人以及为谁培养人的根本问题。从上面对课程理论的探讨,我们认为从广义上讲,思想政治理论课程是以马克思主义理论为主要教育教学内容,为了实现高校培养中国特色社会主义事业建设者和接班人的教育目标而规定的教学科目及其目的、内容、范围、分量和进程的总和,是教师教学活动、学生学习活动以及实践教学活动的有机结合。从狭义上讲,它是指学校开设的思想政治理论课程的总和以及各门具体课程之间的开设顺序和时间比例关系,也就是指某一门具体的思想政治理论课程。思想政治理论课程既有一般课程的共性,又有自己的特殊性,是理论教学环节与实践教学环节的有机统一,是必修课程与选修课程的有机统一,是显性课程与潜在课程教育教学活动的有机统一。虽然,思想政治教育教学课程也是一种学科课程,但是,它不同于一般学科的理论知识

---

①　钟启泉:《现代课程论(新版)》,上海教育出版社 2009 年版,第 234 页。

②　刘根平、黄松鹤:《潜课程论》,辽宁教育出版社 1992 年版,第 60~78 页。

③　靳玉乐:《潜在课程论》,江西教育出版社 1996 年版,第 31~34 页。

学习,而是利用国家占社会主导地位的意识形态和核心价值观,遵循人的思想品德形成和发展的规律,通过系统的思想政治理论教育教学活动,培养学生认识和改造主客观世界的素质与能力,帮助学生树立科学的世界观、人生观、价值观的课程体系。全面认识思想政治理论教育教学课程,还需要注意以下几方面。

一是思想政治理论教育教学课程为发挥大学生思想政治教育主渠道作用提供了总体依据。课程明确了教育目标,规定了教学科目及其目的、内容、范围、分量和进程等等,为教师教学活动、学生学习活动、教学管理、考核提供了基本遵循。"05 方案"实施以来,把原来的 7 门必修课调整为 4 门,同时设立"形势与政策"必修课和"当代世界经济与政治"等选修课。新方案史论结合,注重理论联系实际,虽然课程门数减少了,教学总时数少了,但内容没有减少,实际上要求没有降低,较好地解决了以前思想政治理论课程存在的门数多、内容重复分散等问题。科学设置思想政治理论课程,按照教学大纲、教材实施教育教学活动是教学工作的基本原则。编写和修订教学大纲是一项严肃的事情,中宣部、教育部每过一段时间都会根据形势的发展及要求组织专家对教学大纲、马克思主义理论研究与建设工程教材进行修订,并充分吸收高校教学一线师生对教材的意见和建议。教学大纲包括课程性质、教学目的、教材教参、教学方式、教学内容及时数、考核方式等,它是教学工作的指南,教师要认真学习研究大纲,从各方面把握教学内容教学要求。思想政治理论课教育教学"要坚持不懈传播马克思主义科学理论,抓好马克思主义理论教育,为学生一生成长奠定科学的思想基础。要坚持不懈培育和弘扬社会主义核心价值观,引导广大师生做社会主义核心价值观的坚定信仰者、积极传播者、模范践行者。要坚持不懈促进高校和谐稳定,培育理性平和的健康心态,加强人文关怀和心理疏导,把高校建设成为安定团结的模范之地。要坚持不懈培育优良校风和学风,使高校发展做到治理有方、管理到位、风清气正"。

二是处理好课程体系与教材体系之间的关系。思想政治理论课四门课程都有对应的教材。教材是根据课程设置方案、教学大纲要求以及实际需要,为师生教学应用而编写的学习材料。2005 年 1 月,中共中央政治局常委会专门研究关于加强和改进高校思想政治理论课的问题,审定了教材编写大纲,汇聚全国力量编写教材,并列入"马克思主义理论研究与建设工程",保证了教材的政治性与权威性、科学性与学术性、理论性与应用性。同时根据形势的发展,不断推动中国特色社会主义理论体系进教材、进课堂、进学生头脑。十八大以来,各地各高校把推进习近平新时代中国特色社会主义思想和治国理政新理念、新思想、新战略作为"三进"的重要内容加以落实,各高校使用的"马克思主义理论研究与建设工程重点教材"也随着中国特色社会主义实践的推进和中国化马克思主义的发展不断完善。有了好的教材并不意味着教学工作就可以轻而易举地收到成效,依据课程、教学大纲、教材开展教学工作。首先,要注意处理好共性与个性的关系。我们的高校是党领导下的高校,必须坚持以马克思主义为指导,全面贯彻党的教育方针,课程体系、教材体系在体现立德树人根本宗旨的基础上,要注重因地制宜,对相同的课程和教材,根据各地各高校教学环境以及学生思想的实际因材施教。其次,要处理好民族性与世界性的关系。思想政治理论教育教学是治国理政、立德树人的现实需要。世界上不同国家、不同民族都有独特的思想政治教育,用以影响和改变人们的行为和思想,维护一定社会关系与社会秩序。思想政治理论教育教学是一定民族文化的产物,它随着民族文化发展的需要而存在和发展,也在参与民族文化建设和发展中实现。作为社会教育的重要内容之一,它必然具有强烈的民族烙印,体现为民族性。为适应世情国情的新变化,我们必须高扬中国精神即以爱国主义为核心的民族精神和以改革创新为核心的时代精神,在继承民族优秀思想道德传统基础上不断推进思想政治理论教育教学发展。当然,我们需要对中国传统的思想道德教育进行深刻反思,剔除那些不合时宜、落后的东西,吸取精华的部分。中华优秀传统思想文化是中华民族的"根"和"魂",蕴含着丰富的哲学思想、民本思想、人文精神、教育思想、道德观念、生态理念等,为我们今天思想政治理论教育提供了宝贵资源,为人类解决当今世界面临的各种难题提供有益启发。思想政治理论教育教学体现了民族性与世界性的统一,可以说,中国共产党思想政治教育创立是吸收外来先进文化的产物,从历史发展轨迹看,来自西方的马克思主义这种科学理论是在同各种反马克思主义思潮激烈斗争过程中,才逐渐被中国先进分子和广大中国民众所接受,中国共产党的"思想政治教育'从无到有'开了先河,宣传马克思主义和党的路线纲领成为思想政治教育的主要内容"[①]。正是有了科学理论的指导,中国革命的面貌才焕然一新,并最终取得胜利。马克思主义、毛泽东思想、中国特色社会主义理论体系,都是在实践基础上吸收了人类文明成果产生的科学理论。虽然人类道德和法律在其本质上属于社会上层建筑,但不同民族的道德、法律也有共性的一面,因而不同民族的思想政治理论教育不可能孤立存在的,它是在本民族文

---

① 　王树荫:《中国共产党思想政治教育史》,中国人民大学出版社 2011 年版,第22页。

化与外来文化交互作用下进行的。新时期最鲜明的特点是改革开放,在经济全球化、信息化、市场化时代开展思想政治理论教育教学,面对世界范围内各种思想文化交流、交融、交锋日益频繁的态势,我们要善于学习和吸收其他国家在思想政治理论教育中有益的做法和理念,把民族性与世界性有机统一起来。"我国有独特的历史、独特的文化、独特的国情,决定了我国必须走自己的高等教育发展道路,扎实办好中国特色社会主义高校。"①我们要立足于中国特色社会主义现代化建设实践,用科学理论武装大学生,引领大学生坚定不移地走中国特色社会主义道路、弘扬中国精神、凝聚中国力量,为实现"两个一百年"奋斗目标、实现中华民族伟大复兴的中国梦而努力奋斗。邓小平提出教育要面向现代化、面向世界、面向未来。习近平指出:"教育决定着人类的今天,也决定着人类的未来。人类社会需要通过教育不断培养社会需要的人才,需要通过教育来传授已知、更新旧知、开掘新知、探索未知,从而使人们能够更好认识世界和改造世界、更好创造人类的美好未来。"②教育是沟通世界的桥梁,搞好高校思想政治理论教育教学,我们要以宽广的胸怀和眼界观察世界,既要大胆吸收国外一切有益成果,又要吸取经验教训,不断提升思想政治理论教育教学亲和力。

三是正确处理德育课程与思想政治理论课各门专业课程之间关系。思想政治理论课是德育课程,具有鲜明的政治属性。习近平指出:"我国高等教育发展方向要同我国发展的现实目标和未来方向紧密联系在一起,为人民服务,为中国共产党治国理政服务,为巩固和发展中国特色社会主义制度服务,为改革开放和社会主义现代化建设服务。"③教育教学过程中要着重讲清马克思主义的基本原理、基本立场、基本观点和基本方法;深刻认识近代以来中国历史和人民为什么选择了马克思主义,选择了中国共产党,选择了社会主义道路,选择了改革开放;深刻认识社会主义的本质,增强中国特色社会主义道路自信、理论自信、制度自信、文化自信,提高大学生思想政治素质。同时,我们也要看到思想政治理论课每门课程均有自己的研究领域,都有很强的专业性和

---

　　① 《习近平在全国高校思想政治工作会议上强调:把思想政治工作贯穿教育教学全过程 开创我国高等教育事业发展新局面》,载《人民日报》2016 年 12 月 9 日第 1 版。

　　② 《清华大学苏世民学者项目启动仪式在京举行》,载《人民日报》2013 年 4 月 22 日第 1 版。

　　③ 《习近平在全国高校思想政治工作会议上强调:把思想政治工作贯穿教育教学全过程 开创我国高等教育事业发展新局面》,载《人民日报》2016 年 12 月 9 日第 1 版。

学术性,教育教学目的不完全一样,要更加重视思想政治理论课程建设,与时俱进,用发展着的马克思主义指导实践,提高课程体系的科学化水平。

四是处理好显性课程与潜在课程的关系。思想政治理论课是具有实际表现形态以外显方式呈现的课程,属于显性课程。在高校思想政治工作、校园文化环境中还存在隐性课程,它是文化育人、环境育人的载体。隐性课程的范围主要体现在学校的物质文化层面如校园建筑、雕塑、校园自然景观等;制度文化层面如学校管理制度、学术规范、师生员工之间关系准则、校训、教风、学风、班风等;交往文化方面主要是在学习工作生活交往中形成的交往心理和交往行为,如师生关系,管理人员、服务人员与教师、学生之间关系,教师之间的关系,学生之间的关系,师生的行为方式及价值理念等。在社会信息化时代,隐性课程能够对思想政治理论课发挥主渠道作用产生持续积极的影响,学校要从思想政治工作的全局谋划隐性课程建设,党政工团学联动,充分利用微博微信等新媒体,在落细、落小、落实上下功夫,发挥思想政治教育春风化雨,润物无声的协同育人作用。

五是处理好传授理论知识与树立科学信仰之间关系。思想政治理论课程与大学生思想道德素质之间不能简单地画上等号,教育教学过程不仅是向学生传授理论知识的过程,更重要的是解疑释惑,引导大学生将其内化为自己的思想政治素质、外化为行为的过程,教学既要传授知识、又要实现课程的价值目标指向,使学生通过系统的学习与实践,"真学、真懂、真信、真用"。因为"现代德育要突出人的现代化,促进人的革命,也就是促进人的生活方式,人的价值观的变革,促进人的思维方式、情感方式、行为方式的现代化"[①]。实现知识体系向信仰体系的转变,要改革教育教学方法方式,紧密联系改革开放和中国特色社会主义现代化建设实际,联系学生思想实际,直面社会热点难点问题,摆事实,讲道理,以理服人,以情感人,用科学理论回答学生的疑问。

六是处理好明道、信道与传道的关系。韩愈在《师说》中提出:"师者,所以传道授业解惑也。""传道者自己首先要明道、信道。高校教师要坚持教学者先受教育,努力成为先进文化的传播者、党执政的坚定支持者,更好担负起学生健康成长指导者和引路人的责任。"[②]教师的政治理论素养高低,对思想政治理论课教学质量和效果具有决定性作用,以其昏昏,何以使人昭昭。明道就是

---

①　班华:《现代德育论》,安徽人民出版社 2001 年版,第 13 页。

②　《习近平在全国高校思想政治工作会议上强调:把思想政治工作贯穿教育教学全过程开创我国高等教育事业发展新局面》,载《人民日报》2016 年 12 月 9 日第 1 版。

要求教师必须认真研读马列主义经典著作,学习毛泽东思想、邓小平理论、"三个代表"重要思想、科学发展观以及习近平新时代中国特色社会主义思想,不断提高理论水平和教书育人能力,在真学、真懂、真信、真用上下功夫。信道就是教师要树立共产主义远大理想和中国特色社会主义共同理想,坚定中国特色社会主义道路自信、理论自信、制度自信、文化自信。理论上清醒,政治上才能坚定,科学的理想信仰来自于对马克思主义的深刻理解认识,建立在对人类社会发展规律的深刻把握基础上。传道就是要向学生传授马克思主义理论,讲清楚马克思主义基本原理,深刻阐明中国共产党之所以能够完成近代以来各种政治势力无法完成的艰巨历史使命,就在于中国共产党始终坚持以马克思主义为指导,把马克思主义的普遍真理与中国具体实际相结合,在革命建设改革的实践中推进马克思主义中国化、时代化、大众化。当今时代,文化呈现国际化、多元化、信息化、网络化特征,学生不可能"两耳不闻窗外事",他们每天接受大量的网络信息,关注国内外大事,也对诸多社会热点难点问题产生疑虑,思想政治理论课教育教学要满足学生的实际需要,教师只有深入社会、深入实际,搭起理论联系实际的桥梁,研究热点难点问题,为学生解疑释惑,才能帮助学生坚定理想信念,提高教学的亲和力、感染力。传道还要注重发挥教师言传身教的重要作用。思想政治理论课不仅要传授给学生知识,更重要的是通过知识传递,对学生进行价值引领和塑造,使学生确立马克思主义世界观。教师对学生教育不单体现在课堂上讲什么,更体现在课堂外教师是怎么做的,要把传递知识与价值观教育有机结合起来,既要重视言传,更要重视以身示范,体现教师高尚的人格魅力与学术修养。真正做到习近平所提出的教书和育人相统一、言传和身教相统一、潜心问道和关注社会相统一、学术自由和学术规范相统一。思想政治理论课具有鲜明的意识形态属性,教师必须坚守正确政治方向,遵守课堂纪律,不能违背教材中的政治立场方向和基本观点在课堂上随意发挥,尤其不能给学生造成思想认识方面的混乱。

二、思想政治理论教学课程体系的基本内容

从第二章"高校思想政治理论课程的历史演变"中,我们可以看出中华人民共和国成立以来,高校思想政治理论课程在不同的历史时期,随着国家政治经济形势变化和社会对高校培养人才思想政治素质提出的新要求,一直受到党和政府的高度重视,并逐步走向科学化发展之路。在长期的育人实践中,我们党已经形成了一整套思想政治理论教育的内容体系,这些内容体系构成了

思想政治理论教育教学的核心,反映了大学生思想政治素质培养的规律和要求。

2004 年 8 月,中共中央、国务院印发了《关于进一步加强和改进大学生思想政治教育的意见》,明确提出加强和改进大学生思想政治教育的主要任务,一是以理想信念教育为核心,深入进行树立正确的世界观、人生观和价值观教育。要坚持不懈地用马克思列宁主义、毛泽东思想、邓小平理论和"三个代表"重要思想武装大学生,深入开展党的基本理论、基本路线、基本纲领和基本经验教育,开展中国革命、建设和改革开放的历史教育,开展基本国情和形势政策教育,开展科学发展观教育,使大学生正确认识社会发展规律,认识国家的前途命运,认识自己的社会责任,确立在中国共产党领导下走中国特色社会主义道路、实现中华民族伟大复兴的共同理想和坚定信念。同时,要积极引导大学生不断追求更高的目标,使他们中的先进分子树立共产主义的远大理想,确立马克思主义的坚定信念。二是以爱国主义教育为重点,深入进行弘扬和培育民族精神教育。要把民族精神教育与以改革创新为核心的时代精神教育结合起来,引导大学生在中国特色社会主义事业的伟大实践中,在时代和社会的发展进步中汲取营养,培养爱国情怀、改革精神和创新能力,始终保持艰苦奋斗的作风和昂扬向上的精神状态。三是以基本道德规范为基础,深入进行公民道德教育。要引导大学生自觉遵守爱国守法、明礼诚信、团结友善、勤俭自强、敬业奉献的基本道德规范。四是以大学生全面发展为目标,深入进行素质教育,促进大学生思想道德素质、科学文化素质和健康素质协调发展,引导大学生勤于学习、善于创造、甘于奉献,成为有理想、有道德、有文化、有纪律的社会主义新人。

2005 年 2 月,中宣部、教育部印发了《关于进一步加强和改进高等学校思想政治理论课的意见》(教社政〔2005〕5 号文件)。规定四年制本科的课程设置为四门必修课:(1)马克思主义基本原理;(2)毛泽东思想、邓小平理论和"三个代表"重要思想概论(2008 年改为"毛泽东思想概论与中国特色社会主义理论体系概论");(3)中国近现代史纲要;(4)思想道德修养与法律基础。同时,开设"形势与政策"课。另外,开设"当代世界经济与政治"等选修课。2005 年 3 月,中宣部、教育部《关于印发〈《中宣部、教育部关于进一步加强和改进高等学校思想政治理论课的意见》实施方案〉的通知》(教社政〔2005〕9 号文件)(该方案被称为"05 方案")进一步明确了课程设置及各门具体课程的学分及基本内容。"马克思主义基本原理"(3 学分),着重讲授马克思主义的世界观和方法论,帮助学生从整体上把握马克思主义,正确认识人类社会发展的基本规律。"毛泽东思想、邓小平理论和'三个代表'重要思想概论"(6 学分),着重讲授中国共产党把马克思主义基本原理与中国实际相结合的历史进程,充分反映马克思主义中国化的三大理论成果,帮助学生系统掌握毛泽东思想、邓小平理论和"三个代表"重要思想基本原理,坚定在党的领导下走中国特色社会主义道路的理想信念。"中国近现代史纲要"(2 学分),主要讲授中国近代以来抵御外来侵略、争取民族独立、推翻反动统治、实现人民解放的历史,帮助学生了解国史、国情,深刻领会历史和人民是怎样选择了马克思主义,选择了中国共产党,选择了社会主义道路。"思想道德修养与法律基础"(3 学分),主要进行社会主义道德教育和法制教育,帮助学生增强社会主义法制观念,提高思想道德素质,解决成长成才过程中遇到的实际问题。

当然,思想政治理论课程体系的内容不可能一劳永逸。中国特色社会主义实践在向前发展,必然会产生新的理论成果,思想政治理论课程的内容也应该与时俱进体现党的理论创新的最新成果,反映党领导人民在认识世界改造世界过程中形成的思想认识成果。"我国高校思想政治理论课建设,历来是随着我们党在理论上的重大进展、战略上的重大调整而不断发展、推进的。"①思想政治理论课程"05 方案"的正式实施,坚持用发展着的马克思主义武装大学生,坚持理论联系实际,贴近实际、贴近生活、贴近学生,不断改进教育教学的内容,课程体系充分体现了马克思主义中国化的最新成果,充分体现了中国特色社会主义实践的最新经验,充分体现了马克思主义研究的最新进展,建构了以邓小平理论、"三个代表"重要思想、科学发展观、习近平新时代中国特色社会主义思想为中心内容的思想政治理论课程体系,为培养德智体美劳全面发展的社会主义事业建设者和接班人发挥重要引领作用。

三、思想政治理论教学课程的结构及特征

思想政治理论课承担着立德树人的重大使命,作为高校课程体系的重要组成部分,它具有一般学科所共有的学科课程的属性,又有其他学科课程所不具有的国家课程的特点,还有严格科学的编排顺序。

(一)思想政治理论课程的结构

思想政治理论课程体系的内容不是孤立的,而是体现了课程结构的内在

---

① 顾海良:《着力创新推进高校思想政治理论课的新发展》,载《思想理论教育导刊》2005年第 11 期。

要求。如同对课程本质有不同见解一样,对课程结构也有不同的理解。"课程结构一般是指课程内容的组织及其相互关系,大体上我们可以把它分为两个层次:纵向结构与横向结构。纵向结构是按照课程的不同主体权力划分的,主要是指中央、地方、学校三级课程结构;横向结构主要是指具体的学科之间的结构。"①一般来讲课程结构是指"按一定标准选择和组织起来的课程内容的各种内部关系,主要包括各类课程的比重及课程内容的排列顺序等。课程的各部分互相联系,彼此交叉,不能分开,课程结构主要探讨的就是课程各组成部分如何有机地联系在一起的问题"②。

(二)思想政治理论课程的结构分析

高校思想政治理论教学是一种较高层次的思想政治教育,要根据学生思想实际,在一定的时间内实施教育教学活动,完成教学任务,提升学生思想政治素质,各门课程的内容、教学时数、课程顺序、课程之间如何衔接等需要从总体上做出合理恰当的安排。中共中央、国务院《关于进一步加强和改进大学生思想政治教育的意见》,提出了大学生思想政治教育的主要任务包括三个方面:以理想信念教育为核心,深入进行树立正确的世界观、人生观和价值观教育;以爱国主义教育为重点,深入进行弘扬和培育民族精神教育;以基本道德规范为基础,深入进行公民道德教育。中央文件明确了大学生思想政治教育的任务,为思想政治理论课"05方案"教学内容的选择提供了根本的依据,从宏观层面上决定了思想政治理论课的课程结构。全面理解思想政治理论课程结构有两个视角,一是从思想政治理论课程体系上。"1998年开始实施的课程设置,从课程体系来看包含了三个层次:第一层次是对马克思主义基本理论的阐述,其内容是原来的'马克思主义哲学原理'和'马克思主义政治经济学原理'课程;第二个层次是强调了马克思主义不仅是一门科学,而且也是一门发展的科学,它最突出地表现为马克思主义中国化的过程,设立了'毛泽东思想概论'和'邓小平理论概论'两门课;第三个层次是运用发展着的马克思主义来认识客观世界、改造主观世界,认识当代世界经济与政治,加强大学生自我思想道德修养等方面的教育。"③"新的课程设置(即'05方案')强调了如何进行马克思主义基本原理、中国社会

---

①　黄忠敬:《知识·权力·控制——基础教育课程文化研究》,复旦大学出版社2003年版,第65~66页。

②　柳斌:《中国教师新百科·小学教育卷》,中国大百科全书出版社2002年版,第296页。

③　顾海良:《着力创新,推进高校思想政治理论课的新发展》,载《思想理论教育导刊》2005年第11期。

现实和中国历史这三个方面教育的结合，突出了通过理论、现实和历史这三者的结合，加强对当代大学生的思想政治教育。只有全面地理解课程的相互关系、课程内容上的有机联系，才能在课程的总体建设上取得明显的成效。"①可见，思想政治理论课"05方案"实施，与原来的"98方案"相比，课程结构并没有发生根本变化，仍然包括三个层次。二是从思想政治理论四门课具有不同的性质、地位和作用上分析课程结构。有研究者提出："'原理'是基础，'概论'是重点，'纲要'是主线，'基础'是落脚点。'原理'是基础，是指'原理'所进行的马克思主义立场、观点、方法教育，可以为其他三门课程的学习奠定坚实的理论基础，提供科学的世界观和方法论指导。'概论'是重点，是因为'概论'的教学内容是马克思主义普遍原理同中国不同时期社会实际相结合产生的理论成果，这些与时俱进的马克思主义理论成果是中国特色社会主义现代化建设的具体的、直接的指导思想。大学生对这门课程的掌握程度，不仅关系到大学生对党的方针政策和社会现实问题的理解和判断能力，而且关系到大学生对实现中华民族伟大复兴的信心，对党和国家的信任。所以，'概论'成为新课程体系的重点，6个学分的规定也在一定程度上反映了这层意思。'纲要'是主线，是说'纲要'的主要教学内容以历史为线索，勾画出近代中国人民选择马列主义、选择中国共产党、选择社会主义的历史根源的主线。'基础'是落脚点，是说'基础'课立足于帮助大学生树立正确的人生观、价值观、道德观和法制观，培养德智体美全面发展的社会主义合格建设者和可靠接班人。这一目标也是全部思想政治理论课的落脚点。"②从已有的思想政治理论课程结构的研究成果，我们可以看出，无论是三层次说，还是性质地位作用说，构成思想政治理论课程体系的四门课，有着内在的联系，形成"各有侧重，功能互补"有机整体，共同发挥着思想政治教育主渠道的重要作用。

（三）思想政治理论课程结构的特征

思想政治理论课是高校教育教学体系的重要组成部分，课程结构有其自身鲜明的思想政治教育学科特性，以便更好地发挥立德树人的重要作用，课程结构呈现以下特征。

1.思想政治教育性。"育人为本，德育为先。"德是人才素质的灵魂，德育

---

① 顾海良：《着力创新，推进高校思想政治理论课的新发展》，载《思想理论教育导刊》2005年第11期。

② 李芳、张耀灿：《试论高校思想政治理论课新课程的结构关系》，载《思想教育研究》2008年第1期。

素质包括思想道德素质、法律素质等。思想道德素质又是由思想政治素质和道德素质构成,思想政治素质是大学生最重要的素质,它的形成是一个渐进的过程,离不开科学理论的指引。思想政治理论课的课程结构充分体现了思想政治教育性,马克思主义是党和国家的指导思想,也是高校思想政治教育的灵魂。思想政治教育是以马克思主义、毛泽东思想、邓小平理论、"三个代表"重要思想、科学发展观以及习近平新时代中国特色社会主义思想为引领,不断提高学生的思想水平、政治觉悟、道德品质、文化素养,成为德才兼备,全面发展的人才。通过思想政治理论课的教学活动,帮助学生树立科学的世界观、人生观、价值观,道德观、法制观,学会运用马克思主义的立场、观点、方法观察分析问题,从而能够"正确认识世界和中国发展大势,从我们党探索中国特色社会主义历史发展和伟大实践中,认识和把握人类社会发展的历史必然性,认识和把握中国特色社会主义的历史必然性,不断树立为共产主义远大理想和中国特色社会主义共同理想而奋斗的信念和信心;正确认识中国特色和国际比较,全面客观认识当代中国、看待外部世界;正确认识时代责任和历史使命,用中国梦激扬青春梦,为学生点亮理想的灯、照亮前行的路,激励学生自觉把个人的理想追求融入国家和民族的事业中,勇做走在时代前列的奋进者、开拓者;正确认识远大抱负和脚踏实地,珍惜韶华、脚踏实地,把远大抱负落实到实际行动中,让勤奋学习成为青春飞扬的动力,让增长本领成为青春搏击的能量"。

2. 独立性。思想政治理论课集思想性、政治性、知识性于一体,具有鲜明的价值导向。与其他知识类、技能类课程不一样,它以马克思主义的思想政治教育学为理论支撑,以丰富的思想政治理论教育实践为课程的实践基础。尽管其课程结构有一般课程所具有的形式,但从总体上看其课程结构呈现出独立性,它的存在和发展并不依赖其他学科课程结构,具有独立性。思想政治理论课程建设与思想政治教育学的发展密切相关,后者是 20 世纪 80 年代初开始形成和发展起来的一门应用性科学,随着中国特色社会主义实践和理论的发展,在党和国家高度重视和学界共同努力下,它日益发展成为比较成熟的学科,为思想政治理论课程结构的科学发展提供了更多的学理支撑,体现了思想政治教学科学与思想政治教育实践可持续发展的要求。

3. 综合性。思想政治理论教育是要解决一定社会发展的要求同人们实际的思想品德现状之间的矛盾,从这个意义上看高校思想政治理论课本质上是一个解疑释惑的教学过程,在这个过程中课程结构可以说发挥了重要作用。人的思想品德现状总是与所处社会的经济、政治、文化、社会、生态环境息息相关,同时人的思想品德的形成因素也是复杂多变的,会受个体知识、心理、情感、意志、行为等的影响,当今时代,科技日新月异,特别是信息技术的迅猛发展,极大地改变了人们的交往方式、生活方式、学习方式、工作方式等,要有效引导人的思想品德向符合社会需要的方向发展,思想政治理论教育就不能"头痛医头、脚痛医脚",需要标本兼治,综合施策。一方面课程结构要体现"学马列要精,要管用"的要求,通过学习让学生掌握马克思主义基本原理,培养科学的世界观、方法论。另一方面,要坚持问题导向,立足中国国情,放眼世界,帮助学生把马克思主义运用于中国革命、建设、改革的实践,在实践中坚持发展马克思主义、发展中国特色社会主义理论体系,牢固树立中国特色社会主义道路自信、理论自信、制度自信、文化自信,向着实现中华民族伟大复兴的目标前进。最后,随着思想政治教育学科和实践的不断丰富发展,课程结构需从政治学、教育学、历史学、心理学、社会学、管理学等学科中借鉴吸收有益成果,提升发展水平,适应不断变化的教育教学环境,可见综合性是思想政治理论课程结构的特征之一。

4.科学性。思想政治教育是研究人的思想品德形成和发展规律以及对人们进行思想政治教育的规律的科学。思想政治理论课要体现以人为本,关照人的现实需求,课程结构的设计不是随意的,而是有其内在的逻辑,体现科学性。一方面马克思主义理论一级学科及马克思主义基本原理、马克思主义发展史、马克思主义中国化研究、国外马克思主义研究、思想政治教育、中国近现代史基本问题研究等二级学科的设立与发展,使之与思想政治理论课建立了基本的对应关系。思想政治教育实践的发展和理论的升华,为思想政治理论课建设与教育教学研究提供了学理的支撑。"学科建设是加强和改进高校思想政治理论课程建设的基础,其学科研究成果将作用于高校思想政治理论课的教育教学,为之提供理论指导;同时,高校思想政治理论课教育教学的实践经验和遇到的问题也为学科建设提供研究课题和研究动力,促进学科建设。"[①]另一方面,思想政治课程内容、学时、教学顺序、课程之间衔接,也有其内在规律,因此,课程结构不可能一劳永逸。中国特色社会主义实践在向前发展,课程内容要体现党的理论创新的最新成果,还需要根据大学生思想理论政治教育面临的新情况、新问题,以及对思想政治教育领域规律的新认识,对课程结构作适当的修改和调整,使其更好地发挥理论武装、政治引领、思想道德教育、法制教育以及培育科学的世界观、人生观、价值观等方面的重要作用。

---

　　①　罗建平、杨书萍:《论高校思想政治理论课程建设与学科建设的必要性》,载《郑州航空工业管理学院学报(社会科学版)》2007 年第 1 期。

第四章

高校思想政治理论课的教学过程

　　思想政治理论课是高校思想政治教育的主渠道,对学生德育素质的形成和提升发挥重要作用。高校思想政治理论课教学过程本质是人类一种特殊的教育实践活动,是一个涵盖实践和认识两个方面活动的过程,是一个实践—认识—实践相统一的思想矛盾运动过程。以科学的理论武装人,全面提高学生的思想道德素质,为他们一生成长奠定科学的思想基础,使之成为社会主义核心价值观的坚定信仰者、积极传播者、模范践行者,是教学过程的价值导向。思想政治理论课教育教学过程是构成它的各种要素相互作用、相互影响所产生的矛盾运动,在各要素中,教育者、受教育者、教育媒介、教学过程环节等对其有着重要作用,注重协调各种因素,相向而行,才能收到实效。

一、科学认识把握高校思想政治理论课教学过程本质

　　教学作为一个过程,是在教育者主导下、在特定的时空范围内有序进行的,思想政治理论课的教学也不例外,教学过程论是组织教学活动的理论基础,只有科学认识思想政治理论课的教学过程,才能把握教学过程的本质和规律,有效地组织教育教学活动,实现培养目标。

　　研究思想政治理论课教育教学过程的本质,必须研究教学活动,教学现象是非常复杂的,从广义上讲,教学就是教育者指导受教育者以一定的文化为对象所进行学习实践的活动。从狭义上讲,教学就是指学校里面的教学,是特指学校中的教师指导学生一起进行的,以一定文化为对象的教与学相统一的活动。教学活动的开展都离不开教学过程,教学过程是教学的客观存在,也是教学论研究的基本问题之一,目前,教育界对教学过程的本质还有不同的认识。

总体上看,教学活动是社会培养人才的一种实践活动,它是由教育者的"教"与受教育者的"学"以及教学媒介(教学内容、教学方法等)等相互作用,所形成的一种矛盾运动。教育者的"教学"活动本质上是一种特殊实践活动,学生的学习是一种认识活动。思想政治理论课教学过程的本质是实践与认识相统一的实践活动。

(一)思想政治理论课教学过程的本质是一项实践活动

教学过程简言之就是教学活动有序展开的过程,它存在于各类教学活动中。教学过程有不同的形式,如理论教学、实践教学等;也有内容之分,如德育教学、智育教学、美育教学、体育教学等;还有层次之分,如小学、中学、大学、研究生教学等,就本书而言,我们关注的是大学生的思想政治理论教育,属于德育教学范畴。思想政治理论课教育教学属于思想政治教育的范畴,借鉴陈万柏、张耀灿先生主编的《思想政治教育学原理》[1]一书中给思想政治教育过程所下的定义,我们可以这样理解思想政治理论课教学过程,它是指思想政治理论课教师根据一定社会的思想品德要求和学生思想品德形成发展的规律,凭借教学活动,对大学生施加有目的、有计划、有组织的教育影响,促使大学生产生内在的思想矛盾运动,以形成一定社会所期望的思想品德的过程。

思想政治理论课教学过程是一个内涵认识与实践相统一的复杂实践活动。"马克思主义的认识论包括两个基本方面,即认识方面和实践方面。教育过程,同样也应包括认识和实践这两个方面。据此,我们可以说教学过程是学生在教师的指导下,对人类已有知识经验的认识活动和改造主观世界、形成和谐发展个性的实践活动的统一过程。"[2]思想政治理论课是以大学生为教育对象,教学活动是解疑释惑的过程,教学过程有知识的传授,但是,更重要的是帮助学生树立马克思主义的世界观、培育和践行社会主义核心价值观。人们对科学理论的学习认同心理反应需要经过知、情、信、意、行连续的变化。"思想政治教育是一项实践活动,它以人为作用对象,其目的在于帮助人们形成符合社会需要的思想品德,主要帮助人们解决'做什么''怎么做'的问题。"[3]由此可见,思想政治理论课教学过程本质上是认识与实践相统一的实践活动,是一种特殊的实践活动。

思想政治理论课教学要发挥好在理论武装、价值引领、思想道德教育、法

---

① 陈万柏、张耀灿:《思想政治教育学原理》,高等教育出版社 2007 年版,第 124~125 页。

② 李秉德:《教学论》,人民教育出版社 1991 年版,第 24 页。

③ 陈万柏、张耀灿:《思想政治教育学原理》,高等教育出版社 2007 年版,第 8 页。

治教育等方面的重要作用。首先,教师的理论自信是上好思想政治理论课的前提。习近平在全国高校思想政治工作会议上强调:"教师是人类灵魂的工程师,承担着神圣使命。传道者自己首先要明道、信道。高校教师要坚持教育者先受教育,努力成为先进思想文化的传播者、党执政的坚定支持者,更好担起学生健康成长指导者和引路人的责任。"教师必须在政治信仰方面旗帜鲜明,坚定共产主义远大理想和中国特色社会主义共同理想,坚定对中国特色社会主义的道路自信、理论自信、制度自信、文化自信。认真学习和掌握马列主义、毛泽东思想、中国特色社会主义理论体系,在真学、真懂、真信、真用上下功夫。其次,坚持教书与育人的有机统一。思想政治理论课教学要解决一定社会要求的思想道德素质与学生实际的思想道德素质现状之间的矛盾。教师要吃透教材精神,把握教学的重点难点,了解学生思想动态,搞清楚学生对教学活动的真实看法及要求,教学活动要贴近实际、贴近生活、贴近学生,既要言教,更要重视身教,以高尚的人格学术魅力赢得学生的尊重和对教师教学活动的认可。所以,从整个教学过程中我们可以看到教师的教学活动,就是在引导学生的思想道德素质向着社会所期盼的方向发生转变,教师没有对所授内容的深刻的思想认识,这一改变是不可能发生的。教学过程包含一系列学生的认识活动,就是让学生真学、真懂、真信、真用马克思主义,这是教学过程最终目的。虽然,教学活动包含学生深刻的认识运动,但是,从教育者的教学活动理解,思想政治理论课教学过程的本质是一种特殊的实践活动。

(二)思想政治理论课教学过程是一种认识活动

学习思想政治理论课内容是一种以获得间接经验为主的认识运动。总体上讲,人们获得知识的方式主要有两种,即直接经验和间接经验,每一代人受时间精力等条件的限约,都是在学习前人积累的间接经验,再经过自身参加实践获得一定的直接经验基础上,不断深化对客观世界的认识。个人要全面深刻地看待外部世界,就必须学习间接经验,以丰富自己的知识,形成正确的世界观、人生观、价值观。马克思主义作为科学的世界观和方法论,深刻洞察了客观世界特别是人类社会发展的一般规律。马克思主义认为,生产力与生产关系之间的矛盾、经济基础与上层建筑之间的矛盾贯穿于人类社会的始终,规定着社会性质和基本结构,推动人类社会由低级向高级发展,并最终实现共产主义。马克思主义并没有穷尽真理,而是开辟了通向真理、发展真理的道路。中国共产党人以马克思主义为指导,在革命、建设、改革的实践中,形成了毛泽东思想和中国特色社会主义理论体系,为我们建设富强、民主、文明、和谐的社会主义现代化国家指明了前进方向。在教学过程中,学生的认识对象主要体现在教师的教学内容之中,他们不是直接去发现未知世界,而是以学习掌握马克思主义、中国特色社会主义理论体系等去间接地观察看待客观世界,也就是凭借经过学习认识形成的正确世界观去观察认识事物。"师者,所以传道授业解惑也。"教学过程中学生的学习认识活动,是在具有职业修养和专业素养的教师指导下,充分利用学校现有的各种教学条件,采取适合的教学方法方式,从学生的思想实际出发,促使学生完成学习任务,减少思想认识上的偏差,形成正确的思想认识,提高思想道德素质。

(三)思想政治理论课教学过程是一种实践—认识—实践相统一的活动

　　思想政治理论课教学是在教师、学生共同参与下,借助教学媒介、运用教学方法,促进学生思想道德素质形成和发展的过程。这一过程中充满着矛盾,教师与教材之间存在矛盾,学生与教材之间也存在矛盾,特别是教师的"教"与学生的"学"之间也存在矛盾。在教学过程存在的各种矛盾中,"教"与"学"之间的矛盾是主要矛盾,规定了教学过程的存在和发展。"教"是矛盾的主要方面,"学"是矛盾的次要方面,它贯穿于教学过程始终,决定着教育教学目标实现和教学质量实际状况,教学过程就是"教"与"学"矛盾等运动的结果。首先,解决教师与教材之间的矛盾需要教师从事深入的实践和认识活动。现在高校使用的教材均为中央马克思主义理论研究与建设工程重点教材,并得到及时的修订。教师要重视教材修订后体例的调整、内容的变化及对教学提出的新要求。有了好的教材,为上好课提供了基本遵循,但是,不等于就解决了教师与教材之间的矛盾。因为教材是"死"的,教师是"活"的,教学活动既离不开教材,又不能完全照本宣科。在教学过程中,教师通过自身努力学习研究教材,吃透教材,准确地掌握并组织教学内容,因事而化、因时而进、因势而新,把教材体系科学地转化为教学体系。反之,如果教师不能很好地掌握教材内容,就会影响学生对所学课程内容的学习,甚至给学生传递错误观念。在教学过程中,有效地解决教师与教材之间的矛盾,需要教师从教学实际出发,持之以恒,不断地实践、认识,研究教学规律,提升教学实效性。其次,解决学生和教材之间的矛盾需要学生在教学过程中不断地深化实践、认识活动。教材内容对学生来说是未知领域,不可否认,内容上较多地运用学术语言、文献话语,比较抽象概括,理论性较强,在某种意义上确实影响了学生的学习兴趣。思想政治理论课内容对一些学生来说"似曾相识",其实不然,它既需要学生在老师的课堂讲解下直观理解记忆,又需要他们进行高度的抽象思维,它不是一般的传授知识,而是价值的塑造。有的学生认为学习思想政治理论课不像学习其他课程那样"有用"，因而满足于上课听老师讲，记一记笔记，更有甚者，认为把老师的课件拷贝下来自己看看，就万事大吉了。如果学生不认真研读理解教材，就很难真正地掌握学习内容和要求，也无法真正树立科学的世界观、人生观、价值观。最后，解决"教"与"学"这个主要矛盾，需要教师不断地强化实践、认识活动。"教"与"学"的矛盾，贯穿于教学过程的始终，是推动教学过程不断发展的根本动力。在"教"与"学"这个矛盾中，教师、学生处于不同的地位，作用也不一样。教师的"教"与学生的"学"又是不可分离、紧密相连、互相制约、互相影响的。具体地看，"教"与"学"的矛盾，表现为教师所教授的教材内容与学生所接受的教材内容之间的矛盾，这一矛盾在不同时期又有不同表现形式，在现阶段表现为思想政治理论课教学应该以使大学生实现"四个正确认识"为根本目标。解决"教"与"学"矛盾，关键是"要用好课堂教学这个主渠道，思想政治理论课要坚持在改进中加强，提升思想政治教育亲和力和针对性，满足学生成长发展需求和期待"[1]。教学活动以教学内容为媒介，将教师的教学实践活动与学生学习的认识活动有机联结在一起。学生只有亲其师、信其道，才能践其行。"思政课亲和力，是指思政课对大学生所具有的亲近、吸引的潜在功能，以及大学生对思政课产生的亲近感、趋同感。"[2]怎样增强亲和力和针对性，一是从"教"的方面入手。首先，教师要树立良好的师德。"高等学校思想政治理论课教师是马克思主义理论和党的路线、方针、政策的宣讲者，社会主义意识形态和精神文明的传播者，是大学生健康成长的指导者和引路人。"[3]思想政治理论课教师闻道在先，教育者首先要接受教育，要以德立身、以德立学、以德施教。其次，要重视把教材体系科学地转化为教学体系。理论不彻底就难以说服人，教师要对所教授的思想政治理论融会贯通，精辟地阐释理论，娴熟驾驭课堂教学，让学生感受到理论的价值与力量。"要教育引导学生正确认识世界和中国发展大势，从我们党探索中国特色社会主义历史发展和伟大实践中，认识和把握人类社会发展的历史必然性，认识和把握中国特色社会主义的历史必然性，不断树立为共产主义远大理想和中国特色社会主义共同理想而奋斗

---

① 《习近平在全国高校思想政治工作会议上强调：把思想政治工作贯穿教育教学全过程 开创我国高等教育事业发展新局面》，载《人民日报》2016 年 12 月 9 日第 1 版。

② 吴潜涛、王维国：《增强亲和力、针对性，在改进中加强思想政治理论课》，载《思想理论教育导刊》2017 年第 2 期。

③ 《中宣部、教育部关于进一步加强和改进高等学校思想政治理论课意见》（教社政〔2005〕5 号）．http://www.moe.gov.cn/s78/A13/sks_left/s6387/moe_772/201005/t20100527_88480.html，下载日期：2017 年 7 月 12 日。

的信念和信心；正确认识中国特色和国际比较，全面客观认识当代中国、看待外部世界；正确认识时代责任和历史使命，用中国梦激扬青春梦，为学生点亮理想的灯、照亮前行的路，激励学生自觉把个人的理想追求融入国家和民族的事业中，勇做走在时代前列的奋进者、开拓者；正确认识远大抱负和脚踏实地，珍惜韶华、脚踏实地，把远大抱负落实到实际行动中，让勤奋学习成为青春飞扬的动力，让增长本领成为青春搏击的能量。"①再次，突出问题导向，提高科研能力。教师要立足教学实际，着眼于中国特色社会主义实践与理论的发展，着眼于学生思想道德素质现状和需求，着眼于培育和践行社会主义核心价值观，对教学过程中遇到的重要问题进行深入研究剖析，攻坚克难，寻找增强亲和力、针对性的有效途径。最后，改进教学方法和话语体系。在信息化时代，教师要提高运用信息技术的能力，促进教学方法方式创新，利用"互联网＋"等使思想政治理论课堂活跃起来。推进话语体系创新，讲好中国故事，用鲜活的话语、适宜的方法把马克思主义理论、毛泽东思想、中国特色社会主义理论体系讲明白，讲清楚，增加教学的生动性、趣味性，在理论与实践的结合上解疑释惑。二是从"学"的方面看，首先，要关照学生，在满足学生需求上多用力。当代大学生是一个庞大群体，以"95后"为主，大多数人是网络的"原住民"，经历阅历、个性追求、生活方式等方面差异明显，具有鲜明的时代烙印。思想政治理论课要做到入耳、入脑、入心，必须注意把握学生思想品德形成的规律和思想政治教育规律，着眼于提高学生的思想品德水平、着眼于学生学习生活成长成才过程中所需所想所盼进行教学。教学活动在育人目标、教学内容组织、教学方法选择、教学手段运用等方面更加适应学生学习需要。教学中要注意调动学生学习的积极性，发挥学生学习的主体作用，培养学生的学习兴趣，提高学生运用所学理论分析问题、解决问题的能力。将思想政治理论课与"互联网＋"深度融合，拓展学习时空，改变"一言堂"的教学方法；把理论教学与实践教学有机结合起来，开展丰富多彩的实践，让理论走进社会、走进人民群众，在实践中增长才干。其次，要在服务学生就业创业创新上用心。思想政治理论课能不能受到学生的喜爱，关键看是否解决学生的实际问题。当今世界，处于大发展大变革大调整时期，各种思想文化交流交融交锋更加频繁，大学生正处于世界观、人生观、价值观形成的重要时期，思想政治理论课能够在帮助学生"补钙"和"扣好人生的第一粒扣子"方面发挥更大的作用，有更大的作为。大学生

---

① 《习近平在全国高校思想政治工作会议上强调：把思想政治工作贯穿教育教学全过程开创我国高等教育事业发展新局面》，载《人民日报》2016 年 12 月 9 日第 1 版。

在成长道路上会遇到各种各样的社会人生问题,就业、创业、创新等都离不开社会主义核心价值观的引领,思想政治素质是人的素质的灵魂,有了正确的思想观念,才能走好人生未来之路。最后,发挥好第二课堂的积极作用,提升实践能力。把课堂教学与开展多种形式党团活动、校园文化科技活动连接起来,运用多样化的活动载体和教育教学手段,寓教于乐、寓教于学,学思结合、知行合一,使思想政治理论课影响全面渗透到校园内外第二课堂的各个方面,建立理论与实践紧密联系的渠道,不断巩固教学成果,提高应用能力,增强思想政治理论课教学说服力与感染力。

二、思想政治理论课教学过程的基本环节

思想政治理论课教育教学过程是由若干教学环节构成并持续进行的。教学环节是指教育者在教学过程中根据国家确定的教育方针以及课程的教学内容、对象、任务,在尊重教育教学规律以及学生认知规律基础上设定和运用的相互联系、前后衔接的若干教学活动阶段。一般讲,它包括备课、上课、布置作业与辅导答疑、参观考察、学生成绩考查与评定五个环节。这几方面的工作使教学活动形成一个有机统一的整体,在实际教学活动中,它也被认为是教育者对被教育者开展教育教学活动必须遵循的一般工作程序。

(一)备课

所谓备课是指"教师根据教学大纲的要求和课程的特点,结合学生的具体情况,选择最合适的表达方法和顺序,以保证学生有效地学习"[①]。备课是教学过程的起始环节,教学过程是教师有计划、有目的地对学生进行施教的活动,不是随心所欲的。备课是教师上好课的先决条件,备课充分,教师熟练掌握授课内容,就能够驾驭课堂,提高教育教学的效果。

备课既是教学的起始环节,又是教师教育教学工作的基本功之一,也是教师持续提高教育教学能力的过程。教学能力是指思想政治理论课教师按照明确的教学目的、教学要求以及思想政治教育规律,为实现一定社会要求的教学任务开展有效教育教学活动的本领。在教学实践中,如果教师不认真备课,对所授课教材内容不熟悉,或一知半解,讲不清楚道理,课堂上只能照本宣科,无疑会误人子弟,对思想政治理论课来讲尤其如此。"要用好课堂教学这个主渠

---

① 安文铸:《学校管理词典》,中国科学技术出版社1991年版,第203页。

道,思想政治理论课要坚持在改进中加强,提升思想政治教育亲和力和针对性。"教师在实际教学工作中,必须重视备课环节。

1.备课是对教学活动的精心预设,是教师的一种创造性劳动

备好课是上好思想政治理论课的前提,也是增强教学的预见性和计划性,充分发挥教师教学主导作用的重要保证。备课,就要备教材,也就是要学习研究教学大纲、教科书,收集、查阅有关教学参考资料。尽管,现在高校使用的教材是中央马克思主义理论研究和建设工程重点教材,教材的科学性、权威性、针对性非常明显,但是,有了好的教材并不意味着教师就可以上好课。高校以青年人为主体,是各种思想和社会思潮的聚集地,大学生处于世界观、人生观、价值观形成的重要节点上,很容易受到各种错误思潮的干扰,给教学工作造成不小的挑战。因此,教师要在备课环节上多花工夫,钻研教学大纲、教材,领会教材的内容和精髓,争取做到对教材有自己的独到见解,分清重点、难点,把教材体系转化为自己所拥有的知识、价值体系,也就是内化为自己本身所具有的知识智能结构。这一过程就如同烹饪,教材好比好的"食材",本身具有营养价值,但其价值要靠厨师发掘利用,通过师傅的创造性劳动,使之成为"盘中餐"。同样,只有教师对教学内容精心设计,把所授知识融会贯通,加以适当的教学方法,才能让学生产生共鸣,唤醒学生求知的欲望。当然,备课也可以以集体的方式进行,如教研室老师集体备课,就某一内容或教学中遇到的热点难点问题展开讨论,从不同方面理清理论脉络与难点重点,进行教学设计,取长补短,集思广益,形成教案,选择教学方法等,然后组织教学,发挥"1+1>2"的整体效果。

2.备课,必须关注学生的思想动态

人的思想品德的形成是多种因素作用的结果,包括心理因素、思想因素、行为因素等。在教学过程中,教师要把知识体系转化为学生的信仰、价值体系,就必须关注学生的思想动态,从而引导学生的思想道德素质向社会需要的方向发展。教学是解疑释惑的过程,了解学生的思想状况是非常必要的,因为教学活动是对学生进行社会主义核心价值体系、核心价值观教育,与学生的思想状况密切相关,不了解学生所思所想所惑,对牛弹琴,教学是不可能有亲和力的。教师要在施教过程中尽可能地观察了解学生的思想政治表现、道德法律意识、行为价值取向,以及对国内国际形势及社会热点问题的看法。当然,在课堂上教师也能观察到学生的一些思想变化,课后与学生交流也可以了解学生的一些真实想法。但是,这些学生思想变化零碎的信息,只能作为课下思考探究的素材。真正了解学生的精神生活世界,走进学生内心世界,是在教师

备课过程中,结合对教学内容的思考,选择学生接受的角度,来逐步完成的。当代大学生,生活在科技发达的信息网络时代,关心国家大事,思维活跃,视野开阔,追求个性生活,价值趋向尚不稳定,在某种程度上缺乏对网上各种信息的分析辨别能力,自律意识不强,表现出急功近利的浮躁心态。因而,教师需要了解学生的兴趣爱好、已有的知识能力水平、需求与思想状况、学习方法和日常生活习惯等等。教育教学的根本目的在于以学生为本,我们要确立人在教育中的崇高地位,关心人、尊重人、理解人,让教育教学成为人的生命和心灵发育成长的过程。在看到学生共性的同时,我们还要关注学生的个性发展,培养学生思想道德素质,促进德智体美劳全面发展。总之备课中,教师要统筹思考如何有效发挥学生学习的主体地位,建构平等、民主、合作的师生关系,调动学习积极性,变"要我学"为"我要学"。

3.备课是对教学方法、教学资源的综合运用过程

思想政治理论课各门课程教学目的有差别,教学要求不一样。备课过程中可以充分利用各种教学资源,精神的、物质的、实体的、虚拟的、校内的、校外的等,理论联系实际,使教学内容更加接地气。教学过程不仅是实践、认识的复杂过程,也是一个社会活动过程,现代信息网络技术的发展,为教师充分利用各种教学资源提供了十分便利的条件,教师可以把多媒体课件制作得更加符合学生学习的习惯。备课,除了把握教材的内容要求,了解学生的思想动态,还要思考如何把已经掌握的知识传授给学生,也就是如何根据教材教学内容,选择和确定教学方法。人们常说,"教学有法、教无定法、贵在得法"。根据教学内容,可以采用启发式、参与式、专题式、场景式、讨论式等教学方法,提高教学的针对性。哪些地方要精讲,哪些内容简单讲解或者不讲,哪些问题学生会有疑问,怎样启发学生的思维等,这些都要在备课过程中综合考虑而后具体在课堂上组织教学。

4.备课必须重视撰写教案,制作多媒体课件

教案又称为课时计划,是教师上课时的依据和"路线图"。像导演指导演员表演要有剧本一样,教师上课不能没有教案的帮助,它是教师课堂上"表演"的"脚本"。没有教案,上课就没有章法,甚至会产生混乱,不能实现教学目的。备课过程中,通过学习研究教材,收集教学资源,对教学大纲、教学内容、教学方法等有了新的理解和认识,就要把备课的成果通过教案体现出来。撰写教案时,要分析教学内容的重点、难点,章节之间的内在逻辑,怎样实现教学目的,教学怎样导入,运用什么教学方法及教学资源,设计课堂提问的问题,教学活动的具体步骤,学时的分配等。一般来说,一个教案包括这样几个方面:班

级、学科、上课时间、课题、课的类型、教学目的、教学方法、教学内容、课的进程和时间分配等。教案的构成中,教学进程部分是"重头戏",应当花工夫写好,对教学内容作出详尽的设计。有了好的教案,还要处理好教案与制作多媒体课件的关系。由于信息科技的发展,多媒体技术广泛应用于思想政治理论课教学。多媒体课件是一种为展示特定教学内容,辅助开展教学活动的多媒体技术教学程序。它可以看作一个"简约版"教案,但是,不能将教案全部"移动"到多媒体课件上。有学者提出多媒体课件应该"源于教材、高于教材"[①]。还有人认为"课件的表现形式要体现'文本语言'转换为'教学语言'的特点","文本语言的多媒体化可以把'思政课'教材中的理论语言、政治语言、抽象语言转换成多种媒体语言,使教学内容更具有现场感和立体感"。[②] 多媒体课件作为一种教学的手段和工具,它的制作要有利于发挥教师教学的主导作用,服务于教学目标的实现,要有利于调动学生学习的积极性,提高教学的亲和力、针对性。因此,"教师应认真钻研教学内容和多媒体技术,起到教学的组织者、辅导者、研究者、管理者等多重身份的作用,充分发挥学生学习的主体作用,激发学生学习的积极性和主动性。这样,才能发挥多媒体课件的不可替代的作用"[③]。

(二)上课

上课是高校思想政治理论课教学活动的基本形式,是教师把教案、课件转化为教学实践的师生双边活动的过程,是全部教学工作的中心环节。提高教学质量,必须重视课堂教学。教师要通过上课将知识、价值观传授给学生。上课,应该用好多媒体课件并按照教案组织教学。但是,教师在课堂上面对的是一个个有思想的学生,要灵活多样讲授,不能局限于教案。"学生不爱听,老师不好讲"是当下很多高校思想政治理论课老师的共识。在信息化时代,与思想政治理论课有关的很多知识,学生都可以很方便地获取,还有很多网络课堂可以学习,学生上课的积极性似乎不高。其实,不仅思想政治理论课学生不爱听,据观察上专业课也是一样,教师常常要在提高学生"抬头率"上下功夫。

---

① 李梁:《多媒体课件与教材、教师、教学之间的关系》,载《思想理论教育导刊》2008 年第 12 期。

② 薛志清:《关于高校思想政治理论课多媒体课件制作使用的探究》,载《电化教育研究》2014 年第 6 期。

③ 李梁:《多媒体课件与教材、教师、教学之间的关系》,载《思想理论教育导刊》2008 年第 12 期。

怎样上课才能让学生喜欢听,或者说上课应该从哪些方面着手,才能够产生好的教学效果呢? 在教学实践中,对于怎样上课效果好,也是意见不一,可谓"仁者见仁、智者见智"。在教学实践中,张雷声等提出了思想政治理论课教学的"五字诀","认为'精、深、实、思、悟'的'五字诀',是思想政治理论课课堂教学方法的基本内容"。[①] "精,就是在教材取舍,观点与原理的选择等方面要精。深,就是力量分析要深,并尽量使每一观点和原理都上升到方法论的高度。实,首先举例要实,用事实说话,事实胜于雄辩。思,就是讲授效果要发人深思,使学生听着某论联系到某事,听着某事联想到某论,听着某论某事联想到结果。悟,是指每一堂课下来,力求使学生真正地明了某方面、某一个甚至某一点道理,思想上能够有所收获,有所进步。"在"五字诀"基础上,教师还要更新教学观念、教学内容、教学手段,运用现代信息技术,提高教学质量。

一般说来,我们可以从以下几方面入手,提高授课水平。

1. 明确目的,引领价值

各门课程及一门课各章节的教学目的有所不同,教学目的一般包括传授知识、发展智力、培养能力、塑造价值。教学活动要有明确的教学目的,教学目的是上课的"中心",把课堂教学统领起来,使教师的"教"与学生的"学"有机统一,有的放矢。与其他自然科学课程不同,思想政治理论课教学要解决"为谁培养人、怎样培养人"问题,在传授科学理论过程中,不是简单让学生理解教学内容,更重要的是引导学生培育和践行社会主义核心价值观。在教学过程中,一方面要发挥理想信念教育、价值引领作用;另一方面要发挥在学生科学世界观、人生观、价值观和思想道德修养方面的影响力,把科学理论内化于心,外化于行。

2. 内容准确,熟练驾驭

思想政治理论课有较强的科学性、理论性、针对性,教师一定要准确地讲授理论知识,讲清楚概念、基本理论及理论发展脉络,注意理论的完整性、系统性,在讲解、板书、提问、答疑等方面都要准确熟练地运用理论知识,使学生感受到理论的魅力与价值。注重在历史与现实结合上把握事物发展变化的规律,在理论与实践联系中答疑解难,增强学生理论自信。熟练掌握教学进程,放得开、收得拢,师生互动,有效调动学生听课、回答问题、思考的积极性。"切实提高高校思政课的质量和水平,要率先做好'最先一公里'的转化和进入问

---

① 张雷声:《新时期思想政治理论课教学方法探讨》,高等教育出版社 2006 年版,第 44~55 页。

题。一方面,要将中国特色社会主义理论体系、党的理论创新最新成果切实转化为各学科的学理,转化为各学科的方法论,转化为思政课教师的话语体系,这三个'转化'至关重要。另一方面,要把握好'进教材、进课堂、进头脑'的核心内涵,使思政课的内容和方法从天上回到人间、从空中回到地上、从文本进入学生心中,内化为学生实践的方向和准则。"[①]

3.灵活多样,方法适宜

上课效果好,离不开适宜的教学方法。从上课的角度看,内容与方法是相辅相成的,内容决定方法,方法服务内容。教学方法的运用必须符合师生和教学内容的特点、学校现有的教学条件,这样有利于实现教学目的。任何教学方法都有其长处,也有其不足,一切从实际出发,因地制宜选择合理的方法,不能千篇一律。在教学实践中,方法的选择使用力求使教师教学的主导作用和学生学习的主体地位得到凸显,充分调动和发挥教师"教"与学生"学"的积极性,方法是为学生掌握所学内容服务的,方法是否有效也要由学生学习效果来检验。不论使用哪种教学方法,都要有利于激发学生学习兴趣,提高教学亲和力、针对性。教学方法的运用要在符合教学规律基础上,体现教师个体性差异。方法的运用还离不开对教学规律的把握,根据课堂授课内容、目的要求、不同专业学生特点,通盘考虑,灵活应用。不同的教学内容,需要不同的教学方法,同样的教学方法,不同的人运用效果差别很大。教师要在教学实践中,不断地积累经验,扬长避短,虚心向行家里手学习,摸索适合自己的教学方法,形成自己独特的教学特色与艺术风格。教育部、各省市教育主管部门从2013年开始陆续推出高校思想政治理论课教学方法改革择优推广和培育计划,支持一线教师开展教学方法改革研究,对思想政治理论课教学方法的创新起到积极促进作用。

4.课堂氛围和谐,师生互动有序

教学过程中,教师是教学的主体,发挥主导作用,学生是教学的对象和学习的主体,教师就是要彰显自己在教学中的主导作用,激发学生对理论知识的需求,发挥其学习主体地位,形成双向互动的教学氛围。教师上课应声情并茂,深入浅出,旁征博引,动之以情、晓之以理,有吸引力、感染力,引起学生思想共鸣。从教育心理学的角度看,课堂氛围和谐,学生的学习主体地位得到充分"唤醒",学习积极性较高,大脑皮层处于并保持适度的兴奋状态,就容易接

---

① 柴葳:《陈宝生在浙江大学调研时强调打一场提高高校思政课质量和水平的攻坚战》,载《中国教育报》2016年12月6日第1版。

受教师讲课及多媒体课件传递的信息,于不知不觉中受到教育和启发。学生认真听课,注意力集中,能够踊跃回答教师提出的各种问题,更能激发教师教学的主导性。相反,"老师在台上滔滔不绝地讲,学生却在下面交头接耳,或玩手机、看其他书,甚至睡觉"这样不和谐的课堂景象,很难体现学生学习的主体地位,不可能有好的教学效果,会严重挫伤教师上课的积极性,教学目的也难以实现。当然,课堂纪律也是维护教学的手段,调动学生学习积极性,活跃课堂氛围,也要有度有序,否则,会影响正常教学秩序。在教学实践中,教师要注重提升个人思想政治素质,言教与身教结合,树立良好的自身形象,尊重学生,关爱学生,建立融洽的师生关系。

5.有效控制教学进程,教学效果好

在课堂上,教师授课是按照课前准备的教案、多媒体课件进行的,教学内容会有相应的时间安排。在调动和发挥学生学习积极性时,要注意把握课堂进度。当然,也可以根据具体的教学情况,对上课进程作出适当的调整,以提高教学效果。教学效果是教学追求的目标之一,良好的教学效果表现在课堂上,就是学生不做与课程学习无关的事,注意力比较集中,认真听讲、做笔记,积极回答问题,能够理解讲课内容。当然,要全面了解学习效果,还需要通过作业、测验、考试做进一步的观察。最终,我们希望实现的教学目的是把所学理论知识,内化于心、外化于行,即能够做到知行合一。

(三)课外作业与辅导答疑

布置和批改作业是教学工作的一个辅助环节,是课堂教学活动的延续。其目的在于帮助学生消化课堂所学知识,巩固课堂教学效果,培养运用所学理论知识分析问题、解决问题的能力。作业类型可以分为课内作业、课外作业。内容可以是让学生观看一段视频或电影写观后感,阅读报刊文章、参考书撰写读书心得体会,就某一社会问题发表自己的看法,回答课后思考题等。布置作业时要注意以下几方面问题。一是作业范围要与教学大纲、教学内容、学生认知水平紧密相关,有助于学生深化理解所学理论知识,培养好的思想品德,提高素质能力。二是作业分量要适当,难度要适宜。综合考虑学生素质差别和学习负担,作业量不宜大,应少而精,兼顾质量要求。通过独立完成作业,培养学生运用理论知识解决问题的能力。三是要提出完成作业的时间、质量要求,对于难度大的问题,可以给予方法上的提示。四是做好点评工作。教师教学任务再重,对于学生的作业也要认真细致批阅,批改作业后,可以发现在教学及学生学习过程中存在的问题,从而改进教学工作和方法,指导学生更有效地学习。对于作业中出现的错误,分析性质、找出原因、帮助改正;对分析透彻、说理清楚的同学给予表扬。

辅导答疑也是教学工作的一个辅助环节,是课堂教学的必要补充。"学而不思则罔,思而不学则殆。"辅导答疑有利于贯彻因材施教的原则,实现教学目标。辅导要解决学生学习过程中的困难和疑问,特别是帮助学生掌握科学的学习方法,提高学习效率。答疑可以分为个别答疑和集体答疑两种形式,教师可以利用 QQ、微博、微信、电子信箱等为个别同学解疑释惑,满足学生的求知要求,对于同学们普遍关心的热点难点问题可以在课堂上集体答疑,也可以为学生提供学习参考资料,让学生学习理解。

(四)参观考察

"读万卷书、行万里路",是经过千百年教育实践检验而获得的宝贵经验,广为社会各界所熟知。在高校育人工作中,不仅思想政治理论课,即便是专业课的教学活动也非常重视实践环节。因此,有计划地组织大学生到社会上参观考察是思想政治理论课教学的重要内容。教育部《关于印发〈高等学校思想政治理论课建设标准〉的通知》提出:"实践教学纳入教学计划,统筹思想政治理论课各门课的实践教学、落实学分、教学内容、指导教师和专项经费。"[①]思想政治理论课主要是通过教学活动引导学生学习马克思主义基本原理、毛泽东思想与中国特色社会主义理论体系,懂得近代以来,为什么中国人民选择了马克思主义、选择了中国共产党,走上了社会主义道路,提高自身的思想道德素质和法律素质,树立为实现中国梦而奋斗的理想信念。思想政治理论课教学的鲜明特点是政治性、理论性比较强,课堂讲授偏重科学理论的系统性,理论知识与学生关注的问题联系不够紧密,往往亲和力不够、针对性不强,难以引起学生学习的兴趣。从辩证唯物主义认识论看,人的思想认识往往要经过感性认识上升到理性认识,一个正确认识的获得需要经过由实践到认识,再由认识到实践的多次反复才能实现。科学理论来源于人民群众的伟大实践,中国特色社会主义是改革开放以来中国共产党的全部理论和实践的主题,是中国特色社会主义理论体系形成的深厚土壤。人的正确思想认识形成的科学路径,在于理论与实践相结合,实事求是;在实践中检验和发展真理,才能增强中国特色社会主义道路自信、理论自信、制度自信、文化自信。课堂上,老师讲解理论知识是非常重要的,但实践教学也是提高教学质量的重要手段。当代大

---

① 教育部《关于印发〈高等学校思想政治理论课建设标准〉的通知》(教社科〔2015〕3 号),http://www.moe.edu.cn/srcsite/A13/moe_772/201509/t20150923_210168.html,下载日期:2017 年 12 月 28 日。

学生生活在信息化时代,思想活跃、视野开阔,往往缺少实际生活的体验,阅历比较浅,有深入社会学习实践的需求。理论联系实际,让大学生走出课堂、走进社会,接触人民群众,通过亲身实践,感受中国特色社会主义在经济建设、政治建设、文化建设、社会建设、生态文明建设方面日新月异的变化和取得的巨大成就,了解社情民意,实现从感性认识到理性认识的飞跃,深化对社会主义核心价值体系、核心价值观的认识,自觉地拥护党的路线、方针、政策,为实现中国梦而奋斗。

参观考察在教师的带领指导下有组织、有目的地进行,才能收到好的效果。首先,参观考察的目的要明确,不是带学生到校外走马观花,而是结合教学内容作出适当安排,让学生在活动中,加深对所学理论知识的理解,增进对人民群众的感情、增进对中国国情的认识、增进对中国特色社会主义道路的认同。其次,选取有代表性的场所作为考察对象。可以组织学生参观革命战争遗址、革命纪念馆、烈士陵园、社会主义精神文明建设先进单位,走访英模人物等,让学生深切感受革命先辈为中国人民的独立、解放所做出的历史贡献以及改革开放和社会主义现代化建设取得的巨大成就。最后,参观考察要提前做好计划。由于活动参与人数多,周密安排是非常必要的,除了安排好交通工具、食宿外,尤其要注意做好安全教育工作,确保实践教学有序进行。教师要对参观考察提出明确的要求,并对实践教学活动的成效进行评估,以便进一步组织好此类活动,参观后,学生要撰写参观考察感受,作为平时成绩的一部分。

(五)学业成绩的考查与评定

学业成绩的考查与评定也称为学业成绩的测评或考试,是指教师根据教学大纲、教学目的和任务要求,采取多种方法,对学生学习情况进行全面的审视,了解学生对教学内容领会掌握的程度以及运用所学理论知识解决问题的能力。它是教学工作的检查环节,借此,一方面教师可以了解教学活动的效果,教学重点难点内容是否为学生所理解,教学方法是否受到学生的认可,以便进一步改进教学工作。另一方面,教师可以对学生进行有效的引导、控制、调解,使之努力完成学习任务,掌握必备的理论知识,调动学习积极性,把知识能力转变为自身的思想道德素质。

目前,学生学业成绩的测评主要有两种方法,即考查与考试。考查是指教师在日常教学工作中,通过观察学生学习态度、课堂回答问题情况,检查布置的作业,书面测验,参观考察等方式进行。考查,可以口头也可以书面进行。口头考查最常用的是课堂提问,也可以在期中考试时以口头的方式进行。书面考查也就是以正式形式进行,如让学生回答课后的题目,撰写参观调研报告、论文、读书笔记等,也可以让学生在课堂上进行闭卷或开卷测验。目前,一些高校积极尝试利用新的教学技术推出慕课、微课,进行线上与线下结合的混合式教学,让学生观看教师授课视频、阅读电子教案,然后进行测验,不失为一种有效的考查方式。考试,是指根据教学目的,让学生在一定时间内,解答教师预先设计的一定数量的各类题目,以观察了解学生对所学内容的掌握运用情况及解决问题的能力的一种方法。考试可以采用笔试或口试;考试分为期中、期末两种,可以开卷也可以闭卷。考查或考试结束后,教师要运用试卷分析软件对学生考试情况进行全面的分析,找出"教"的方面存在的不足之处,"学"的方面取得成绩的原因,总结教与学的经验得失,为进一步搞好教育教学工作提供参考。无论是考查还是考试,教师要树立正确的教育思想观念,按照教学大纲、教学计划以及学校的管理规定,认真组织考查、考试,发挥其对学生学习的引导指向作用。考查、考试以后,学期末,教师需要结合学生平时学习情况对其学业成绩作出综合评定。评定学生成绩要求教师尽量做到客观、公正、公平,发挥其对教学的积极促进作用。根据课程是考查课还是考试课,记分形式可以采用百分制,也可用五级记分制(优秀、良好、中等、及格、不及格)。

当下,思想政治理论课程无论是采用考查还是考试方式都比较偏重于测试学生对教材知识体系的掌握情况,在检验学生运用所学理论知识解决实际问题的能力,是否形成正确的价值观、道德观、法制观等方面还存在不足。因为思想政治理论课教学的根本目的是要使学生做到"真学、真懂、真信、真用",也就是将所学理论知识"内化于心、外化于行",所以,教师和教学管理部门要从实际出发,探索建立更为有效科学的学生学业成绩的考查与评定办法,使之更好地发挥对学生学习的导向作用。

三、高校思想政治理论课教学过程的优化

思想政治理论课教学过程是教育者对受教育者施加系统的教育教学影响,促使受教育者通过自我修养、自我管理,接受科学的思想观念,内化于心、外化于行,并反馈给教育者的一个循环往复的运动过程。它包括教育者(教师)、受教育者(学生)、教学介体(教学目的、教学内容、教学方法、活动形式)、教育环体(教育环境)四种基本要素[1]。从某种意义上讲,思想政治理论课教

---

[1]　陈万柏、张耀灿:《思想政治教育学原理》,高等教育出版社 2007 年版,第 126 页。

学就是上述基本要素之间相互作用、相互影响、相互联系构成的一个矛盾统一体及其错综复杂的运动变化过程。从教育教学的实践看,要提升思想政治理论课的教学实效性,我们就要考虑如何有效地统筹协调教学过程中的各种要素并使之更好地发挥协同作用,也就是怎样优化教学过程的问题。苏联教育家巴班斯基提出的教学过程最优化理论为我们提供了借鉴。"'所谓教学过程最优化'是指在全面考虑教学规律、原则、现代教学的形式和方法,以及该系统的特征及其内外部条件的基础上,组织对教学过程的控制,以保证过程(在最优化的范围内)发挥在一定标准看来最有效的作用。也可把教学过程最优化理解为:教师有目的地选定一种建立教学过程的最佳方案,保证在规定时间内解决教养和教育学生的任务,并取得尽可能大的效果。'最优化'包含5个因素:(1)遵循教学规律。根据教学规律所论证的原则、方法、形式和教学手段来进行教学。(2)考虑条件。既包括教学的外部条件,又包括师生的实际情况。(3)选择方案。比较各种可行方案,根据实际情况选择最佳方案。(4)调控活动。随时控制和调整师生教学活动的进程。(5)获得效果。在规定的时间内,获得最大可能的效果。上述五方面缺一不可,但关键是选择最佳方案,其本质是获得最优效果。"①

习近平在全国高校思想政治工作会议上指出:"做好高校思想政治工作,要因事而化、因时而进、因势而新。要遵循思想政治工作规律,遵循教书育人规律,遵循学生成长规律,不断提高工作能力和水平。要用好课堂这个主渠道,思想政治理论课要坚持在改进中加强,提升思想政治教育亲和力和针对性,满足学生成长发展需求和期待。"②上述讲话,为搞好思想政治理论课教学指明了方向。

(一)遵循规律是优化思想政治理论课教学的前提

辩证唯物主义认为事物是由矛盾构成的,矛盾有主要矛盾和次要矛盾之分;矛盾可分为主要方面和次要方面;事物的性质是由矛盾的主要方面决定的,矛盾是事物发展的根本动力;矛盾的双方既对立又统一处于统一体中,矛盾双方力量对比的变化,必然引起事物的发展变化。世界是物质的,物质是运动的,运动是有规律的,规律是可以认识把握的。所谓规律是指事物运动过程

---

① 俞国良:《当代青少年心理与教育大辞典》,山西人民出版社1999年版,第442～443页。

② 《习近平在全国高校思想政治工作会议上强调:把思想政治工作贯穿教育教学全过程开创我国高等教育事业发展新局面》,载《人民日报》2016年12月9日第1版。

中固有的、本质的、必然的联系,它决定着事物发展的必然趋向。高校思想政治工作、教书育人、大学生成长都可以看作一个包含诸多矛盾运动的事物,在各自的矛盾运动过程中,都会表现出一定的规律性,研究这些规律对于做好高校育人工作具有十分重要的指导意义。

1.遵循思想政治工作规律

思想政治工作是经济工作和其他一切工作的生命线,是团结全党全国各族人民实现党和国家各项任务的中心环节,是我们党和中国特色社会主义国家的重要政治优势。我们党历来高度重视高校思想政治工作,在育人实践中,逐步探索形成了一系列基本方针、原则和工作遵循。党的十八大以来,以习近平同志为核心的党中央把高校思想政治工作摆在突出位置,作出一系列重大决策部署,各地区、各有关部门、各高校采取有力有效措施,围绕立德树人,积极主动开展工作,在新的实践中,创造了许多成功做法,积累了许多宝贵经验。这些方针、原则、经验反映了中国共产党思想政治工作的内在本质和客观规律,为我们做好新形势下的高校思想政治工作提供了支持。"思想政治工作规律是思想政治工作本身所固有的、本质的、必然的联系。其主要规律有:灌输规律,疏导规律,思想政治工作结合业务工作一道去作的规律,解决思想问题与解决实际问题相结合的规律等。关于思想政治工作的规律,目前说法不一,有待于在实践中作出进一步的概括和总结。"①进入全球化、市场化、信息化时代,随着以网络技术为支撑的信息科技的迅猛发展,思想政治工作的大环境和媒介都发生了很大变化,如何开展网上思想政治工作,怎样看待网络思想政治工作的规律,网络思想政治工作规律包括哪些方面等,都需要人们在实践中去研究、去探索、去发现。遵循思想政治工作规律对办好中国特色社会主义高校具有重要的规定和制约作用。因为"我们的高校是党领导下的高校,是中国特色社会主义高校。办好我们的高校,必须坚持以马克思主义为指导,全面贯彻党的教育方针。要坚持不懈传播马克思主义科学理论,抓好马克思主义理论教育,为学生一生成长奠定科学的思想基础。要坚持不懈培育和弘扬社会主义核心价值观,引导广大师生做社会主义核心价值观的坚定信仰者、积极传播者、模范践行者"②。

高度重视思想政治工作是我们党的优良传统和政治优势,是国家软实力

---

①　李生桐:《武警辞典》,陕西人民出版社 1998 年版,第 132 页。

②　《习近平在全国高校思想政治工作会议上强调:把思想政治工作贯穿教育教学全过程 开创我国高等教育事业发展新局面》,载《人民日报》2016 年 12 月 9 日第 1 版。

的重要体现。我们党在革命、建设、改革实践中,把思想政治工作作为教育群众、团结群众、组织群众、动员群众为实现其自身利益而奋斗的强大思想武器。思想政治工作涉及全社会各行各业,高校思想政治工作既是我国高校的特色,又是我们办好社会主义大学的优势。当今世界的综合国力竞争,说到底是民族素质的竞争。科技是第一生产力,人才是第一资源。教育对提高人民群众的思想道德素质和科学文化素质、发展科学技术、培养各方面人才具有基础性作用。我国要从人口大国变成人才强国,建设"双一流"大学,迈进创新型国家行列,实现从富起来到强起来的历史性跨越。实现中华民族伟大复兴的中国梦,离不开各方面人才的支撑,党和国家对高等教育的需要比以往任何时候都更加迫切,对科学知识和卓越人才的渴求比以往任何时候都更加强烈。在育人实践中,遵循思想政治工作规律,高校要旗帜鲜明地坚持社会主义办学方向,把立德树人作为中心环节,持续推进马列主义、毛泽东思想、邓小平理论、"三个代表"重要思想、科学发展观以及习近平新时代中国特色社会主义思想"进教材、进课堂、进头脑"。全面贯彻党的教育方针,把思想政治工作贯穿教育教学全过程,实现全程育人、全方位育人,不断提高学生的思想道德素质,培养中国特色社会主义事业建设者和接班人,在实践中推动思想政治工作改革与创新。

2.遵循教书育人规律

高校思想政治理论课教育教学是党的思想政治工作的重要组成部分,是大学生思想政治教育的主渠道,关系为谁培养人、培养什么样的人、怎样培养人这三个根本问题。高校的根本任务是立德树人,思想政治理论课是教育人、培育人的工作。人的教育包括德育、智育、体育、美育等方面,其中,德育为先,教书育人,最主要的是育德,也就是要教育学生养成良好的思想品德。德是做人的根本,只有树立科学的理想信念和社会主义核心价值观,系好人生的"第一粒扣子",学习才有动力,前进才有方向。育德,教师必须在教学活动中遵循教书育人规律。所谓"教书育人规律,是指教育者在培养教育对象成长、发展的过程中,教书和育人固有的、本质的、必然的联系;其中教书和育人的性质、目的和内容是教书育人的根据和发展变化的基础,是最重要的本质联系"[①]。同其他客观规律一样,人们不能创造、改变或废除教书育人规律,只能发现和认识它,研究怎样利用它更好地为社会主义培养人才服务。一般说来,教书育

---

① 　郑永廷:《教书育人规律及其遵循对策研究》,载《思想教育研究》2017 年第 6 期。

人规律包括因材施教规律，有教无类规律，身教与言教相统一规律，德育的知、情、意、行相结合的规律，学校、家庭、社会教育相协调规律，第一课堂与第二课堂相结合规律，线上与线下教学相结合规律，人的全面发展的规律等等。

3. 遵循大学生成长规律

人才的成长是有规律可循的。古往今来，在历史的长河中，中华民族产生了众多的英雄人物，能工巧匠，为中华民族的进步做出了重要的历史贡献。中国古代著名的思想家、教育家孟子曰："天将降大任于斯人也，必先苦其心志，劳其筋骨，饿其体肤，空乏其身，行拂乱其所为，所以动心忍性，曾益其所不能。"意思是说，一个人的成长不是一帆风顺的，总要经历一番艰苦，甚至险恶环境的历练、磨难，才能成长为一个优秀人才，古今中外概莫能外。"现在在高校学习的大学生都是二十岁左右，到二〇二〇年全面建成小康社会时，很多人还不到三十岁；到本世纪中叶基本实现现代化时，很多人还不到六十岁。也就是说，实现'两个一百年'奋斗目标，你们和千千万万青年将全过程参与。有信念、有梦想、有奋斗、有奉献的人生，才是有意义的人生。"[①]

作为受教育的对象，大学生要成为中国特色社会主义事业的建设者和接班人，其成长不是盲目的而是有目的而为之的。大学生成长不仅要受自然规律支配，体现在身体组织器官的发育变化，身体长大成为一个自然人；更重要的是要完成人的社会化进程，成为社会合格的成员，承担社会发展进步的责任。大学生成长过程中各种素质培养、能力的锻炼不是一蹴而就的，是一个动态持续的过程，成长也是有规律可循的。所谓大学生成长规律是指大学生成长发展过程中各种素质、影响因素之间所固有的、本质的、必然的联系。从人才学的角度看它主要内容包括以下几方面：(1)大学生成长过程和阶段规律，如大学阶段、特征及其发展规律；(2)大学生成长的内在因素及其规律，包括先天形成的素质和后天通过学习实践形成的思想、道德、法律、学识、见识、才能、创新、体魄诸因素在大学生成长中的相互作用、相互影响及其发展规律；(3)大学生成长的外在因素及其规律，包括大学生所处的自然环境与社会环境，大学生与所处时代、社会需要、时机，大学生与所在地域、单位、家庭，人际关系，社会物质生活条件等相互关系、作用及发展规律；(4)大学生成长的机制规律等。

大学之要在于育人，育人之要在于育德，古今中外大学教育的根本目的就是培养人才。在我国古代，孔子、孟子因兴学育人，传播儒家思想而流芳百世。

---

① 中共中央文献研究室：《习近平关于青少年和共青团工作论述摘编》，中央文献出版社 2017 年版，第 17 页。

儒家经典之一的《大学》强调，"大学之道，在明明德，在亲民，在止于至善"。德国教育家洪堡曾经说过："大学的真正成就在于它使学生有可能，或者说它迫使学生至少在他一生当中有一段时间完全献身于不含任何目的的科学，从而也就是献身于他个人道德和精神上的完善。"①大学教育是一种制度性安排，通过国家考试，一个人在青年时期进入大学学习，对于自身的成长是非常重要的，对整个社会发展有着重要意义。大学生要成长为党和人民需要的优秀人才，立志是成长的重要一步。墨子曰："志不强者智不达，言不信者行不果。"大学生首先要树立远大理想，坚定科学信念。理想指引人生方向，信念决定事业成败。没有理想信念，就会导致精神上"缺钙"。人的理想信念是人生目的的最高体现，也是人生成长发展的内在动力。其次，立德为先，明确成长成才目标。人的素质养成包括德智体美等方面。"才者，德之资也；德者，才之帅也。"德是人才素质的灵魂，要学会做事先要学会做人。习近平指出："以德为先，因为德是首要、是方向，一个人只有明大德、守公德、严私德，其才方能用得其所。修德，既要立意高远，又要立足平实。要立志报效祖国、服务人民，这是大德，养大德者方可成大业。同时，还得从做好小事、管好小节开始起步，'见善则迁，有过则改'，踏踏实实修好公德、私德，学会劳动、学会勤俭，学会感恩、学会助人、学会谦让、学会宽容，学会自省、学会自律。"②当然，我们强调育德，并不是说只重视德育。成为社会主义事业的建设者和接班人，必须树立全面发展的理念，智育是一个人成长的基本条件，大学生要学有所成，具备干事创业的才能，需要掌握系统的科学文化知识，具备所学专业扎实的基础理论和专业技能，要优化知识结构，提高学习能力、实践能力、创新能力。除了德育、智育外，大学生还要修好体育，培养健康的体魄。清华大学有句口号——为祖国健康工作五十年。大学阶段是青年人长身体、增智慧的重要时期，要学会锻炼身体、增强体质和心理素质的技能，培养健康的体魄，为获得良好的学业成绩和未来干事创业打下基础。美育是培植陶冶人的审美意识、审美情趣，发展鉴赏美和创造美的能力，培养高尚情操和文明素质的教育。它对于大学生智力的开发提升有促进作用。要加强审美修养，培养高尚的审美情趣，分清美丑真假善恶，促进德智体美劳全面发展。再次，积极参与社会实践，锻炼提升素质能力。"所有知识要转化为能力，都必须躬身实践。要坚持知行合一，注重在实

①　刘琅、桂苓:《大学的精神》,中国友谊出版公司 2004 年版,第144 页。

②　习近平:《青年要自觉践行社会主义核心价值观——在北京大学师生座谈会上的讲话》,载《人民日报》2014 年 5 月 5 日第 2 版。

践中学真知、悟真谛,加强磨炼、增长本领。"①最后,以先进模范为榜样,激发成长成才的内在动力。要见贤思齐,向优秀大学生学习,从他们身上获得成长的动力,不断提高自身的思想道德素质、增长才干。

4.深刻认识思想政治工作规律、教书育人规律、大学生成长规律之间的关系

(1)三个规律之间的联系

思想政治工作历来是我们党统一思想、凝聚人心、化解矛盾、理顺情绪、激励人们团结奋斗的基础性工作。思想政治工作是以人为对象、做人的意识形态工作的。就现阶段讲,它从总体上是为了使人们的思想与行为更加适应中国特色社会主义事业改革与发展的需要,符合我们党继续统筹推进经济建设、政治建设、文化建设、社会建设、生态文明建设"五位一体"总体布局,协调推进"四个全面"战略布局,贯彻"五大发展理念",决胜全面建成小康社会,实现中华民族伟大复兴实践的要求,并通过思想政治工作帮助人们逐步克服那些与中国特色社会主义不相适应的思想和行为,增强道路自信、理论自信、制度自信、文化自信,增强对坚持党的领导的信念。思想政治工作所要解决的主要矛盾,就是使人们树立马克思主义世界观、人生观、价值观,自觉培育和践行社会主义核心价值观,逐步克服各种非马克思主义、非社会主义思想意识。思想政治工作自身特殊矛盾的本质,决定了思想政治工作的基本规律,它包括:按照中国特色社会主义事业的需要和人们思想与行为活动规律,来确定思想政治工作在党和国家全局中的重要地位、作用及其目的、任务、内容、方针、原则、方法、手段,政工队伍建设,政策支持等问题,引导调动人们改造客观世界的积极性和主动性,保证党的路线方针政策等政治任务的贯彻落实。思想政治工作的其他规律及思想政治工作的一切内容、形式、方法、活动等,都要服从这个基本规律的要求。习近平在全国高校思想政治工作会议上指出:"高校思想政治工作实际上是一个解疑释惑的过程,宏观上是回答为谁培养人、培养什么样的人、怎样培养人的问题,微观上是为学生解答人生应该在哪用力、对谁用情、如何用心、做什么样的人的过程,要及时回应学生在学习生活社会实践乃至影视剧作品、社会舆论热议中所遇到的真实困惑。提升思想政治教育亲和力和针对性,满足学生成长发展需求和期待,是新形势下提高高校思想政治工作时效

---

① 习近平:《在知识分子、劳动模范、青年代表座谈会上的讲话》,载《人民日报》2016 年 4 月 30 日第 2 版。

性的关键。"①

　　教书育人是指教师按照党的教育方针政策的要求,向学生传授系统的科学文化知识,培养学生的技能,提高学生的素质和能力;同时以马克思主义、毛泽东思想、邓小平理论、"三个代表"重要思想、科学发展观以及习近平新时代中国特色社会主义思想为指导,对学生进行思想道德和法律教育,帮助学生树立正确的世界观、人生观、价值观,培育和践行社会主义核心价值观,促进学生德智体美劳全面发展的过程。与思想政治工作一样,教书育人是由人——教师具体实施的;教育的对象也是人——学生,从某种意义上看,教书育人也是做人的工作,通过育人使人形成社会所希望具有的思想品德。"研究、揭示教书育人规律,就是为了认识教书育人的本质、作用,克服教书育人的盲目性,增强教书育人的自觉性,发挥教书育人的作用。"②当今时代,我国正处于开放的国际环境与多元文化背景之中,青年学生正处在世界观、人生观、价值观形成的关键时期。立德树人、德育为先更有紧迫性和必要性。德育为先,我们要在继承创新的基础上,把思政课程与课程思政结合起来,把理想信念教育作为重点,把弘扬中国精神——以爱国主义为核心的民族精神和以改革创新为核心的时代精神作为重要内容,引导和教育学生自觉践行社会主义核心价值观,把德育渗透于高校教学、管理、科研、服务工作的各个环节。研究教书育人规律的目的就在于使教师更好地在教育教学活动中,把教书与育德育人结合起来,克服只教书不育人,或者为了完成教书任务而忽视育人等违背教书育人规律的现象。

　　立德树人是大学的根本职责。2014年9月9日,习近平同北京师范大学师生代表座谈时指出,"当今世界的综合国力竞争,说到底是人才竞争,人才越来越成为推动经济社会发展的战略性资源,教育的基础性、先导性、全局性地位和作用更加凸显。'两个一百年'奋斗目标的实现、中华民族伟大复兴中国梦的实现,归根到底靠人才、靠教育"③。成长为优秀人才是有规律遵循的,大学生成长规律,也是以人为对象,研究大学生怎样把学校教育与自我教育相结合,把学习科学文化知识与加强自身修养结合起来,把国家社会对人才素质的要求与自身能力素质的提高结合起来,发挥学习的积极性、主动性,通过实践锻炼,成为党和国家需要的优秀人才。研究大学生成长规律,为大学生成长指

①　侠客岛:《关于教育,这是习近平的最新思考》,载《光明日报》2017年1月3日第1版。
②　郑永廷:《教书育人规律及其遵循对策研究》,载《思想教育研究》2017年第6期。
③　习近平:《做党和人民满意的好老师》,载《人民日报》2014年9月10日第2版。

明方向,有助于克服大学生成长的自发性、盲目性,落实立德树人的根本要求,有利于国家多出人才、快出人才、出好人才,为全面建成小康社会、实现"两个一百年"奋斗目标提供人才支撑。

高校思想政治工作、教书育人、大学生成长都可以看作由各种要素构成的矛盾统一体。研究上述三个方面的规律,就是在思想政治工作、教书育人、大学生成长过程中,搞清楚各种要素之间互相作用、互相制约、互相影响,所形成的固有的、本质的、必然的联系,增强工作的预见性和主动性,更好地为发展中国特色社会主义服务。"教育规律不同于自然规律,并不存在既定的'普遍、必然、永恒'的放之四海而皆准的'立德树人'教育规律。教育规律是自为的,而不是自在的;是其内涵价值应诉求的,而不是外在要求的;是在教育实践中'创造'出来的,而不是'发现'出来的;是在一定的历史、社会境遇中,通过教育活动表现出来并存在于教育活动之中的某种本质联系和法则的必然趋势。"[①]这就要求我们以马克思主义为指导,立足新的实践,大胆探索,研究新情况、解决新问题,深刻认识思想政治工作规律、教书育人规律、大学生成长规律,促进高校各项事业健康发展。

(2)三个规律之间的区别

规律也称为法则。辩证唯物主义认为世界上的事物、现象千差万别,存在着多种运动形式,就会有不同的规律。就其根本内容来讲可将其分为自然规律、社会规律和思维规律。各种规律的表现形式是不一样的,甚至会有显著差别,社会规律必须通过人们的自觉活动表现出来。思想政治工作规律、教书育人规律、大学生成长规律均属于社会规律范畴。但上述三个规律的表现形式、发挥的作用有很大的差异。一个社会的政治、经济、文化制度,决定着教育的性质,即决定着教育的思想政治方向和为谁培养人的问题。马克思主义是我们立党立国之本,思想政治工作是经济工作和其他一切工作的生命线,思想政治工作规律是中国特色社会主义十分重要的规律,它对教书育人、大学生成长规律具有制约和导向作用。"我们的高校是党领导下的高校,是中国特色社会主义高校。办好我们的高校,必须坚持以马克思主义为指导,全面贯彻党的教育方针。要坚持不懈传播马克思主义科学理论,抓好马克思主义理论教育,为学生一生成长奠定科学的思想基础。要坚持不懈培育和弘扬社会主义核心价值观,引导广大师生做社会主义核心价值观的坚定信仰者、积极传播者、模范

---

①　吴康宁:《探索立德树人的教育规律》,载《光明日报》2015年7月24日第7版。

践行者。要坚持不懈促进高校和谐稳定,培育理性平和的健康心态,加强人文关怀和心理疏导,把高校建设成安定团结的模范之地。要坚持不懈培育优良校风和学风,使高校发展做到治理有方、管理到位、风清气正。"①搞好教书育人工作,教育人者,首先要让自己接受教育。教师必须加强自身修养,具备良好的思想道德素质和马克思主义理论水平,这样才能承担起教书育人的职责,无愧于人民教师的称号,要坚持德育为先,把思想政治教育贯穿于教育教学全过程。反之,如果在教书育人、学生成长过程中,无视思想政治工作规律的制约,随心所欲,就不可能成为合格的教师,更不可能培养出社会需要的优秀人才。

教书育人规律对学生健康成长有着十分重要的作用。古语讲"近朱者赤、近墨者黑",如果教师不能以正确的思想观念和科学理论教育人,就会误人子弟,甚至使学生成长发生逆转,不但成不了才,还可能成为社会的"次品"或"危险品",这是违背师德要求的,也是法律所不允许的。思想政治工作规律、教书育人规律都会对大学生成长过程产生重要影响。古往今来,教育都是一定社会的政治、经济、文化的反映。同时一定的教育又对该社会的政治、经济、文化产生重要作用,从而影响一定社会生产力与生产关系的发展。大学生成长实践证明"个人越是与某种意识形态认同,他在以这种意识形态为主导思想的社会中就越显得得心应手"②。大学生要成长为一个优秀人才,无论自己是否意识到,德育素质都是首要的最根本的素质。一个人只有自觉学习马克思主义,提高自身思想政治理论水平,德智体美劳全面发展,才能成为社会需要的人才。

无论是自然规律、社会规律,还是思维规律,它们都是客观存在的。人们既不能创造它,也不能消灭它。思想政治工作规律、教书育人规律、大学生成长规律都包含着不同的构成要素,一方面其要素之间相互联系、相互影响;另一方面三个规律之间也会在中国特色社会主义制度环境下,发生互相作用。在社会实践中,我们就是要通过大量的外部现象去认识或发现它们之间存在的固有的、本质的、必然的联系,去认识和把握规律,并用这种认识去指导思想政治工作、教书育人活动以及学生成长过程,也就是利用对教育规律的认识,改进和加强思想政治工作,提高教书育人水平,促进大学生成长,为全面建成

---

① 《习近平在全国高校思想政治工作会议上强调:把思想政治工作贯穿教育教学全过程开创我国高等教育事业发展新局面》,载《人民日报》2016 年 12 月 9 日第 1 版。

② 俞吾金:《意识形态论》,上海人民出版社 1993 年版,第 3 页。

小康社会服务。思想政治工作规律、教书育人规律、大学生成长规律关注的对象都是人,因而从这个意义上讲它们又均是教育规律。思想政治工作者、教师、学生都要从实际出发,实事求是,结合时代特征,国家经济、政治、文化、社会、生态文明建设发展的需要,立德树人的教育使命,学生成长目标,去认识这些复杂的矛盾运动背后存在的规律,在思想政治工作、教书育人、大学生成长过程中,遵循客观规律,按照客观规律办事,提高思想政治工作水平、教育质量,培养更多优秀的大学生。

(二)发挥教师教学的主导作用、尊重学生学习的主体地位

教学活动是师生之间复杂的共同的实践认识活动,教与学之间的矛盾是教学过程的主要矛盾,教师与学生是影响和决定教学成效的最根本的因素。因而优化教学过程、提高教学的针对性和亲和力,最终必须体现在教师的教学与学生的学习上,师生主体性的充分彰显,是优化思想政治理论课教学的直接推动力。一是从教师方面看,教师作为教学活动的主体,要积极发挥对教学的主导作用。在教学实践中,教师要坚持"德智体美,以德为先"原则,从立德树人,培养德智体美全面发展的社会主义事业建设者和接班人这一教育教学的目标出发,把握教育教学规律,全面了解学生的思想状况,真心关爱学生、理解学生,助力学生成长;善于把教材体系转化为教学体系,有的放矢进行教学,坚持科学的灌输原则,运用灵活多样的教育教学方法、手段,推进马克思主义、毛泽东思想、中国特色社会主义理论体系,进教材、进课堂、进学生头脑,不断提高学生的思想道德素质和法律素质。二是从学生方面看,要注意激发学生的学习动力,满足学生学习需求,培养学生学习的兴趣,变"要我学"为"我要学"。当今时代国际形势复杂多变,各种思想文化相互激荡,中国特色社会主义改革进入深水区,全面建成小康社会、实现"两个一百年"奋斗目标的伟大事业在召唤着青年一代。2016年,大学生思想政治状况滚动调查表明:"大学生高度认同以习近平同志为总书记的党中央治国理政新理念新思想新战略";"大学生中国特色社会主义道路自信、理论自信、制度自信进一步坚定,对党和国家的未来充满信心。广大高校学生衷心拥护党的领导,拥护社会主义制度,对全面建成小康社会和实现中华民族伟大复兴的中国梦充满信心和期待";"大学生普遍关注国内外政治经济热点问题,高度评价党和国家在应对国际事务及处理国内复杂问题中的表现"。[①] 但是,在当今快速发展变革的社会大背景下,

① 赵秀红:《2016年大学生思想政治状况滚动调查表明大学生思想主流积极健康向上向好》,载《中国教育报》2016年6月1日第1版。

大学生作为青年人中思想最为活跃的群体,面对学业、生活、交友、情感、就业、创业,乃至将来成家立业等问题,有思考、有困惑、有喜悦、有悲欢,需要人们去聆听他们的心声,他们更希望能有"一双慧眼",在现实世界的生活中"把这纷扰看个清清楚楚、明明白白、真真切切"。马克思有一句名言,哲学家们只是用不同的方式解释世界,而问题在于改变世界。毛泽东强调,有了学问,好比站在山上,可以看到很远很多东西。没有学问,如在暗沟里走路,摸索不着,那会苦煞人。大学生要想拥有"一双慧眼",必须努力学习思想政治理论课,掌握马克思主义理论,用科学的理论武装头脑,树立马克思主义世界观和方法论。学会用马克思主义的立场、观点、方法,分析问题、解决问题。科学的理论只有为人民群众所学习并掌握才能产生实际的影响。"任何思想,如果不和客观的实际的事物相联系,如果没有客观存在的需要,如果不为人民群众所掌握,即使是最好的东西,即使是马克思列宁主义,也是不起作用的。"①思想政治理论课教学,在讲授理论知识时,具有较强的抽象性,因为理论知识由于远离了感性的具体的事物,需要靠人们的思维才能把握,因而它是抽象的。大学生必须端正学习目的,真正学好学深学透理论知识,必须掌握科学的学习方法,这还要花费一番工夫。在学习过程中要善于把抽象的理论知识与生动的社会实践结合起来,培养锻炼学习好思想政治理论课的坚强意志,深化理论知识的学习,下功夫掌握贯穿于其中的马克思主义的基本立场、基本观点、基本方法。学习的目的全在于运用,教师的思想理论供给与学生思想理论需求之间有时并不能完全对接上,教师要坚持问题导向,理论联系实际,解疑释惑,为学生练就"一双慧眼"尽心尽力,努力把思想政治理论课变成学生真心喜爱、终生难忘的课程。

(三)加强课堂管理,营造良好的学习氛围

思想政治理论课教学的主阵地是课堂,维护正常的教学秩序,营造良好的学习氛围对提高教学效果是非常重要的。有些同学上课不注意听讲,喜欢玩手机,提高"抬头率"是教学面临的现实问题,除了教师要提高教育教学水平和亲和力外,还要引导学生增强自律意识,认真听讲,积极思考,双向互动,把学生的心留在课堂上,灵活预防和处理学生课堂上发生的问题行为,根据学生的思想实际,合理安排教学内容与进度,给学生布置适当的作业,以检查学习效果。

---

① 《毛泽东选集》(第 4 卷),人民出版社 1991 年版,第 1515 页。

第五章

高校思想政治理论课的教学方法

　　思想政治理论课教学改革与创新是一项涉及教学内容、教育教学观念、教学方法与手段、考试考核方式、教学评价、思想政治理论教育体制与机制以及教师队伍建设等在内的系统工程。从教育学的角度思考,上好思想政治理论课,既需要教师对教材体系、教学内容娴熟驾驭,又需要运用适合学生、为学生所乐于接受的教学方法,方能使教学内容入耳、入脑、入心。从一定意义上讲教学方法事关思想政治理论课教学目标能否真正实现,事关教学内容是否具有亲和力和针对性。故而,任何教学活动都非常重视对教学方法的研究,思想政治理论课教学方法改革也一直是教育主管部门、高校及广大一线教师关注的问题,各地从实际出发,持续地进行研究和探索,也积累了丰富的经验。

一、高校思想政治理论课教学方法的内涵及本质特征

(一)方法及其类型

　　"工欲善其事必先利其器",中国人很早就认识到方法的重要性。"方法"这个词,在中国古代早已有之,也是人们在日常生活中经常使用的,在汉语中它有多种表述,例如方、道、法、术、计、辙、办法、谋略、策略、战略、路线、方针等等。古往今来,人们无论做什么事情都十分重视对方法的研究。我国古代伟大的思想家荀子在《劝学》中说:"吾尝终日而思矣,不如须臾之所学也;吾尝跂而望矣,不如登高之博见也。登高而招,臂非加长也,而见者远;顺风而呼,声非加疾也,而闻者彰。假舆马者,非利足也,而致千里;假舟楫者,非能水也,而绝江河。君子生非异也,善假于物也。"上面论述充分说明通过学习提高思维能力掌握必要的方法,借助一定的手段和工具,以有效实现自身活动目的的重

要性。方法不是凭空产生的,它来源于人类认识世界改造世界的实践活动。随着科学技术的发展、人类认识水平的提升,人类逐渐积累了丰富的哲学、社会科学和自然科学知识,为认识世界、改造世界、追求美好幸福生活提供了日益多样的方法。在国外,"方法"一词来源于希腊文,意思是沿着正确的道路前进。"方法并不是外在的形式,而是内容的灵魂和概念。"①列宁在其《哲学笔记》中摘录了黑格尔《逻辑学》中的一段话:"'在探索的认识中,方法也就是工具,是主观方面的某个手段,主观方面通过这个手段和客观发生关系……'这里,黑格尔讲的是一般经验科学、实证科学,主要指自然科学的方法。"②众所周知,马克思主义是科学的世界观和方法论,是人们认识世界、改造世界的思想武器。恩格斯曾经指出:"马克思的整个世界观不是教义,而是方法。它提供的不是现成的教条,而是进一步研究的出发点和供这种研究使用的方法。"③毛泽东指出:"我们不但要提出任务,而且要有解决完成任务的方法问题。我们的任务是过河,但是没有桥或船就不能过。不解决桥或船的问题,过河就是空话,不解决方法问题,任务也只是瞎说一顿。"④这一比喻非常形象说明了方法是什么。一般说来,方法是指关于解决思想、说话、行动等问题的门路、程序等,也可以把它看成在实际工作中为完成一定的任务所采取的手段或工具。

由于人类实践领域的不同,各种各样的方法就会产生,形成方法体系。在认识领域中,一般说来有哲学方法、人文社会科学方法、自然科学方法等,每一类方法又包含许多种,这些方法中哲学方法是最基本、最普遍的方法,对人文社会科学、自然科学、思维科学等都有重要的指导作用。人文社会科学方法、自然科学方法中,又包含各种各样的方法,可以看作各门学科具体运用的手段和工具,例如数学方法、化学方法、物理学方法、生物学方法、矛盾分析方法、田野调查方法、思想政治工作方法等等。在实际工作中,人们要根据具体情况解决不同的问题,需要综合运用各种方法才能实现目的。

(二)教学方法

教学方法是方法的一种,什么是教学方法?目前,从国外和我国教育理论界及各种学术著作看,人们的认识并不完全一致。苏联教育家巴拉洛夫认为:

---

①　黑格尔:《小逻辑》,贺麟译,商务印书馆 1980 年版,第 427 页。

②　徐少波:《唯物辩证法新视野》,人民出版社 2017 年版,第 224 页。

③　《马克思恩格斯文集》(第 10 卷),人民出版社 2009 年版,第 691 页。

④　《毛泽东选集》(第 1 卷),人民出版社 1991 年版,第 125 页。

"教学方法是教师和学生为完成教养任务而进行理论和实践认识活动的途径。"①美国教育家克拉克和斯塔尔认为"教学方法是教师为达到教学目的而组织和使用教学技术、教材、教具和辅助材料以促成学生按照要求进行学习的方法"②。

在我国,专家学者对教学方法的理解主要有以下几种观点。

工作方法观,这种观点见于早期的教育著作中,认为"教师在教学过程中为完成教学和教育的任务所采取的工作方法,叫作教学方法"③。

手段和方式观,认为"教学方法就是师生为了共同完成教学任务,在教学过程中所采取的手段和方式的总称。它包括教师教的方法和学生学的方法。学生的学和教师的教是紧密联系着的,而不是彼此孤立的。学生如何学,在很大程度上取决于教师如何教和如何指导学生学"④。

方式观,认为"教学方法是为达到既定教学目标,教师和学生参与教学活动所采取的各种方式的总称。这一表述包括了 3 个要点:教学方法是为实现教学目标服务的;教学方法包括教师教的方法和学生学的方法;教学方法可分解为更具体的方式"⑤。

活动观,即"教学方法是为达到教学目的,实现教学任务,运用教学手段而进行的、由教学原则指导的、师生相互作用的活动"⑥。

动作体系观,认为"教学方法是教师组织学生进行学习活动的动作体系(包括内隐动作和外显动作)"。"这里外显的动作,如教具的演示,动作的示范,也包括内隐的动作,如智力技能。"⑦

操作策略观,认为"教学方法是在教学过程中教师指导学生学习以达到教学目的,由一整套教学方式组成的操作策略"⑧。对教学方法的解读还有多种,不一一列举。

由于时代的变迁,社会、政治、经济、科学技术的发展,人们对教学方法的

---

① 巴拉洛夫等:《教育学》,人民教育出版社 1980 年版,第 164 页。

② Leonard H. Clark & Irving S. Starr, *Secondary School Teaching Methods*. (Third Edition), London:Macmillan Publishing Co, Inc., 1976, p. 25.

③ 南京师范学院教育系:《教育学》,江苏人民出版社 1959 年版,第 186 页。

④ 华东六省一市教育学院:《教育学》,浙江教育出版社 1984 年版,第 129 页。

⑤ 朱德全、易连云:《教育学概论》,西南师范大学出版社 2003 年版,第 347~348 页。

⑥ 王策三:《教学论稿》,人民教育出版社 1985 年版,第 244~245 页。

⑦ 吴也显:《教学论新编》,教育科学出版社 1991 年版,第 360 页。

⑧ 田慧生、李如密:《教学论》,河北教育出版社 1996 年版,第 205 页。

理解不完全一致,教学方法作为一种特殊的方法,它是哲学方法在教育教学活动中的具体运用。

从上述各种不同的观点中我们可以看出,专家学者对于教学方法的理解还是有一些共识的,即认为教学方法是与教学目的密切相关的,是实现一定教学目的的必不可缺的手段;教学方法不仅包括教师教的方法还应该内含学生学的方法;教学方法反映了教学活动中教师与学生互相联系、互相作用、互相影响的活动方式。总之,随着科学技术的发展、教育科学的变革和哲学人文社会科学、自然科学、思维科学的发展,人们的认识领域不断扩展、认识水平不断进步,教学方法也得以不断地丰富和完善。传统的教学方法,往往借助于黑板、粉笔及简单的教具由教师在课堂上施教,而当下则变成综合运用多媒体教学和慕课教学、翻转课堂,促进了师生双向互动的教学模式的形成。因而,教学方法的重心由以教为主转移到以学为主,由偏重传授知识转移到对学生能力素质的培养和个性化的教学。在教学实践中我们不仅要重视教师教的方法,更要强调学生学的方法;不仅要研究传授科学文化知识的方法,更要注意探索促进学生德智体美劳全面发展的方法。

综上所述,我们可以这样来理解,"所谓教学方法,是指教师和学生在教学过程中为实现一定的教学目的,根据特定的教学内容,完成教学任务,所采取的教与学的方式、办法或手段的综合"①。

(三)思想政治理论课教学方法的本质特征

思想政治理论课教学方法与其他课程的教学方法有共性的一面,但是,由于思想政治理论课程性质不同于一般的课程,在教学内容、教学过程、教学目标、教学要求等方面有自身的特殊性,因而其教学方法又有特殊性的一面。

1.思想政治理论课教学方法具有客观性

思想政治理论课教学活动是由教师、学生、教学内容、教学载体、教学环境、教学评价等多要素构成的统一体,是融政治性、知识性与学术性为一体的课程。在教学过程中,教师必须把教书与育德、育人、传授知识与价值引领有机结合起来,才能有效实现教学目的。因而,与其他课程相比,思想政治理论课的教学活动要更加注重运用科学的方法施教,将思想政治理论课教材体系转变为教学体系,进而转变为学生信仰体系的媒介和工具。由于思想政治理论课的教学环境与社会大环境密切相连,而大学生是社会活力旺盛的群体,各

---

① 石云霞:《努力实现思想政治理论课教学改革目标新要求》,载《思想理论教育导刊》2010年第7期。

种社会问题、社会思潮都会影响着他们的思想变化,从而对教学活动产生有利或不利的影响,这些都是教学过程中客观存在的事实。从教学方法的选择和运用方面看,教学方法的客观性就是要求教师,要从教学的实际状况出发,关注学生的思想动态,使教学活动贴近社会、贴近实际、贴近学生,增强教学的亲和力和针对性。相反,如果不了解学生的思想状况和教学环境,沿用单一的教学方法就不能产生良好的教学效果。

2.思想政治理论课教学方法具有多样性、继承性、艺术性

思想政治理论课的教学内容来源于教材,把静态的教材"唤醒",让沉睡的知识走进学生的内心世界,活跃课堂气氛,使学生学习过程变得"有知有味"不再枯燥,有更多获得感,离不开科学的教学方法。由于各门课程教学内容、课时、教学目的、学生实际情况不一样,教师需要从具体实际出发,认真钻研,创造性地运用多种多样的教学方法。教学方法除了具有多样性外,还有继承性,在教学实践中,我们要处理好继承与创新的关系,沿用好办法、改进老办法、探索新办法。传统教学方法主要是讲授法,在新媒体时代,各地探索形成了一些新的教学方法,例如案例式、对话式、专题式、情景式教学等方法。上好思想政治理论课不仅需要科学的方法,也需要教学艺术。教学方法与教学艺术是互相联系的,教学方法本身不科学、教学效果差就谈不上教学的艺术性,任何教学艺术都不能脱离教学方法,运用具体的方法需要讲究艺术。教学方法的艺术性体现为教师运用合理多样的方法,向学生传递各种知识内容、思想信息、价值观念的方式、技巧、策略等,它可以使学生在学习知识的过程中,产生思想上的共鸣,得到思想上、认识上的启发和精神上的愉悦和享受,不再受到手机的"控制"。

3.思想政治理论课教学方法具有主体性

教学方法的主体性就是指作为教学活动的主体,教师在教学过程中,要对教学方法和教学艺术的运用发挥自己的主观能动性,与时俱进,在熟练掌握各种方法的基础上,融会贯通,营造良好的教学意境与情趣。上好思想政治理论课是一件非常不易的事情,教师要在对教学活动中各种因素全面了解的基础上,合理选择方法,精心组织教学才能获得好的教学效果。教师既不能随心所欲地运用教学方法进行教学,也不能因为思想政治理论课教学难度大而在教学方法改革中无所事事。有学者指出:"思想政治理论课教学方法改革以讲究

实效为根本,不必刻意标新立异,更不能以新旧论英雄。"①我们应该看到尽管教学方法对搞好教学非常重要,但是,如果教师不提高自身的理论学术水平,教学方法也难以发挥应有的作用。教师的理论学术水平高,再加上好的教学方法,就能提高教学的亲和力、针对性,进而使学生"亲其师、信其道"。无论是改进教学方法,还是提升教师的业务水平、职业道德素养都需要充分发挥教师的主观能动性。

(四)教学方法的重要作用

从教育学角度看,教学方法是教学过程结构中的一个重要因素,关系到教学目的能否顺利实现和教师教学效率的高低、教学效果的好坏,对思想政治理论课教学来讲教学方法显得尤为重要。

1. 教学方法是联结教师教与学生学的桥梁和纽带

思想政治理论课教学不仅在于传授理论知识,更在于教会学生运用马克思主义的立场、观点、方法,正确地认识事物,分析解决问题。有效的教学方法能够让教师传授的知识直达学生的心灵,为学生所领会接受,进而内化为学生的素质。

2. 教学方法是提高教学效率和教学质量的保障

在教学实践中,教师往往比较重视教的方法,教学是师生双向互动的活动,要把知识、价值观传递给学生,必须把"教"建立在"学"的基础上,尊重学生学习的主体地位,有效调动学生学习积极性。教学方法得当就能够激发学生学习思想政治理论课的兴趣,能够让学生在课堂上静下心、听进去,引起积极的思考。教师要想方设法运用多种教学方法手段,提升教学活动的实效性。用何种方法才能从根本上提高教学水平和质量呢? 从根本上讲教学方法"要因事而化、因时而进、因势而新"。

3. 教学方法在培养学生智能、发展非认知因素中发挥重要作用

心理学研究表明,学习活动是一个复杂的心理过程,提高学习效果,既需要智力(认知)因素,也离不开非智力(认知)因素。智力(认知)因素通常是指个体的认知过程以及在这一过程中的记忆力、注意力、观察力、想象力、思维力、创造力等,一般讲,非认知因素"指学习(严格地讲是认知学习)中除智力或

---

①　袁久红、卢雷:《高校思想政治理论课教学质量提升的方法论自觉》,载《思想理论教育》2017 年第 8 期。

认知之外的又同智力活动效益发生交互作用的一切心理因素"[①]。非智力(认知)因素包括情感、意志、气质、性格及个性心理倾向性等。作为认识过程中的动力系统,非认知因素不仅能够对学习过程产生发动、维持、调节的作用,决定着学生学习积极性的状况,促进学生掌握知识及智力、能力的发展,而且,还对学生形成良好的思想品德,积极的人生态度、价值观,确立远大的志向和坚定的信念产生重要推动作用。试想如果学生对思想政治理论课不感兴趣,或者厌烦,或虽有兴趣,但缺乏持续学习的意志,不努力学习实践,也很难学有成效。在信息化时代,思想文化多样多变,怎样把知识传授、价值引领、能力培养与各种非智力因素结合起来,营造良好的教学环境和氛围,都需要教师研究教学方法,也要求教师提高教学方法论方面的学养,从方法论的角度研究,不断改进教学方法。"方法论教学是思想政治理论课教学不可或缺的重要内容,缺少方法论教学的思想政治理论课是不完整不深刻的,甚至是没有价值的。"[②]思想政治理论课程决定了教学方法不仅在世界观、人生观、价值观的培育,学生智能的培养方面,而且在发展非认知因素中也发挥重要作用,因而教学方法和艺术的有效运用就在于创造一个平等、民主、和谐的教学环境,在师生交流互动中实现教学目的。

二、中华人民共和国成立以来思想政治理论课教学方法的发展与改革

中华人民共和国成立后,我们党继承在革命战争年代重视思想政治工作的优良传统,坚持用马列主义和毛泽东思想武装全党、教育人民,汇聚建设中华人民共和国的强大精神力量。高校思想政治理论课建设是党的思想政治工作的重要组成,逐步得到建立和发展,虽然在不同的历史时期,课程名称及内容并不完全一样,但是,重视教学方法的运用和改革一直是搞好思想政治理论教学工作的努力方向。结合本书第二章的相关内容,与思想政治理论课建设的历程相伴,教学方法的发展大致上可以分为如下几个阶段。

---

① 朱小蔓:《中国教师新百科·小学教育卷》,中国大百科全书出版社 2002 年版,第95 页。

② 袁久红、卢雷:《高校思想政治理论课教学质量提升的方法论自觉》,载《思想理论教育》2017 年第 8 期。

（一）由新民主主义向社会主义过渡时期，强调理论与实际一致的教育教学方法

从 1949 年 10 月中华人民共和国成立到 1956 年 9 月党的八大召开，是我国实现从新民主主义向社会主义过渡的重要时期。早在 1949 年 4 月，毛泽东在起草中国人民解放军布告中就提出："保护一切公私学校、医院、文化教育机关、体育场所，和其他一切公益事业。凡在这些机关供职的人员，均照常供职，人民解放军一律保护，不受侵犯。"[①]中华人民共和国的教育事业在接收国民党遗留下来的各类学校基础上艰难起步。同年 9 月，中国人民政治协商会议共同纲领发布，明确规定："中华人民共和国的教育方法为理论与实际一致。人民政府应有计划有步骤地改革旧的教育制度、教育内容和教学法。"[②]1950年 10 月，教育部关于全国高等学校暑期政治课教学讨论会情况及下学期政治课应注意事项的通报中指出："政治、思想教育应根据理论与实际一致的教学方法，启发学生分析自己的思想，收集、整理研究各种问题，然后针对主要问题，有的放矢地以系统理论知识有重点地加以解决，使理论学习成为改造思想的武器，改造思想成为理论学习的目的。"[③]1955 年 4 月，教育部副部长刘子载在《关于高等学校的政治思想教育工作》中指出："我们在高等学校进行马克思主义列宁主义理论教育的基本任务，不仅要教育学生懂得马克思列宁主义基本原理，更重要的是教育学生知道如何在具体条件下正确去运用它们，也就是要教育学生善于运用马克思列宁主义的立场、观点、方法去分析和观察具体事物和现象，去阐明实际问题和解决实际问题。"[④]理论与实际一致的教育方法是继承我们党在土地革命战争年代创办红军大学中形成的行之有效的教学方法。"红军大学将'实事求是'，为反对国民党反动派的革命斗争服务作为思想政治教育的工作原则，探索出一系列既符合红军革命的实际和需要，又适应学

①　《毛泽东邓小平江泽民论教育》，中央文献出版社、人民教育出版社、北京师范大学出版社 2002 年版，第 50 页。

②　教育部社会科学司：《普通高校思想政治理论课文献选编（1949—2006）》，中国人民大学出版社 2007 年版，第 1 页。

③　教育部社会科学司：《普通高校思想政治理论课文献选编（1949—2006）》，中国人民大学出版社 2007 年版，第 8 页。

④　教育部社会科学司：《普通高校思想政治理论课文献选编（1949—2006）》，中国人民大学出版社 2007 年版，第 21 页。

员具体思想状况的教育方法。"①这一阶段，由于中华人民共和国刚成立，在废除国民党旧的教育制度，改造旧有的学习教育事业基础上，建立了新民主主义的教育制度，高等学校思想政治理论课处于建设初期，教育方法或教学方法也在实践中逐步探索。

(二)社会主义建设探索时期，吸收老解放区教学经验，采用启发式教学方法

从党的八大召开到 1966 年"文化大革命"前夕的十年，是党带领人民全面开展社会主义建设的十年，也是思想政治理论课曲折发展的十年。1958 年 4月，教育部政治教育司在《对高等学校政治教育的几点意见（草稿）》中提出："教学方法，要一律课前印发讲义，还必须创造性地吸收我们老解放区的政治课教学经验。"②1961 年 7 月，教育部《关于 1961—1962 学年度上学期高等学校共同政治理论课安排的几点意见》，指出教学方法，"教师要着重帮助学生理解经典著作和阅读教科书，并注意引导学生运用理论分析实际问题。讲授要抓住重点。讨论要有教师指导，要真正做到摆事实，讲道理，以理服人"③。1963 年 3 月，毛泽东等党和国家领导人为雷锋题词，发出全国人民"向雷锋同志学习"的伟大号召，高校"将向雷锋同志学习与大学生思想实际相结合，引导和教育广大学生要向雷锋同志那样具有坚定的无产阶级立场和爱憎分明的阶级感情；与学习毛主席著作相结合，鼓励学生像雷锋同志那样努力学习毛主席著作，把理论学习与奉献行动结合起来，做到刻苦钻研，学以致用"④。1964 年10 月，中央宣传部、高教部党组、教育部临时党组《关于改进高等学校、中等学校政治理论课的意见》提出"坚持启发式、废止注入式"，这一方法在《中国共产党红军第四军第九次代表大会决议案》中，曾被毛泽东列为十条教授法的第一条。"贯彻执行启发式的教学法，高等学校政治理论课的教学，可以考虑采取以下四个步骤：一、启发报告。由教师提出问题，指出要解决的矛盾，指定阅读的教材或讲授提纲，调动学生学习的主动性、自觉性。二、读书。引导学生自

---

① 吴潜涛、徐艳国：《建党 90 年来高校德育发展的历史轨迹》，高等教育出版社 2012 年版，第 31 页。

② 教育部社会科学司：《普通高校思想政治理论课文献选编(1949—2006)》，中国人民大学出版社 2007 年版，第 34 页。

③ 教育部社会科学司：《普通高校思想政治理论课文献选编(1949—2006)》，中国人民大学出版社 2007 年版，第 42 页。

④ 吴潜涛、徐艳国：《建党 90 年来高校德育发展的历史轨迹》，高等教育出版社 2012 年版，第 116 页。

己带着问题去读书、思考,养成认真读书、钻研问题的习惯。三、讨论。在认真读书和独立思考的基础上,开展自由讨论。教师要引导学生敢于敞开思想、发表自己的见解。讨论题目,要从学生中来。四、总结或解答。教师根据学生在学习过程中提出的问题,和讨论中争论的问题,经过研究,结合基本理论,作出有分析性的总结或解答,提高大家的认识水平。"①这一阶段,高校政治理论课在坚持理论与实际一致的教学方法,又吸收老解放区教学经验的基础上,根据政治理论课教学任务内容变化,倡导在教学工作中教师要善于运用启发式教学方法,对教学工作起到积极促进作用。

(三)"文化大革命"时期,突出运用"革命大批判"的方法

1966 年 5 月到 1976 年 10 月是"文化大革命"时期,这一时期高校思想政治理论课受到"左"的干扰和破坏,由于"无产阶级专政下继续革命的理论"错误的指导,党对社会主义建设时期主要矛盾的判断失误,最终影响到思想政治理论课建设。"大肆宣扬'斗争哲学',鼓吹'革命大批判'和'残酷斗争',歪曲事实、无限上纲,混淆两类不同性质的矛盾,毒害了人们的思想。"②因而在教学中也把"革命大批判"作为政治理论课基本的教学方法。1971 年 8 月,《全国教育工作会议纪要》提出:"要坚决地改革旧的教学方法。学员和教员都要执行毛主席指示,'把精力集中在培养分析问题和解决问题的能力上'。……教学方法不改革,一批生动活泼的工农兵子弟仍然有学用脱节或者啥也没有真正学会、身体搞垮了的危险。因此,必须废止注入式,采用启发的、研究的、实验的方法。开展'官教兵、兵教官、兵教兵的群众练兵运动'。教师应发讲义或讲授提纲,提倡自学。"③这一时期,虽然,高校政治理论课教学方法也强调启发式,由于指导思想上的错误,教学方法不可避免带有"左"的色彩。

(四)改革开放以来,理论联系实际教学方法恢复、教学方法方式手段多样化、实践教学得到加强

1977 年高考制度恢复,1978 年党的十一届三中全会召开,重新确立党的实事求是的思想路线,开启了改革开放的新时代,思想政治理论课建设也在实

---

① 教育部社会科学司:《普通高校思想政治理论课文献选编(1949—2006)》,中国人民大学出版社 2007 年版,第 52 页。

② 吴潜涛、徐艳国:《建党 90 年来高校德育发展的历史轨迹》,高等教育出版社 2012 年版,第 120 页。

③ 教育部社会科学司:《普通高校思想政治理论课文献选编(1949—2006)》,中国人民大学出版社 2007 年版,第 63 页。

践中不断得到重视和加强。1978 年 4 月,教育部办公厅《关于高等学校马列主义理论教育的意见》提出:"关于教学方法问题。当前马列主义理论课在教学方法上,急待解决下面三个问题:1、理论联系实际问题,马列主义理论课,主要是联系学生对当前党的方针、政策、路线的认识实际。必须在准确讲授基本原理的基础上,密切联系我国社会主义革命和社会主义建设的实际。2、抓好教学环节的问题。课堂讲授是教学的主要环节,就教和学两者的关系看,教师无疑起着主导的作用。自学、课堂讨论或小组讨论也是必要的教学环节……要启发学生独立思考,提出问题,充分准备,热烈讨论。考试、考查也是必要的教学环节,目的是为了了解学生运用马列主义的立场、观点、方法去观察事物,解决问题的能力。同时也是检验教师教学效果的方法之一。"[1]1982 年 10 月,教育部《关于在高等学校逐步开设共产主义思想品德课的通知》要求,"教学方法要灵活多样,除课堂讲授外,可以组织专题讨论、参观访问、社会调查和运用各种形象化的教学手段"[2]。1984 年 9 月,中央宣传部、教育部《关于印发〈关于加强和改进高等院校马列主义理论教育的若干规定〉的通知》提出:"加强教学的各个环节,改进教学方法。课堂讲授是教学的基本环节。要大力改进教学方法,实行启发式教学,培养学生的独立思考能力,把教学变为师生一起运用马列主义的立场、观点、方法研究和讨论问题的过程,坚决克服'注入式'的教学方法,所有教师都应教书育人,不仅要向学生传授理论知识,而且要对他们进行思想政治工作。为了提高教学效果,应围绕教学内容,适当组织学生参加社会活动和进行社会调查,鼓励他们在接触实际中接受教育;加强马列主义理论和教学法的研究。"[3]1985 年 8 月,《中共中央关于改革学校思想品德和政治理论课程教学的通知》提出:"要改变注入式的教学方法,尽量实行启发式的教学方法。要善于引导学生通过自己的学习和思考来提高认识,寻求问题的答案。讲课应当用丰富而生动的事实来引出和论证有关的观点,而不能简单地灌输抽象的概念。在高中和大学阶段,要精心组织学生进行自由活泼的课

---

　　① 教育部社会科学司:《普通高校思想政治理论课文献选编(1949—2006)》,中国人民大学出版社 2007 年版,第 72～73 页。

　　② 教育部社会科学司:《普通高校思想政治理论课文献选编(1949—2006)》,中国人民大学出版社 2007 年版,第 93 页。

　　③ 教育部社会科学司:《普通高校思想政治理论课文献选编(1949—2006)》,中国人民大学出版社 2007 年版,第 96～97 页。

堂讨论,积极组织学生参加丰富的切实的社会实践和社会调查。"[①]1987 年 10月,国家教委《关于高等学校思想教育课程建设的意见》提出:"各门课程可根据不同的教育内容采取不同的教学形式和方法进行。教学要采取启发式、讨论式。"[②]

1992 年春天,邓小平南方谈话发表,党的十四大召开,我国改革开放和社会主义现代化建设事业进入了一个新的发展阶段。中组部、中宣部、国家教委《关于新形势下加强和改进高等学校党的建设和思想政治工作的若干意见》提出:"马克思主义理论课和思想政治教育课是学生思想政治教育的主渠道,是社会主义学校的本质特征之一。加强和改进'两课'教育是摆在我们面前的一项紧迫任务。'两课'要贯彻理论联系实际的方针和'少而精'、'要管用'的原则,以增强说服力和有效性为目标。以改进教学内容和教学方法为重点,注意相辅相成,深入进行教学改革。要大力改进教学方法,注意运用课堂讨论、社会实践、演讲答辩等多种方式和现代化教学手段,不断提高教学效果。"[③]2004年 8 月,中共中央、国务院《关于进一步加强和改进大学生思想政治教育的意见》提出:"切实改进教学内容,改进教学方法,改进教学手段。"2005 年 2 月,中宣部、教育部《关于进一步加强和改进高等学校思想政治理论课的意见》要求:"切实改进高等学校思想政治理论课教育教学的方式和方法。教学方式和方法要努力贴近学生实际,符合教育教学规律和学生学习特点,提倡启发式、参与式、研究式教学。要多用通俗易懂的语言、生动鲜活的事例、新颖活泼的形式,活跃教学气氛,启发学生思考,增强教学效果。要精心设计和组织教学活动,认真探索专题讲授、案例教学等多种教学方法,积极推广名师大班讲授和小班辅导的经验,大力推进多媒体和网络技术的广泛应用,实现教学手段现代化。建立教学资料数据库,实现资源共享。要加强实践教学。高等学校思想政治理论课所有课程都要加强实践环节。"[④]

加强和改进思想政治理论课建设是一项系统工程,教学方法改革是切入

---

① 教育部社会科学司:《普通高校思想政治理论课文献选编(1949—2006)》,中国人民大学出版社 2007 年版,第 107 页。

② 教育部社会科学司:《普通高校思想政治理论课文献选编(1949—2006)》,中国人民大学出版社 2007 年版,第 134 页。

③ 教育部社会科学司:《普通高校思想政治理论课文献选编(1949—2006)》,中国人民大学出版社 2007 年版,第 147～148 页。

④ 教育部社会科学司:《普通高校思想政治理论课文献选编(1949—2006)》,中国人民大学出版社 2007 年版,第 216 页。

点和突破口。近几年来,教育部在推进教学方法改革方面出台了一系列重要文件,2011 年印发《高等学校思想政治理论课建设标准》;2013 年印发《高校思想政治理论课教师队伍培养规划(2013—2017 年)》和《高校思想政治理论课教学方法改革项目"择优推广计划"实施方案》。2015 年 7 月,中央宣传部、教育部《关于印发〈普通高校思想政治理论课建设体系创新计划〉的通知》提出:"改革教学方法,创新教学艺术,倡导集体备课和名师引领,强化问题意识和团队攻关,注重发挥教与学两个积极性,形成第一课堂与第二课堂、理论教学与实践教学、课堂教学与网络教学相互支撑,理念手段先进、方式方法多样、组织管理高效的思想政治理论课教学体系。"①各省(市、区)教育主管部门也出台相应文件支持教学方法改革。各高校立足实际,积极推进教学方法改革,充分利用现代信息技术,把传统的课堂讲授与慕课、翻转课堂、微课程等多种教学手段混合使用。无论是运用传统的教学方法,还是采用新媒体技术的在线教学方法,或者是混合式的教学方法,最终的目的还是满足学生成长成才的需要。

2016 年 12 月,全国高校思想政治工作会议在北京召开,习近平在会议上的重要讲话强调:"做好高校思想政治工作,要因事而化、因时而进、因势而新。要遵循思想政治工作规律,遵循教书育人规律,遵循学生成长规律,不断提高工作能力和水平。要用好课堂教学这个主渠道。思想政治理论课要坚持在改进中加强,提升思想政治教育的亲和力和针对性。"这些重要论述,给思想政治理论课教学方法改革提供了根本的指针。

总之,改革开放以来,随着思想政治理论课建设的进程和科学技术的发展,在党的教育方针指引下,教学方法继承与创新并举日益多样化,对实现思想政治理论课的教育教学目标起到重要促进作用。但是,推进教学方法改革、创新教学手段和方式是一项永无止境的工作,需要每所高校、每位教师立足实际进一步加强对教学方法的研究,改进教学方法,提高教学质量,使思想政治理论课成为大学生真心喜爱、终身受益的优秀课程。

---

① 中央宣传部、教育部《关于印发〈普通高等学校思想政治理论课建设体系创新计划〉的通知》(教社科〔2015〕2 号),http://www.jyb.cn/zyk/jyzcfg/201508/t20150817_53056.html,下载日期:2018 年 1 月 5 日。

三、思想政治理论课教学方法类型

思想政治理论课教学方法是非常丰富的,可以依据不同的标准来进行分类,若按照教学方法的应用范围划分,可以分为一般教学方法和具体教学方法;按照学生获得思想政治理论知识的途径可以分为,语言的方法、直观的方法、实践的方法;若按照教学方法的外部形态及在该形态下学生认知教学活动的特点,可以分为更多种。"最具有代表意义的分类方法是按照教学方法的抽象程度进行划分,因为这种分类最具有概括性,也体现出教学方法的层次性。依据这种思想可以把教学方法分为:原理性教学方法。主要包括启发式教学与注入式教学、接受学习与发现探究学习、机械学习与意义学习三种类型。一般性教学方法。主要适用于各科教学的教学方法。例如,讲授法、练习法、讨论法、实习作业法、案例教学法等等。学科教学方法。主要是适用特定学科的教学方法。这是最具体、最具有操作性的教学方法。"[①]事实上对教学方法作出科学的类型划分是一件比较困难的事情,有鉴于此,我们将其分为一般教学方法及具体教学方法两种类型。

(一)思想政治理论教学的一般方法

它是指普遍适用于思想政治理论课各门具体课程的方法。最主要的有理论联系实际的教学方法、灌输与启发相结合的教学方法、言传与身教相结合的教学方法等。

1.理论联系实际的教学方法

它是指教师在教学过程中把理论知识的传授与实际结合起来,举一反三,解疑释惑的方法。思想政治理论课具有非常强的实践性,必须联系实际进行教学。缺乏科学理论指导的实践是盲目性实践,没有经过实践检验的理论不是科学理论,马克思主义是被实践证明了的科学理论,它来源于实践,又指导实践,是无产阶级和劳动人民认识世界改造世界的思想武器。理论联系实际是马克思主义的基本原则,是中国共产党思想路线的重要内容,也是马克思主义优良学风的体现。理论联系实际既是学习和掌握马克思主义理论的需要,也是提高教学亲和力和针对性的要求。作为普遍使用的教学方法,理论联系实际不仅在思想政治理论课教学中得到运用,而且在各门课程教学中都得到

---

① 张忠华等:《现代大学教学方法论》,黑龙江人民出版社 2009 年版,第 197 页。

普遍使用。思想政治理论课既有政治性、理论性，又有实践性，理论联系实际的方法，把马克思主义理论与中国特色社会主义的革命、建设、改革的实践结合起来，既能避免本本主义、教条主义的倾向；也能避免教学中只讲实际忽视理论的实用主义、经验主义的倾向。在延安整风时期，在《改造我们的学习》一文中，毛泽东把理论与实践的关系形象比喻为"的"与"矢"的关系，指出"的"就是中国革命，"矢"就是马克思列宁主义。我们中国共产党人要找这根"矢"，就是为了射中国革命和东方革命这个"的"的。邓小平指出"学马列要精，要管用"。江泽民强调："我们对马克思主义的基本原理，任何时候都要坚持，一切否定和放弃马克思主义的言行都是错误的，都必须坚决反对。但是，坚持马克思主义，绝对不能采取教条主义、本本主义的态度，而应采取实事求是、与时俱进的科学态度，坚持一切从发展变化的实际出发，把马克思主义看作是不断随着实践的发展而发展的科学。"[①]胡锦涛指出："马克思主义、理论源泉是实践，发展依据是实践，检验标准也是实践。任何固守本本、漠视实践、超越或落后于实际生活的做法都不会得到成功。"[②]坚持和发展中国特色社会主义是改革开放以来我们党全部理论和实践的鲜明主题，也是新时代中国特色社会主义思想的核心要义。习近平指出："马克思列宁主义、毛泽东思想一定不能丢，丢了就丧失根本。同时，我们一定要以我国改革开放和现代化建设的实际问题、以我们正在做的事情为中心，着眼于马克思主义理论的运用，着眼于对实际问题的理论思考，着眼于新的实践和新的发展。"[③]时代是思想之母，实践是理论之源。与时俱进是马克思主义的理论品质，中国特色社会主义理论体系随着实践的发展不断发展。我们既要重视通过教学活动讲清马克思主义理论，又要联系实际让学生感受到理论的伟大力量。一要联系当前国内外形势发展实际。运用所学习的理论知识帮助学生深刻认识党的十八大以来，在推进中国特色社会主义伟大实践中，以习近平为核心的党中央提出的一系列治国理政新理念、新思想、新战略，用习近平新时代中国特色社会主义思想武装头脑指导实践，为实现中国梦而奋斗。二要联系思想实际。帮助大学生掌握社会主义核心价值体系的要义，积极培育和践行社会主义核心价值观。当今时代各

---

① 江泽民：《论党的建设》，中央文献出版社 2001 年版，第 538 页。

② 胡锦涛：《在庆祝中国共产党成立九十周年大会上的讲话》，载《人民日报》2011 年 7 月 2 日第 2 版。

③ 中共中央文献研究室：《习近平关于社会主义文化建设论述摘编》，中央文献出版社 2017 年版，第 59 页。

种思想文化互相交织在一起,大学生在学习成长过程中会遇到各种矛盾与困惑。教师要通过多种方式了解学生的思想动态,把理论阐释与学生普遍关心的社会问题结合起来进行教学,帮助学生辨别是非真假美丑,增强理论的说服力,提高学生学习积极性。三要贴近学生生活实际。中国共产党自成立以来以马列主义为指导不忘初心,把为中华民族谋复兴、为民族谋幸福作为自己的奋斗目标。十八大以来全党协调推进全面建成小康社会、全面深化改革、全面依法治国、全面从严治党战略,逐步实现从站起来到富起来,再到强起来的伟大跨越。中国特色社会主义进入新时代,社会的主要矛盾已经转化为人民日益增长的美好生活需要和不平衡不充分的发展之间的矛盾。教学要联系学生生活、成长、学习的环境,联系中国特色社会主义的伟大实践,让学生从家乡变化、社区发展、家庭生活的改善,感受到中国发展进步的节奏,感受到马克思主义理论的巨大威力,增强四个自信。四要把思想政治理论课与专业课教学联系起来,处理好育德与育才的关系,不能把两者割裂开来,不能将思想政治理论课脱离学生具体的成长成才环境和过程拔高起来,也不能让思想政治理论课脱离广大老师,特别是同思想政治理论课老师的育人过程、育人实践孤立起来。

2. 灌输与启发相结合的教学方法

它是指教师有目的、有计划地向学生进行马克思主义理论教育,使学生逐步树立科学的世界观、人生观、价值观的方法。思想政治理论教学主要是帮助学生解决思想认识的问题,也就是提高思想觉悟,提高分析问题、解决问题的能力。实现这样的目的,最根本的途径是让马克思主义进教材、进课堂、进学生头脑。但是,马克思主义理论不可能自发地在学生中产生并进入学生头脑,必须进行"灌输"。20 世纪初,列宁针对当时俄国社会民主党内存在的崇拜自发论的工联主义倾向,鲜明地提出了"灌输论"。在《怎么办?》一书中,列宁指出:"工人本来也不可能有社会民主主义的意识。这种意识只能从外面灌输进去。"①他还提出:"阶级政治意识只能从外面灌输给工人,即只能从经济斗争外面,从工人同厂主的关系范围外面灌输给工人。"②列宁的"灌输论"揭示了思想政治教育的必要性。马克思主义是马克思、恩格斯、列宁及各国的马克思主义者在把它与本国实践相结合的过程中形成的思想精华,要让学生掌握它,要让它进学生头脑,必须"从外面灌输进去",从这个意义上讲"灌输"是教学的

---

① 《列宁选集》(第 1 卷),人民出版社 1995 年版,第 317 页。
② 《列宁选集》(第 1 卷),人民出版社 1995 年版,第 363 页。

一个原则。相对于自学、自我教育、寓教于乐等它也是一种方法,"灌输"方法就是通过教育者系统讲解科学理论知识,从外部向学生传授马克思主义理论及其革命精神的方法。"实践表明,人的思想觉悟的提高,要经过强制阶段和自觉阶段。强制阶段即思想转变的初级阶段,尤其需要灌输教育,它不仅是必要的,也是科学的,它是建立在心理学、教育学等学科基础之上的一种方法。灌输的广泛性表现为它不仅作为一种方法独立存在,还在于渗透、贯穿于其他的教育方法之中,与其他的教育方法具有兼容性。"[①]灌输方法要有效发挥作用,就不能采取"填鸭式""满堂灌"等方法单一地说教,这种"灌输"容易引起学生的逆反心理,产生反感情绪。当前,灌输方法仍然在教学中广泛运用,思想政治理论课教学是教育者与受教育者共同参与的"双向互动"过程,方式、手段、渠道的多样化应该是灌输方法的应有之义。我们要在如何实施"灌输"上下功夫,深入研究怎样结合大学生的特点,领会运用列宁的"灌输论",提高教学效果。思想政治理论课的"05方案"实施以来,广大教师更加重视对"灌输"方法的研究,根据不同的课程、不同的教育对象、不同的教学环节,提出了不同的"灌输"方式,同时运用融媒体、微信、微博等新媒体辅助教学,收到了较好效果。只要我们发扬理论联系实际的优良学风,反对以教条主义的态度对待"灌输",坚持科学"灌输",就一定会增强教学的实效性。

　　启发式教学是指受教育者在教育者的启发诱导下,主动地学习以获取知识、发展智能、陶冶情操的教学方法。这种方法并不限于教师的语言启发,还包括非语言的方法(行为的、情景的),强调在教学过程中,要充分调动学生学习的积极性、主动性,培养学生的学习思考能力。当今时代的大学生基本上是伴随着计算机、互联网的发展和普及成长的,他们日常生活中接触到的事物是多元和丰富多彩的,进入大学学习,大多数已经是成人的年龄,有了一定的知识积累和思维能力,在这样的背景下,思想政治理论课教学不仅要重视"灌输"方法,还要善于运用启发式方法。启发式方法有悠久的历史积淀,我国古代伟大的教育家孔子是启发式教学的开创者,他在《论语·述而》中说:"不愤不启,不悱不发,举一隅不以三隅反,则不复也。"意思是说不到学生对所学内容想搞懂而又没有搞懂时,不去开导他,不到学生对所学内容想说清楚而又说不清楚的时候,不去启发他,对于不能举一反三的学生,就不再重复教他了。孔子的启发式教学强调充分了解学生是启发的前提,孔子对他的学生非常了解,因而

---

　　①　李延涛:《教育教学改革论坛》,武汉理工大学出版社2008年版,第430~431页。

能针对学生提出的具体问题进行启发，这一点在《子路、曾皙、冉有、公西华侍坐》(《论语·先进》)中有清晰的记载，孔子和他的几个学生围坐一起畅谈志向，他让每个人都说出了自己的理想，有的说给我一个大大的国家让我治理，不出三年我就能把这个国家治理好，让老百姓振奋精神，并且懂得什么是道义；有的说给我一个方圆六七十里的小国家让我去治理，等到三年时光过去，我可以使百姓丰衣足食。至于把国家治理得更好，修明礼乐，那就等待由闲人君子去治理了……然后，孔子逐个点评学生的发言并进行启发，亮明自己的观点，他并不认为一个人志向越高远就越好，就越要去努力追求，真正重要的是一个人内心的信念。孔子还认为教育者要善于营造愉快的学习氛围来进行启发教育，他说："知之者不如好之者，好之者不如乐之者。""学而时习之，不亦说乎?"学生在一种愉快的环境中学习，有利于进行启发教学，假如学生对学习不感兴趣，启发教学难以发挥应有作用。他还强调学生善于提出疑问是教育者进行启发教学的重要途径等。上述教学思想值得我们在教学中学习借鉴。

思想政治理论教学内容有很强的理论性、逻辑性，授课过程中教师应把抽象的理论用通俗的语言，由表及里、由浅入深引导学生深入思考，掌握基本概念、基本方法和基本原理，对学生领会课程的内容体系产生积极作用。发挥启发式教学方法的重要作用，对教师教学工作提出了更高要求，教师要具备扎实的理论功底，对教学内容的重点难点要充分了解，对现实中各种社会问题及学生的思想动态、心理特征要有一定研究，要有敏锐的观察力和较强的说服力，要有启发学生思考，引导学生参与课堂提问、讨论的能力。课堂提问是进行启发教学的基本形式，要注意以下几点。一是根据教学的重点难点设计问题；二是所提问题要富有启发性、思想性、趣味性；三是要注意顺序，哪些问题放在前，哪些放在后面提问，引导学生由易到难，激发学习兴趣；四是提问要面向全体学生，鼓励学生积极回答问题，形成思考问题的习惯；五是要做好课堂提问的总结，对学生错误的思想和模糊的认识要进行纠正和分析，对学生正确的思想和有新意的见解要及时给予肯定和鼓励，引导学生互相学习，取长补短。

3.言传与身教相结合的教学方法

言传方法是指教师一方面通过自己的言论传授马克思主义理论，对学生进行思想政治教育，正确世界观、人生观、价值观引导和心理疏导工作；另一方面又通过自身在言谈举止方面的表率行为教育、感染、带动学生，使学生改变错误的想法和不正确的言行。运用这一方法要求教师在平时做到言行一致、身体力行，要求学生做到的事情教师自己要先做到，以身作则，为人师表，使学生在"理"与"行"的双重作用和影响下，自觉地扣好人生的"第一粒扣子"，把社会主义核心价值观转化为自己的行动指南。身教法也就是我们经常讲的榜样示范法,是指教师通过自己的行为,身体力行向学生示范或利用先进模范人物的言行向学生示范,从而激起学生情感上的共鸣,引导学生有意无意地接受并模仿先进人物,让学生产生与示范者相类似品行的一种教育方法。俗话说榜样的力量是无穷的。言传与身教相结合的方法有悠久的历史,且身教重于言传。我国古代教育家孔子在教育学生的实践中,非常重视运用此方法。他指出"其身正,不令而行;其身不正,虽令不从"①。孔子强调身教永远重于言教,常常以自己的行为举止来教育学生,从而达到潜移默化的教育效果。要实现身教修身是根本,孔子强调"修己以敬""修己以安人"。孔子的教育思想为我们搞好教学工作提供了智慧。之所以要把言传与身教结合起来,主要是因为思想政治理论课不同于一般课程,在本质上它是社会主义的信仰教育,教师要成为一个坚定的马克思主义信仰者,只有自己信仰坚定,才能在传授马克思主义理论的过程中,发挥言传与身教的积极作用,引导学生树立科学的世界观和方法论。如果教师不能以身示范,说的是一套,做的是另外一套,言行不一,是不能够使学生树立马克思主义信仰的。

(二)思想政治理论教学具体方法

具体方法也就是个别方法,是指思想政治理论教学活动中,针对各门课程的教学环节所运用的方法、方式及手段。思想政治理论教学方法是个性与共性的统一体,共性有助于我们把握教学方法的一般规律,个性使我们认识不同教学方法的属性、特征,把它与其他事物区分开来。实事求是,具体问题具体分析,运用具体的教学方法,可以有效完成教学任务。在实际教学活动中,我们不能简单地把一般方法与具体方法割裂开来,个别方法需要一般方法的指导,一般方法是从个别方法中总结概括而来,要善于把一般方法与具体方法结合起来使用,这样才能产生较好的教学效果。

教学方法改革创新是教学改革的内容之一,"05方案"实施以来,高校从实际出发,采取灵活多样的方法对提高教学质量起到积极的促进作用,事实上,无论是思想政治理论课还是专业课,要找到一种完美的教学方法是不可能的,只要有利于组织教学、有利于调动学生学习积极性、有利于提高教学亲和力,就是好方法。具体的教学方法主要有以下几种。

1. 讲授法

讲授法作为一种古老的教学方法,目前仍然在包括思想政治理论课在内

---

① 　王问靖:《论语箴言书法》,山西人民出版社1999年版,第24页。

的各科教学中使用,它是讲述、讲解、讲读、讲演的总称,是指教师在课堂上运用语言、非语言系统地向学生传授理论知识、智慧、技能,发展学生智力的一种教学方法。作为一种行之有效的教学方法,讲授法能够使教师在规定的时间内,有组织、有计划、有目的地借助各种教学手段和媒介将理论知识、技能系统地、连续地传授给学生,教学效率相对较高,有利于教师对教学过程进行控制,因而也成为思想政治理论课教学的基本方法。当然,它也有明显的缺点,主要表现为教学过程往往变成教师的"独角戏",一般知识点及难点、重点内容统统由教师阐释,成为一种单向的信息传递方式,灌输的意味较浓,学生处于消极被动接受知识的地位,师生思想之间交流互动比较少,学生的个性差异很难兼顾周全,学生长期处于被动的学习地位,容易养成依赖心理,不利于调动学生学习的积极性。

教学实践表明,尽管教学方法的改革创新对搞好思想政治理论课教学非常必要,但是,讲授法依然是搞好教学最普遍使用的方法。讲授法之所以被普遍运用于教学中,主要是因为思想政治理论课各门课程都有严密的理论体系,特别是马克思主义基本原理概论课,包括马克思主义哲学、政治经济学、科学社会主义,把科学的理论体系传授给学生,必须由掌握了马克思主义理论的教师在课堂上讲授理论知识,使学生逐步学习并领会马克思主义理论的精髓,从而掌握马克思主义的基本原理、基本立场、基本方法。熟练地运用讲授法上课可以说是一个教师的教学基本功,很多高校在新近教师的选拔中,都把应聘人员的课堂授课效果作为录用教师的重要考核指标,由此可以看出讲授法的分量。怎么才能运用好讲授法进行教学呢?"有的教师把'讲授法'的基本要求概括为 12 个方面:信念要坚定、政治要合格、品德要高尚、基础要牢固、知识要广博、思想要深邃、教态要自然、语言要精美、问题要准确、要求要严格、反馈要及时、准备要充分。"①这些经验可供我们在教学实践中参考学习。

2.参与式教学法

参与式教学法是近二三十年发展起来的一种新型教学方法,也是当前高校思想政治理论课改革的主流趋势之一,本质上它是一种协作式或合作式的教学方法,以教师为主导、以学生为学习主体,运用灵活多样、直观形象的教学手段,鼓励学生积极参与到教学过程中,加强教师的"教"与学生的"学"之间的沟通交流和信息反馈,使学生能开动脑筋,积极参与到教学全部活动中,从而

---

① 张雷声:《新时期思想政治理论课教学方法探讨》,高等教育出版社 2006 年版,第48 页。

领会、掌握所学理论知识,提高分析问题、解决问题的能力。可以说参与式方法适应了信息化时代知识经济发展对创新人才的培养需要提出的一种全新的教育思想,教学理念强调师生在教学活动中互相合作,共同参与,相互促进,发挥教师"教"与学生"学"的"双主体"作用,实现师生双方主体角色的"交往",体现了师生平等、民主及相互尊重的教育理念。"在思想政治理论课中运用参与式教学,可以概括为四个方面:专题式的教学内容、问题式的授课方式、开放式的小组讨论和论文式的考核形式。"①

　　参与式教学方法不是学生"一参了之",教师的责任不是降低了,而是更大了,其要充分发挥对教学过程的主导作用,才能使教学产生实际的效果。一方面,"在参与式的思想政治理论课教学中,教师的主导性表现在教师既能高屋建瓴地确定教学目标,又能掌握学生的思想状况和理论知识储备,还能匠心独具地给学生以巧妙的暗示和启发,并及时将偏离主题的讨论引导回正确的方向,以实现预期目的"②。具体讲,教师的主导作用表现在对学生思想实际的全面了解、教材体系与教学体系的转化、教学的总体设计、教学过程的引导把控、组织学生有序参与及参与过程中学生提出问题解疑解惑等,这些方面都要花费教师大量的时间和精力,只有这样才能发挥参与式教学法的优势。另一方面,要唤醒学生在参与式教学中学习的主体意识。当今社会处于大变革大发展的信息时代,大学生获取信息知识的渠道更加多样化,他们主体意识浓厚,世界观、人生观、价值观还不成熟。参与式教学方法体现了对学生学习主体地位的尊重和回归,使他们自觉地参与到思想政治理论的教学中,改变"看客"心态,激起他们的参与欲望,调动学习积极性,变被动学习为主动研究学习。教学实践中,教师可以结合教学计划的制订、具体章节的教学设计、专题式的教学内容安排、有关问题提出、组织小组讨论等方面听取学生的意见和建议,使学生在参与教学过程中有更多的获得感,以此激励学生。总之,参与式教学方法有效调动了师生的积极性,"一方面给教师提供了一个展示自己理论修养、辩论水平、广博的知识背景的机会,另一方面也增加了思想政治理论课

---

① 胡晓红、郭凤志:《参与式教学在思想政治理论课教学改革中的实践探索》,载《思想教育研究》2011 年第 5 期。
② 胡晓红、郭凤志:《参与式教学在思想政治理论课教学改革中的实践探索》,载《思想教育研究》2011 年第 5 期。

教师的压力,促使他们不断钻研业务,提高业务能力"①。

3. 案例教学法

案例教学法古已有之,在中国教育史上,古代先哲们很早就利用它进行教育活动,我们耳熟能详的许多故事就体现了案例教学的思想,"刻舟求剑""龟兔赛跑"等故事就是例证。但是,作为一种成熟的方法,它是在美欧国家发展起来的,美国哈佛大学在案例教学方面无疑走在前面,他们在法学院、商学院、医学院进行尝试,经过一百多年的发展,案例教学法越来越受到教育界的重视。现有的资料显示,我国 20 世纪 80 年代开始在思想政治理论课中运用此方法。② "所谓案例教学法,就是指教师结合教学内容,从理论的高度把纷繁复杂的生活现象经过精心筛选,提炼一些典型的人物与事件,将其浓缩成一个个案例,引导学生运用马克思主义理论剖析这些案例,在案例分析过程中,融会贯通有关的原理,使学生提高分析问题和解决问题的能力的方法。"③

案例教学之所以为思想政治理论课教学所吸收借鉴,主要是由该课程的特点所决定的,它具有很强的现实性、实践性,案例教学有效满足了这一诉求。首先,案例教学具有高度的实践性。因为,在案例教学中教师所用的案例,一般都是来源于现实社会生活中所发生的真人真事,不会掺杂案例提供者个人的感情和评判性语言。教师只是提供给学生一些真实的素材,学生需要研究案例并进入案例所叙述的真实情境中,运用所学理论知识进行分析。案例教学并不是简单地告诉学生一个真实的社会事实,而是要学生用正确的世界观和方法论去分析评价事实,从而获得思想认识、道德方面的提升。其次,案例教学能够引起师生之间的互动,它是师生间参与性、开放性、互动性的教学过程。师生间虽然仍然是"教"与"学"的关系,但在进入案例讨论后,"教"与"学"就变为一种民主平等互动的过程,师生以案例为基础进行交流和讨论,思想进行碰撞,学生对问题的探究,可谓"仁者见仁,智者见智",也许对案例的分析不能取得完全一致的意见,但这并不影响案例教学。但是,教师也要亮明观点,使学生认识到什么是对的,什么是错误的,对一些不正确的意见要给予分析引导,尽可能求大同存小异,坚持一元主导下的多元,教师能够从学生对案例的研判、分析中获得有益启发,更好地改进教学。

① 张雷声:《新时期思想政治理论课教学方法探讨》,高等教育出版社 2006 年版,第64 页。

② 罗丽娟:《高校思想政治理论课案例教学研究综述》,载《新课程研究》2016 年第 11 期。

③ 骆郁廷:《高校思想政治理论课程论》,武汉大学出版社 2006 年版,第224 页。

思想政治理论课要善于运用案例教学讲好中国故事、传递中国声音、弘扬中国精神。今天我们生活在一个伟大时代,中国人民奋进在实现民族复兴梦想的路上,无论是先进典型还是无数平凡的人,他们立足各行各业,在建设中国特色社会主义实践中展现追逐梦想的奋斗历程。中国故事就是指具有中华民族特性,反映中华民族命运与希望,体现中国人行为价值导向、道德情操和精神风貌的事情。中国故事是教学案例的丰富源泉,把中国革命、建设、改革过程中马克思主义中国化的创新实践故事运用于教学中,既是理论联系实际的要求,也是坚守马克思主义意识形态阵地的现实需要。讲好中国故事,能够把抽象的马克思主义理论与已经有的知识相结合、与可感知的现实社会实践相连接,从而增强教学的亲和力、针对性。讲好中国故事,也向世界人民传递中华民族是具有以爱国主义精神为核心的团结统一、爱好和平、勤劳勇敢、自强不息的伟大民族精神和以改革创新为核心的时代精神特质的伟大民族,致力于构建人类命运共同体的历史担当。

除了上面讲到的方法外,还有一些其他方法,如讨论法、演讲法、现场教学法等,限于篇幅不一一列举。

四、思想政治理论课教学方法的选择与综合运用

思想政治理论课的教学效果很大程度上取决于教学内容能否被学生接受,并内化于心、外化于行。实现"知行合一"的教学目标,必须重视运用科学的教学方法施教,从这种意义来理解,教学方法的运用对提高教学质量起到关键的作用。上文讨论了不同的教学方法,在教学实践中如何选择和运用呢?教学方法的选择与运用需要我们考虑以下几个因素。

(一)教学内容

教学内容是影响教学方法的重要因素,由于各门具体思想政治理论课程的教学内容不一样,其内容具有不同的内在逻辑和特点,教学方法应该随着教学内容的变化有相应的调整。就某一门课程的教学情况看,教师要认真研究、消化、吸收教材,将其转化为教学体系,运用合适的教学方法进行教学让学生明确教学内容的知识点、内在联系,讲清楚教学内容的重点及难点,使学生易于明白并接受教学内容,实现教学目标。

(二)学生因素

无论选择何种教学方法,最根本的目的是让学生掌握教学内容,融会贯通,实现教学目标。首先,教师要注意了解学生的心理、生理及社会生活特点。

大学生充满期待地来到高校求学,处在学知识长身体的关键时期,表现出"三个尚未",即知识体系搭建尚未完成,价值观塑造尚未成型,情感心理尚未成熟,像生长后期的小麦一样,处于"灌浆期"。由于学生来自不同的地方、不同的生活环境,所学专业也不一样,因而他们的学习态度、认知能力、理解能力、抽象思维能力等也有很大差别。其次,还要了解学生已经具备的知识水平、能力现状及学习风格。在全面了解学生的思想、学习、生活特点基础上,教师才可能运用科学的教学方法因材施教,如给文科、理科、工科专业的学生上毛泽东思想与中国特色社会主义理论体系概论课时,就要考虑他们的接受能力、理解能力,因地制宜采取灵活多样的方法才能见到实效。

(三)教师自身因素

教师是教学方法的运用者,多种多样的教学方法如同十八般武艺,究竟运用哪种方法最适合学生,或者学生乐于接受什么样的教学方法,需要教师在教学实践中作出权衡。由于教师的个性存在差异,因而他们的专业背景、知识结构、教育教学理念、教学组织能力、语言表达能力、教学经验、教学风格、分析解决问题能力等方面也存在差别,在选择教学方法时必须综合考虑自己的优势和不足,针对不同教学内容要求和学生学习实际,扬长避短,选择并运用适合于学生接受的教学方法进行教学。教师要在教学实践中,努力学习,不断积累教学经验,掌握多种教学方法,满足教学工作需要。一般情况下讲授法是被广泛应用的方法,从这个意义上讲教师一定要养成良好的语言表达能力、逻辑思维能力,这样不仅有利于讲好课,也有利于与学生进行有效的交流和沟通,更好地组织教学,营造和谐的课堂学习氛围。

(四)课程因素

思想政治理论有四门必修课,每一门课程的教学目的都不一样,课程安排也有一定的顺序,在一定程度上会影响教学方法的选择。如马克思主义基本原理概论课具有较强的理论性、抽象性、概括性,教师要善于运用讲授法、理论联系实际教学法等,深入浅出,把"抽象"的教学内容"形象"展示出来,易于学生理解和接受,进而变成自己观察和处理问题的方法。

(五)教学环境因素

一般说来,教学环境是指教学活动的各种外部条件,包括有组织的和自发的两种,前者对教学具有直接、明显的制约作用;后者则产生自发的制约作用。教学环境的类型有物质的(如班级教学用品,学校图书设备、文体器材、教育经费等)、社会的(如班集体组织状况、师生交往水平、学校管理水平、社会风尚等）、心理的（如班级心理生活状况、校风、班风、学风等）三方面。[①] 高校思想政治理论课教学环境是由多种要素构成的复杂系统，为教学方法提供一定的物质和信息基础，它对学生学习过程中的认知、情感和注意力、行为会产生潜在影响，对教学方法具有制约作用。当然，教学方法的选择和应用也不是简单地、消极地适应一定的教学环境，教学方法与教学环境之间应该是一种互相影响、相互促进的关系。在一定条件下形成和应用的教学方法，也会对改进教学环境提出新的诉求，从而促进教学环境状况的改善和优化。思想政治理论课教学环境主要是指课堂教学环境，包括教师、学生及各种物质条件等，其中，教师的教风、学生的学风、教室的布置、教学设备等互相作用、互相影响，教师在教学过程中，必须统筹考虑各种因素综合施策，才能取得较好的教学效果。

（六）教学手段因素

教学手段是教学过程中不可缺少的中介，是指在教学过程中，进行教和学所运用的教学工具和设备，如各种教具以及教学过程中使用的粉笔、黑板、话筒、投影仪、电脑、多媒体设备等。它不仅可以增强教学的直观性，使一些比较抽象的理论易于学生理解，对学生的认识活动起着促进作用，而且对教学方法也产生影响。当今社会，由于信息技术的快速发展，教学手段丰富多样，慕课、网络课堂等新的在线学习方式发展迅速，学生学习、获取知识的途径更加多样，教师可以利用 QQ、微信、微博、电子邮件等与学生交流学习、生活、工作等方面的感受，增进教与学之间的互动。从实际情况看，"从以学生为本的基本理念出发，基于'学'而设计'教'，课上课下、线上线下整合，不断提高教学的艺术性是思想政治理论课教学方法创新的基本趋势"[②]。

总之，教学方法的选择与运用，需要我们从实际出发，通盘考虑各种因素，扬长避短，充分发挥其对教学的促进作用。

---

① 教育大辞典编纂委员会：《教育大辞典》（第 1 卷），上海教育出版社 1990 年版，第 716 页。

② 杨志平、关桂芹：《"05 方案"实施以来思想政治理论课教学方法创新研究综述》，载《思想理论教育导刊》2015 年第 6 期。

第六章

高校思想政治理论课教师的综合素质结构

《国家中长期教育改革和发展规划纲要(2010—2020 年)》指出,"教育大计,教师为本。有好的教师,才有好的教育"。2014 年 9 月,习近平在同北京师范大学师生代表座谈时的讲话强调:"教师重要,就在于教师的工作是塑造灵魂、塑造生命、塑造人的工作。一个人遇到好老师是人生的幸运,一个学校拥有好老师是学校的光荣,一个民族源源不断涌现出一批又一批好老师则是民族的希望。国家繁荣、民族振兴、教育发展,需要我们大力培养造就一支师德高尚、业务精湛、结构合理、充满活力的高素质专业化教师队伍,需要涌现一大批好老师。"[①]因此,思想政治理论课教师素质高低不仅决定着教学的亲和力和针对性,也决定了高校能否完成培养担当民族复兴大任的时代新人的战略任务。

素质的本意是指人的先天性的生理解剖特点,主要是指感觉器官和神经系统方面的特点。[②] 它本来是一个生理学、心理学的概念,主要是指一个个体的概念。随着社会和教育的发展,它的外延日益扩大,逐步演变为从事某一职业的人在政治、道德、法律、知识、能力、情感等方面的要求。《教育大辞典》认为,所谓素质是"指公民或某种专门人才的基本品质。如国民素质、民族素质、干部素质、教师素质、作家素质等,都是个人在后天环境、教育影响下形成的"[③]。一般来讲,素质是在人先天的生理、心理基础上,通过教育

---

① 习近平:《做党和人民满意的好老师》,载《人民日报》2014 年 9 月 10 日第 2 版。

② 《辞海》(缩印本),上海辞书出版社 1979 年版,第 1222 页。

③ 教育大辞典编纂委员会:《教育大辞典》(第 1 卷),上海教育出版社 1990 年版,第 27 页。

和环境的影响形成和发展起来的人内在的、综合的、稳定的基本品质。素质
既可以指对个体的要求,也可以指对某一群体的诉求。作为从事教育事业
的职业者,社会对教师有职业素质方面的要求,教师素质对其教育教学活动
起着基础性、决定性、导向性的作用。人的素质是由各种因素组成的,具有
多样性、复杂性、综合性。对于教师素质的构成要素,人们的意见还不完全
一致。有学者认为"教师的素质结构是指为完成教育任务所必须的各种内
在条件及其组合方式。主要由四个方面组成,即学术魅力、创新精神、人格
力量和道德风范"[①]。一个教师只有具备了良好的素质、形成了合理的素质
结构,才能成为党和人民满意的好老师。正如习近平所指出的那样,"每个
人心目中都有自己好老师的形象。做好老师,是每一个老师应该认真思考
和探索的问题,也是每一个老师的理想和追求。我想,好老师没有统一的模
式,可以各有千秋、各显身手,但有一些共同的、必不可少的特质"[②]。这实
际上表明,要成为一个好老师应该具有的素质构成包括理想信念、道德情
操、扎实学识、仁爱之心四个方面,具体阐述如下。

一、思想政治理论课教师的理想信念

人们常说教师是人类灵魂的工程师。他们把人类社会发展过程中长期积
累的生产劳动经验、科学文化知识,以及社会伦理道德和思想认识成果等,通
过教育教学活动传授给青少年,使他们成为社会发展所需要的各类人才,促进
人类文明进步。教育是民族振兴、社会进步的助推器,也是提高国民素质、促
进人的全面发展的根本途径。当今时代,世界各国的综合国力竞争,说到底是
民族素质的竞争,教育对提高全民族的思想道德素质和科学文化素质、培养各
类社会所需要的人才、发展科学技术、建设创新型国家、实现民族伟大复兴具
有重要意义。中国特色社会主义进入了新时代,人民对美好生活的向往是我
们共同的奋斗目标,国家对高等教育的需要比以往任何时候都更加迫切,对科
学知识和卓越人才的渴求比以往任何时候都更加强烈。办好人民满意的教
育,培养高素质的人才,建设现代化教育强国,需要广大教师积极投身教育教
学实践。

---

① 张雷声:《新时期思想政治理论课教学方法探讨》,高等教育出版社 2006 年版,第196 页。

② 习近平:《做党和人民满意的好老师》,载《人民日报》2014 年 9 月 10 日第 2 版。

教师是人类文明的传播者，是学生健康成长的引路人。大学生对马克思主义理论的学习、理解、接受、运用，主要是通过教师的教学活动实现的。从某种意义上讲，有什么样的教师，就有什么样的教育；有什么样的教育，就会培养出什么样的学生。理想是人们在实践中形成的、有实现可能性的对未来社会和自身发展目标的向往和追求，是人们世界观、人生观、价值观的集中体现；信念是人们在一定实践认识基础上确立的对某种思想或事物坚信不疑并身体力行的精神状态。人无精神不立，国无精神不强。理想信念是衡量一个人精神境界高低的重要尺度。思想政治理论课是塑造学生灵魂的课程，决定了教师应该把具有远大的理想和坚定的信念作为教书育人的立身之本。理想信念是人的精神世界的核心，是人精神上的"钙"，教师是否具有较高的思想政治素质和坚定理想信念直接关系到教学效果和学生的政治思想和价值取向，教师有坚定的理想信念，才能培养不缺精神之"钙"的学生。我们的高等教育是为人民服务，为中国共产党治国理政服务，为巩固和发展中国特色社会主义制度服务，为改革开放和社会主义现代化建设服务的。因此，教师的理想信念要建立在对马克思主义的深刻理解上，建立在对历史规律的深刻把握上。在思想文化多样化的时代，我们一定要用马列主义、毛泽东思想、邓小平理论、"三个代表"重要思想、科学发展观及习近平新时代中国特色社会主义思想武装头脑，坚定对马克思主义的信仰，树立中国特色社会主义的共同理想，胸怀共产主义远大理想，保持对教师职业理想的激情，忠诚党的教育事业，把教书育人作为神圣使命，培养更多担当民族复兴大任的时代新人。

一个抱有理想信念的教师，心中必然装满对国家、社会、民族、学生的责任。古往今来，那些为人们所铭记的名师，都是把自己的教书生涯与国家、民族的前途命运紧紧联结起来，进行"传道、授业、解惑"的。黄大年、钟扬、郑德荣、曲建武等优秀教师的先进事迹都体现了教师理想信念的力量。一个人选择了思想政治理论课教师作为自己的职业，就意味着他把自己的聪明才智投入到为国家发展、民族振兴培养优秀人才的教育事业中，并以此作为自己的人生价值追求，就像古人所说的"得天下英才而育之"是人生的一大快乐。

一个有理想信念的教师能够用好课堂，用自己的思想行动带头倡导社会主义核心价值观，帮助学生系好人生的"第一粒扣子"。人类社会发展的历史表明，对一个民族、一个国家来说，最持久、最深层的力量是全社会共同认可的核心价值观。社会主义核心价值观是增进社会团结和谐的最大公约数，培育和践行社会主义核心价值观是实现中国梦的价值支撑。当今时代处于大发展大变革之中，这种变革必然引起大学生思想观念的变化，他们自然会受到各种思想文化的冲击,难免会出现价值观的偏差。教师要以自己的理想信念和学识、阅历、经验激发学生向往真善美,摒弃假丑恶,增强他们的价值判断能力、价值选择能力,培养对中华文化、中国精神、中国价值、中国道路、中国制度的认同感、归属感,为莘莘学子把好人生的"总开关",为党和国家事业发展培养更多理想远大、信念坚定的合格大学生,为实现民族复兴伟大梦想输送源源不断的建设者和接班人。

二、思想政治理论课教师的道德情操

道德情操是指"与某一个或某一类复杂社会事物相结合的复杂的道德情感倾向。具有高度的组织性、系统性、自觉性和概括性,是正确的道德判断、深刻的道德情感体验与坚定的道德行为方式的结合,是道德情感的高级表现形式"①。它的产生取决于情感对象是否符合一定社会的道德信念,是否具有稳定性。它与伦理的道德情感体验一样,不仅概括着许多较具体的道德情感,而且个人对道德要求及其社会意义有较深刻的认识。不同时代、阶级、阶层,人们道德的标准不一样,道德情操也有差异。

(一)道德情操是教师履行教书育人职责的核心品质

道德情操是个人思想道德修养水平的综合表现,在任何社会对任何人来说都是重要的;对教师来讲,教育职业特点决定了其必须具有良好的道德情操。"教,上所施,下所效也;育,养子使做善。"陶行知先生讲"千教万教教人求真,千学万学学做真人"。教师通过教学活动来塑造灵魂、塑造生命、塑造价值、塑造真人,最终实现让学生向好向善向上的教育目标,成为社会需要的人才。在教学活动中,教师不能够凭借单纯的说教影响并改变学生的言行,必须通过言传身教,也就是用自己的道德情操去熏陶学生、感染学生、引导学生。法国思想家卢梭认为:"在敢于担当培养一个人的任务之前,自己就必须要造就成一个人,自己就必须是一个值得推崇的模范。"②思想政治理论课教师是高校教师队伍的重要组成部分,但是,高校立德树人的特殊地位和使命,决定了对他们道德情操有更高的要求。因此,教师首先要加强师德修养,养成良好的师德,以德立身,以德施教,才能影响、改变学生。孔子讲:"其身正,不令而行,其身不正,虽令不从。"教师的一言一行都会对学生产生影响,学生不仅听

---

① 林崇德等:《心理学大辞典》(上卷),上海教育出版社 2003 年版,第 197 页。
② 〔法〕卢梭:《爱弥儿——论教育》(上卷),李平译,商务印书馆 1978 年版,第 99 页。

其言,更观其行,教师在学生眼中是一面镜子,其道德情操对学生一生的影响是不可低估的。反之,如果教师是非曲直不分、善恶义利不辨,怎么能承担起为人师表、立德树人的责任? 教师只有以德立身、以德养学、以身示范、以德育德,学生才能以师为鉴,亲其师、信其道,自觉培育和践行社会主义核心价值观。

师德是深厚的知识修养和文化品味的体现,师德需要教育培养和自我修养。良好的师德包括社会公德、职业道德、家庭美德、个人品德和共产主义道德等方面。教师不仅要有良好的社会公德、家庭美德、个人品德,尤其要培养良好的职业道德即师德,并在此基础上带头弘扬中华美德和共产主义道德风尚。师德的内涵是非常丰富的,它包括教师的思想政治素质、法治观念、品德修养、治学态度、工作作风、待人接物的方式等,其核心内容体现在爱岗敬业、关爱学生、为人师表等方面。只有持之以恒地养成和践履,才能形成好的师德。

(二)教师的人格力量和人格魅力是搞好教育教学的重要条件

道德情操体现在一个人的人格上,人格又称个性,是指"个体在适应环境的过程中所形成的稳定的独特的行为方式及多种特质的总和。'人格'一词,来自拉丁文 Persona,意指面具。用于人的独特行为方式和多种素质,以表现人的外显形象及内在品质。从古希腊迄今,关于人格的理论流派众多。一般认为它由需要、动机、兴趣、价值观、信念、能力、气质、性格等成分组成"[1]。人格是做人的根本,它影响社会生活中人的价值取向,也影响社会对个体价值的评价。高尚人格是人类优秀品质的集中表现,在教学活动中,会对学生产生巨大的感染力、影响力。教师的人格魅力是其师德修养和教学实践的积淀,是其道德情操、学识水平、行为风范、教育观念、教学方法艺术、教学手段等的集合体。实践证明在同样的教学环境下,思想政治理论课的教学效果与教师的人格魅力有着紧密的关联,那些教学效果好的教师,往往具有非常明显的个人魅力,在教学中展示了其人格力量,有效地调动了学生学习的积极性并以自己的人格力量和魅力对学生产生持久的影响力。

(三)注重培养教师高尚的道德情操

道德情操不是一种虚无缥缈的理念和说教,是一种实践精神,存在于教师的教学活动中并对教师履行教书育人职责起着重要促进作用。教师要在教学

---

① 王伯恭:《中国百科大辞典》(6),中国大百科全书出版社 1999 年版,第 4429 页。

实践中努力涵养高尚的道德情操。首先,树立终身学习理念,加强自我修养。在全球化、市场化、信息化时代,人的主体地位和作用日益凸显,社会活动不仅以丰富的知识为前提,而且以独立的人格为基础。教师不能仅仅满足于上好课,带好学生,更重要的是发挥主观能动性,不断学习实践,努力成为一名拥有高尚道德情操、人格魅力且学识渊博深受学生尊敬的好老师,用自己的人格力量影响学生。"榜样的力量是无穷的",教师坚定的理想信念、正确的价值观、渊博的知识及言行一致的人格魅力是搞好教学的底气。其次,树立良好的个人形象。有人说教育无小事,教师无小节。良好的道德情操是教师形象的基础。教师形象不是指其外表长相,而是其道德、知识、能力、工作作风、仪表等的综合体现。教师的职业决定了教师要在课堂上展示良好的师表形象,既不能不拘小节、不修边幅,也不能着装奇异,日常衣着应大方朴素、不落俗套、整洁干净、自然合身,举止端庄,平易近人,率先垂范,以身作则。教师形象塑造绝非朝夕之功,需要付出艰辛的努力,只有全面提升自身素质,才能形成良好的形象,正所谓"腹有诗书气自华"。最后,关爱学生。思想政治教育以人为对象,必须围绕学生、关照学生、服务学生,才能走进学生的心田。对学生的关爱是教师道德情操的重要体现,是思想政治教育的灵魂。因此,"爱生"是搞好教育教学的前提。正如曲建武教授所讲"当老师最重要的是要有爱心,能游刃有余处理学生事务并不难,但成为学生在困难时首先想到的朋友,可谓难上加难"。教师对学生付出的爱是一种不求回报的爱,它是献身教育事业的高尚师德形象的赞誉,即教师职业精神——"红烛精神"或"春蚕精神"。思想政治理论课教师的岗位决定了他们应该把更多的爱给予学生,面对社会上的各种思潮涌动和名利的诱惑,教师要多一份责任、多一份付出和坚守、多一份关爱和解惑,才能培养出党和人民需要的人才。

三、思想政治理论课教师的扎实学识

思想政治理论课教师作为马克思主义理论和中国特色社会主义理论体系的传播者,要把教学搞好,使教学具有亲和力和针对性,必须具备扎实的学识。所谓扎实学识是指教师扎实的知识功底、过硬的教学能力、勤勉的教学态度、科学的教学方法等基本素质,其中教师的知识是根本基础。

(一)扎实的知识功底

思想政治理论课具有鲜明的政治性、知识性、科学性。马克思主义理论包括马克思主义哲学、政治经济学、科学社会主义,教师必须具备扎实的马克思主义理论功底,要认真系统研读经典著作、党和国家的文件,掌握马克思主义的立场、观点、方法,才能形成比较深厚的理论基础。虽然,马克思主义创立以来,世界的时代条件已经发生了极其深刻而复杂的变化,由过去的革命与战争年代,进入和平与发展的时期,但是,仍然没有超出马克思主义基本原理所揭示的客观规律发挥作用的范围。毛泽东提出:"不但应当了解马克思、恩格斯、列宁、斯大林他们研究广泛的真实生活和革命经验所得出的关于一般规律的结论,而且应当学习他们观察问题和解决问题的立场和方法。"①习近平指出:"马克思主义尽管诞生在一个半多世纪之前,但历史和现实都证明它是科学理论,迄今依然有着强大生命力。马克思主义深刻揭示了自然界、人类社会、人类思维发展的普遍规律,为人类社会发展进步指明了方向;马克思主义坚持实现人民解放、维护人民利益的立场,以实现人的自由全面的发展和全人类解放为己任,反映了人类对理想社会的美好憧憬;马克思主义揭示了事物的本质、内在联系及发展规律,是'伟大的认识工具',是人们观察世界、分析问题的有力思想武器;马克思主义具有鲜明的实践品格,不仅致力于科学'解释世界',而且致力于积极'改变世界'。"②马克思、恩格斯在1872年《共产党宣言》德文版序言中指出:"这个《宣言》中所阐述的一般原理整个说来直到现在还是完全正确的。""这些原理的实际运用,正如《宣言》中所说的,随时随地都要以当时的历史条件为转移。"③在革命、建设、改革伟大实践中,中国共产党带领人民历尽艰辛,百折不挠,创造性地把马列主义普遍真理同中国国情和时代条件结合起来,创立了中国化马克思主义,即毛泽东思想、邓小平理论、"三个代表"重要思想、科学发展观、习近平新时代中国特色社会主义思想。恩格斯曾经说过:"马克思的整个世界观不是教义,而是方法,它提供的不是现成的教条,而是进一步研究的出发点和供这种研究使用的方法。"对待马克思主义不能采取教条主义的态度,也不能采取实用主义的态度。我们要自觉把思想认识从那些不合时宜的观念、做法和体制的束缚中解放出来,从对马克思主义错误的和教条式的理解中解放出来,从主观主义和形而上学的桎梏中解放出来。时代在前进、实践在发展,马克思主义没有穷尽真理,坚持马克思主义,我们必须坚持解放思想、实事求是、与时俱进,这是马克思主义的精髓,也是推进马克思主

---

① 《毛泽东选集》(第2卷),人民出版社1991年版,第521页。

② 中共中央文献研究室:《习近平关于社会主义文化建设论述摘编》,中央文献出版社2017年版,第73～74页。

③ 马克思、恩格斯:《共产党宣言》,人民出版社1997年第3版,第3页。

义中国化、时代化、大众化的本质所在、优势所在。

教师要真正学懂弄通马克思主义理论,才能运用科学理论帮助学生树立正确的世界观、人生观、价值观,解决他们的思想认识问题,促进全面发展。在全球化、信息化时代,各种思想文化相互激荡,价值观念多元多样,各种观点泥沙俱下,良莠不分,一些错误思潮也会乘虚而入。有人鼓吹"共产主义渺茫论",有人刻意歪曲历史、丑化英雄、美化侵略,还有人以泛娱乐化、泛物质化的态度对待历史、对待党的领袖人物、对待中国特色社会主义。思想政治理论课教师要坚持以科学理论武装人,用马克思主义理论教育大学生,增强大学生对各种社会思潮的鉴别力,提高中国特色社会主义意识形态的凝聚力和引领力。

思想政治理论课程有好几门,每门课程教学都有侧重点,教学要求也不一样,每个教师所承担的教学任务大多是一门课程。马克思主义是博大精深的理论体系并随着实践的发展而发展,教师不可能掌握其全部理论知识,但是,一定要学习掌握马克思主义基本原理、基本立场、基本观点、基本方法。教师要打好扎实的知识功底,不仅需要具备多学科的知识背景,包括哲学、历史学、文学、法学、经济学、伦理学、教育学等学科知识,而且需要对某一门具体思想政治理论课程的精深专业知识,对所授课程所属学科的知识有全面系统深入的学习了解,对学科发展的动态、研究的热点难点及时掌握,使自己的专业知识体现高、精、尖的水平,这样才能满足学生学习求知的需要。

(二)过硬的教学能力

教学是一项复杂的教育劳动,教师的教学能力决定了教学质量的高低。所谓教学能力是指"教师为达到教学目标、顺利从事教学活动所表现的一种心理特征。由一般能力和特殊能力组成"①。一般来说,它包括教学设计能力、教学组织能力、语言和文字表达能力、运用教学方法和教学手段的能力、研究和创新能力等。

1.教学设计能力

教学设计是教学准备工作的一个重要方面,是对整个教学活动的总体谋划。教师必须根据课程的教学目标、教学内容、教学环境条件及学生思想认识的特点,统筹兼顾,提出教学的路线图。合理的教学设计是教学成功的保障。教师虽然闻道在先,掌握了丰富的马克思主义理论及思想政治教育学科的知识,但是给学生"烹制"美味的知识大餐,不是一件容易之事,教师要付出艰苦

---

① 顾明远:《教育大辞典》(增订合编本·上),上海教育出版社1998年版,第718页。

的努力。教师要仔细研读教材,消化教学内容,把握重点难点,选取合理的教学素材,对授课内容进行精心的组织,把教材体系转化为教学体系,并根据自身知识能力素质实际和学生思想认识状况,选择合理的教学方法,预先对教学活动精心安排,将比较系统抽象、枯燥难懂的理论知识变为生动形象、易于为学生所学习、理解、接受的内容。

2.教学组织能力

教学组织能力是指教师娴熟地掌控教学进程,调控课堂气氛,激发学生学习兴趣,进行课堂提问,组织学生讨论、辩论以及组织安排社会实践活动等的能力。课堂教学是最主要的思想政治理论课教学形式,教师需要了解学生学习情况、思维能力和个性特点,调动学生学习积极性,合理有效地组织教育教学活动,才能入耳、入脑、入心。我们都有这样的体会,一个有丰富教学经验的老师上课,语言生动幽默、思维敏捷、条理清晰,收放自如,师生有效互动,能够达到引人入胜的境界,一堂课下来学生意犹未尽。教学组织能力是教师的一项基本功,对教师讲授教学内容,激发学生学习兴趣,进行课堂提问、辩论、演讲,营造良好学习氛围有着重要作用。同样,教师要想卓有成效地开展实践教学活动也需要较强的教学组织能力。实践教学是思想政治课教学不可或缺的部分,理论与实践相结合是马克思主义的学风,结合理论教学组织学生走出校门、走进社会开展社会调查,参观考察,志愿活动,"文化、科技、卫生三下乡"等活动,让学生了解社会、了解国情省情,受教育、长才干、做贡献,能够促进学生知行合一。教师在搞好教学活动的同时,也要与社会联系,建立实践基地,充分利用社会思想政治教育资源开展实践教学活动。

3.语言和文字表达能力

思想政治理论课教学必须借助语言和文字传递思想理论、表达情感、塑造价值。语言和文字表达能力是教师经由教学活动,将思想智慧、理论知识、道德感情和素质才能转变为影响学生学习活动、培养素质的重要因素。马克思主义理论编写在教材中,具有政治性、学术性、理论性的特征。教师通过语言把这些沉睡的理论激活,用通俗易懂、生动形象、富有感染力的语言直达学生心窝,满足其理论需要。教师要培养过硬的语言表达能力。教学语言要注意准确性、严谨性、真实性、趣味性、时代性、艺术性,以营造生动活泼的课堂气氛。如果教师说出的话干干巴巴,缺乏时代气息,从理论到理论,很难引起学生学习兴趣。当然教师授课不仅需要用教学语言,也需要借助非语言表达,与语言表达相伴。教师运用其表情、手势等肢体语言,能够很好地表达情感,激起学生思想共振,达到相得益彰的效果。这一点,我们可以从一些艺术家声情并茂的表演中获得灵感和启发。文字表达能力是教师必备的能力之一,它是教书育人、科学研究、交流思想、总结经验的重要手段,与教学语言、非语言一起综合运用可以增强教学实效。

4.运用教学方法和教学手段的能力

思想政治理论课教学离不开科学的教学方法及现代化的教学手段。教学方法是改进教学,提高教学质量的重要保障,教师要善于总结教学经验,把握学生思想认识特点,运用启发式、参与式、讨论式、体验式等多种教学方法,调动学生学习积极性,激发学生的问题意识,培养学生运用马克思主义理论分析问题、解决问题的能力。随着信息技术的发展,教学手段不断进步,多媒体、虚拟技术等新技术广泛应用于教学,教师要加强对信息技术的学习与应用,充分利用网络收集教学信息、资料,提高多媒体课件制作水平,开展虚拟实践教学,增强教学的趣味性、艺术性,吸引学生的"眼球",提高课堂"抬头率",还可以通过微信、微博、个人网页扩展教学途径,加强与学生的联系。

5.科学研究能力和创新能力

思想政治理论教育教学是一项复杂的实践活动,解决"一定社会发展的要求同人们实际的思想品德水准之间的矛盾",需要教师树立问题意识,研究问题、解决问题。科学研究能力是指教师在教育教学过程中,发现并解决与教育教学有关的各种矛盾的本领。随着国际上"教师专业化"运动的兴起,科学研究能力已经列入现代教师的专业素养之中。思想政治理论课教师要对教育教学过程中出现的问题及社会上发生的与教育有关的事件,保持一种职业的敏锐感和探究的欲望,善于从日常熟悉的教材、学生、教学环境及社会背景中挖掘问题的深刻含义,运用马克思主义立场、观点、方法来分析、解决问题,引领学生健康成长。教师不能仅仅满足于教好书,要积极开展研究,研究教材、教育对象、教学方法手段、教学环境等;研究思想政治工作规律、教书育人规律、学生成长规律,从中找出教育教学的规律性认识用以指导实践,才能够有效提高教学水平和质量。与时俱进是马克思主义的鲜明理论品质,思想政治理论课教学不能因循守旧,需要教师有创新能力。创新能力与创新精神是教师的核心素养,也是教师培养具有创新精神的学生所必备的品格。"纵观人类发展历史,创新始终是推动一个国家、一个民族向前发展的重要力量,也是推动整个人类社会向前发展的重要力量。"①思想政治理论教育教学是一项需要创新精神又体现创新精神的复杂性的教育劳动,我们要发扬马克思主义理论联系实际的优良学风,解放思想、实事求是、与时俱进、求真务实,立足思想政治教育实践,着眼于巩固马克思主义在意识形态领域的指导地位,巩固全党全国人民团结奋斗的共同思想基础,研究新情况、解决新问题,自觉承担起举旗帜、聚民心、育新人、兴文化、展形象的使命任务。

(三)勤勉的教学态度

教学态度是指教师对教学对象、教学过程及相关的教学工作所持的稳定的心理倾向,包括教师的责任心和对待学生的情感,反映在教师备课、授课、辅导学生、批改作业、阅卷等教学环节上,它直接关系到教学效果的优劣。一般讲,教学态度是指教师对教学工作的态度、对学生的态度、对生活的态度以及相关的心理品质和人格特性。人们常说态度决定一切。教师以什么样的教学态度对待学生,决定着学生的成长成才。常言道,"近朱者赤,近墨者黑"。从心理学的角度看,积极的教学态度能够给予学生正能量,激励学生勤奋学习,养成良好的思想品德;消极的教学态度使学生在课堂上昏昏欲睡,提不起精神,甚至厌学,扭曲学生的价值观。古代教育家孔子的教学态度非常值得我们学习。《论语·子罕》记载孔子的学生颜渊对他教学态度的评价。颜渊赞叹孔子所传授的学说可谓博大精深,越仰望觉得越高,越钻研觉得越坚实,看着好像在前面,就要赶上去,转眼间忽然又在后面了,我又错过了。接着颜渊说到孔子对待学生的态度:"夫子循循然善诱人,博我以文,约我以礼,欲罢不能。"②虽然,孔子是一位非常优秀的老师,但他仍认为"三人行必有我师焉"。他一向谦虚、谨慎、好学,从不以贤人、智者乃至圣人自居,对待学生也很耐心。"循循然善诱人"是学生对孔子教学的中肯评价。孔子的学生年龄参差不齐,有的学生年龄比他还大,有的父子同为他的学生,他们大多出身卑微,基础不一。但是,孔子在教学中注意根据学生的实际,对学生进行循序渐进的诱导,因材施教,引导教育学生学习,而不是不顾实际,毫无规律地生硬"灌输"。上好思想政治理论课不是一件容易的事情,教师要忠诚党的教育事业,勤奋学习,不断实践,积累教学经验,树立正确的世界观、人生观、价值观,培养积极、健康、向上的人生态度和良好的心理素质,养成严谨认真、团结协作的工作作

---

①　中共中央文献研究室:《习近平关于科技创新论述摘编》,中央文献出版社 2017 年版,第 4 页。

②　李培宗:《论语全解》,齐鲁书社 2008 年版,第 137～138 页。

风,以良好的师德师风影响学生。

(四)科学的教学方法

任何教育教学活动都需要重视对教学方法的研究和运用,教学方法是影响教学目标能否顺利实现的因素之一。科学的教学方法好比是我们过河的"桥"或"船"。因此,教师要重视对教学方法进行自觉的学习和反思,立足教学实际,遵循"因事而化、因时而进、因势而新"的原则,注意对教学方法的改革与创新。学习和借鉴中外教育发展历史上留下的教学方法,结合思想政治理论教育的现实,汲取精华,推陈出新,不断丰富和发展思想政治理论教育教学的方法,提高教学的亲和力、针对性。

四、思想政治理论课教师的仁爱之心

仁爱之心是做老师的根本。习近平指出:"教育是一门'仁而爱人'的事业,爱是教育的灵魂,没有爱就没有教育。好老师应该是仁师,没有爱心的人不可能成为好老师。"①因此,仁爱之心是教师成长发展的关键。教师的仁爱之心不能简单等同于父母对子女的爱心,它是一种基于对国家、民族的责任和爱在教师身上的充分体现,是一种无私的大爱,也是一种不求回报的爱。它以师生相互信赖为基础,这种信赖体现了教师对学生学习、生活、做人的关怀、尊重、理解和帮助。当然,教师的仁爱之心不能仅仅局限于学生层面,更要时刻关注国家、民族、社会及人类未来的发展,关注构建人类命运共同体,关注人民群众对优质教育的需求,更好地满足人民群众精神文化生活的新期待。教师的仁爱之心还体现在对生命的爱,"教师的教育学修养中所体现出对生命的挚爱,第一,他关注的是把爱变成一种对学生的欣赏能力和透析能力,以此发现和挖掘每一个具体的学生生命的独特价值。第二,他关注的是把爱转化为一种现实的推动力,即如何在爱中促使每一个孩子的生命获得主动健康的发展。第三,他关注的是与学生建立一种以'爱'为基础的师生关系能力,教师的爱通过与学生的平等对话、坦诚交流来实现……爱不仅是一种情感,也不仅是一种动力,同时也是一种运行机制"②。仁爱之心,爱人之心,送人玫瑰手有余香,爱别人就是爱自己。教师用爱去对待每个学生,付出爱会收到学生成长成才的快乐,也体现教师的价值。

---

① 习近平:《做党和人民满意的好老师》,载《人民日报》2014 年 9 月 10 日第 2 版。
② 李政涛:《论教育学的基本指向及其灵魂》,载《教师教育研究》2007 年第 2 期。

民族振兴的希望在教育,教育的希望在教师。培养担当民族复兴大任的时代新人需要大批好老师不断涌现。成为好老师是每个教师的理想,好老师不仅需要组织的培养教育,更需要每个教师在教学实践中加强锻炼,自我鞭策,自我省思,见贤思齐,不断在理想信念、道德情操、扎实学识和仁爱之心等方面提升自我修养,以优秀教师为楷模,终身学习。成为好教师要坚持教书和育人相统一、言传和身教相统一、潜心问道和关注社会相统一、学术自由和学术规范相统一,做先进思想文化的传播者、党执政的坚定支持者,更好担起学生健康成长指导者和引路人的责任。

第七章

高校思想政治理论课的实践教学

实践教学是思想政治理论课教学体系不可或缺的重要组成部分,是加强和改进大学生思想政治教育,增强思想政治理论课实效性的重点、难点及着力点之一。自"05方案"实施以来,各地因地制宜,积极探索,在思想政治理论课教材建设、教师队伍建设、教学方法改革与创新等方面取得了较为明显的成绩。但是,长期以来,思想政治理论课教学工作中存在的理论与实践结合不够紧密这一问题,仍然需要我们花费时间和精力去解决。本章主要研究思想政治理论课实践教学的内涵、形式及作用,并就高校如何因地制宜,充分有效地挖掘、利用所在地方德育资源,加强和改进思想政治理论课实践教学,提高思想政治理论课实效性做一些探讨。

一、思想政治理论课实践教学的内涵

(一)开展实践教学是加强大学生思想政治理论教育的现实诉求

思想政治理论课作为大学生的必修课,是人文社会科学的重要组成部分。但是,它与一般的人文社会科学有不同之处。首先,作为人文社会科学的组成部分,它有系统性、理论性和科学性,是关于人文社会科学的知识,有培养大学生科学文化素质的作用。其次,作为体现社会主义大学本质要求的课程,它有高度的政治性、阶级性、思想性和较强的实践性。大学生经过系统的马克思主义理论教育,可以形成正确的世界观、人生观、价值观和道德观、法治观,增强"四个自信",成为担当民族复兴大任的时代新人。因而思想政治理论课教学不仅要对大学生进行马克思主义理论教育,更重要的是使学生能够学会运用马克思主义的立场、观点和方法分析问题、解决问题,实现从知识体系向信仰体系的转化。从教育心理学的角度看,要使受教育者在思想政治理论课的教

学过程中"真学、真懂、真信、真用",在学习理论知识的基础上,还需要经过相应的实践环节。理论与实践相结合,激发学生探索的兴趣,提高学习的亲和力、针对性及成就感,从而引起思想的共振,使大学生心灵深处经过"知、情、信、意、行"的心理演化,形成科学的认识,培养辩证的思维方式,学以致用,才能实现教育教学的目标。

"05方案"实施以来,实践教学一直受到重视。中宣部、教育部指出"要加强实践教学。高等学校思想政治理论课所有课程都要加强实践环节。要建立和完善实践教学保障机制,探索实践育人的长效机制。围绕教学目标,制定教学大纲,规定学时,提供必要经费"①

十八大以来,中宣部、教育部高度重视思想政治理论课实践教学工作,出台系列文件,实践育人观念得到有效加强,实践教学改革得到深化,实践教学的形式丰富多样,实践教学资源得到整合,实践教学取得明显成效。2017年7月,教育部办公厅《关于高校组织思想政治理论课主题学习实践活动的通知》(教社科厅函〔2017〕33号)提出:"在各高校学生暑期社会实践活动中,结合思政课每门课程的教学,每门思政课必修课至少专设一支思政课主题学习实践小分队,将思政课实践教学与暑期社会实践活动结合起来。要组织思政课教师出题目、作指导,学生工作部门和辅导员具体组织实施,积极引导学生参与实践活动……要引导广大学生从我国改革发展的实践中对思政课的理论内容、价值判断等展开深入、客观的思考,力求通过主题社会实践活动使广大学生拓宽视野、了解国情、深化认识、增长才干,并推动理论与实践结合,强化思政课教学效果。"②2017年9月,教育部《关于印发〈高等学校马克思主义学院建设标准(2017年本)〉的通知》(教社科〔2017〕1号)指出:"制定实践教学计划,统筹思想政治理论课各门课程的实践教学,落实学时学分、教学内容、指导教师和专项经费。实践教学原则上覆盖全体在校学生,建设相对稳定的校外教学实践基地。"③2017年12月,《中共教育部党组关于印发〈高校思想政治工

---

① 教育部社会科学司:《普通高校思想政治理论课文献选编(1949—2006)》,中国人民大学出版社2007年版,第216页。

② 教育部办公厅《关于高校组织思想政治理论课主题学习实践活动的通知》(教社科函〔2017〕33号),http://www.moe.edu.cn/srcsite/A13/moe_772/201707/t20170710_309039.html,下载日期:2018年2月6日。

③ 教育部《关于印发〈高等学校马克思主义学院建设标准(2017年本)〉的通知》(教社科〔2017〕1号),http://www.moe.edu.cn/srcsite/A13/s7061/201709/t20170926_315339.html,下载日期:2018年2月6日。

作质量提升工程实施纲要〉的通知》（教党〔2017〕62 号）提出：构建"实践育人质量提升体系。坚持理论教育与实践养成相结合，整合各类实践资源，强化项目管理，丰富实践内容，创新实践形式，拓展实践平台，完善支持机制，教育引导师生在亲身参与中增强实践能力、树立家国情怀"[①]。

2018 年 4 月，教育部《关于印发〈新时代高校思想政治理论课教学工作基本要求〉的通知》（教社科〔2018〕2 号）指出："从本科思想政治理论课现有学分中划出 2 个学分、从专科思想政治理论课现有学分中划出 1 个学分，开展本专科思想政治理论课实践教学。学生既可通过参加教师统一组织的实践教学获得相应学分，也可通过提交与思想政治理论课学习相关的实践成果申请获得相应学分。"[②]从上述教育部文件中，我们可以看到教育部对实践教学的重视程度。但是，目前人们对思想政治理论课实践教学的认识还不一致，这需要我们去深入研究，推动其持续健康发展。

（二）思想政治理论课实践教学的内涵

在研究思想政治理论课实践教学之前，我们先考察与其相关的两个概念，然后分析思想政治理论课实践教学的内涵。首先是实践概念，马克思主义认为实践是人类能动地改造世界的客观物质性活动。其次要考察实践教学这个概念，实践教学或称为实践性教学，在自然科学类课程如医学、生物学等教学中早已存在。实践性教学是指"相对于理论教学的各种教学活动的总称。包括实验、实习、设计、工程测绘、社会调查等。旨在使学生获得感性知识，掌握技能、技巧，养成理论联系实际的作风和独立工作能力。通常在实验室、实习场所等一定的职业活动情景下进行，作业是按专业或工种的需要设计。教师根据不同作业、不同个体进行分类指导；学生采取学和做相结合的方式"[③]。从上述分析可以看出，实践教学无疑属于人类实践的范畴。

相对于自然科学类，教育学、管理学、经济学等人文社会科学课程的实践教学，思想政治理论课实践教学概念的提出相对晚一点。在我国，思想政治理论课实践教学也有相当长的发展时期，是随着思想政治理论课程的建设及其

---

① 《中共教育部党组关于印发〈高校思想政治工作质量提升工程实施纲要〉的通知》（教党〔2017〕62 号），http://www. moe. edu. cn/srcsite/A12/s7060/201712/t20171206_320698. html，下载日期：2018 年 2 月 6 日。

② 教育部《关于印发〈新时代学校思想政治理论课教学工作基本要求〉的通知》（教社科〔2018〕2 号），http://www. moe. edu. cn/srcsite/A13/moe_772/201804/t20180424_334099. html，下载日期：2018 年 2 月 6 日。

③ 顾明远：《教育大辞典》（增订合编本·下），上海教育出版社 1998 年版，第1412 页。

教育教学进程逐步发展起来的,体现了思想政治工作规律、教书育人规律及人才成长规律的要求。根据现有的资料看,起码在中华人民共和国成立初期,高校在有了思想政治理论课教学的同时就有了它的实践教学,只不过受各种条件的制约,那时候实践教学的内容、形式还比较简单。1949 年 12 月 30 日,钱俊瑞在第一次全国教育工作会议上的总结报告要点(节录)指出:"根据各地的经验,为了有效地进行政治思想教育,第一,理论学习必须密切结合学生的思想实际,即把理论学习作为改造思想的武器,改造思想作为理论学习的直接目的……第五,这种学习应当与自己参加生产劳动、参加群众斗争,参观解放军或工厂等活动结合起来,才能收到大的成效。"①在当时条件下,理论与实践就被强调要相结合。事实上,在不同的历史时期,高校思想政治理论课都强调了马克思主义理论的学习要与当时的党和国家、高校面临的形势与任务结合,重视进行实践教学,弘扬马克思主义理论联系实际的学风。

　　虽然,思想政治理论课实践教学早已经存在,思想政治教育学界也一直重视对实践教学的研究。但是,目前对思想政治理论课实践教学的内涵人们的认识还不完全一致。比较有代表性的观点有以下两方面。一是狭义实践教学,即认为:"实践教学是相对于课堂理论讲授而言的、以学生为参与主体的实践性的教学活动。实践教学具有两个基本规定性:其一,实践教学具有实践指向性和教学意向性,是一种教学活动而不是其他类型的活动,特别是不等同于纯粹的学生活动;其二,实践教学必须以学生为中心和主体来创造教学实践场景,以学生的参与、体验、探究和感悟为充要环节。"并认为"在理论讲授的课堂上进行的互动教学,只能算理论教学的组成,而不应算作实践教学"②。二是广义实践教学,有学者提出,实践教学模式"指的是除了理论教学之外的所有与实践有关的教学,它可以体现在课堂教学之中,也可以体现在课堂教学之外,尤其是体现在课堂教学之外"③。从思想政治理论课教学的实际情况看,由于其受学时、空间、教学环境等因素的影响,单纯在课堂上进行实践教学无论是学时,还是实践的形式都受到很大制约。所以,实践教学不能仅限于在思想政治理论课的课堂上进行,它应该包括课堂上和课堂以外的与思想政治理

---

① 教育部社会科学司:《普通高校思想政治理论课文献选编(1949—2006)》,中国人民大学出版社 2007 年版,第 4 页。

② 宇文利:《实践教学的现状与反思》,载《中国德育》2011 年第 12 期。

③ 李松林、李会先:《关于高校思想政治理论课实践教学的几点思考》,载《思想教育研究》2006 年第 7 期。

论课理论教学及学生学习紧密相连的所有实践活动。因此,有研究者认为, "思政课实践教学,就是在完成思政课理论教学的基础上,通过具体实践途径, 达到对思政课课堂上学习基本理论知识的进一步理解、吸收、内化,实现对思 政课基本理论、原理的应用,从而进一步树立马克思主义的世界观和方法 论"①。

(三)思想政治理论课实践教学的理论基础

实践教学有其丰富的理论支撑和现实条件,是思想政治理论课教学体系 的重要组成部分,一般讲,它的理论基础有以下四个方面。

一是,认识世界与改造世界的统一,决定了理论必须与实践相结合,实践 是检验真理的唯一标准。理论联系实际是马克思主义认识论的根本要求,是 思想政治理论课实践教学的理论基础之一。马克思主义理论与具体实际相结 合,是人们正确认识世界和有效改造世界的根本途径。思想政治理论课教学 要对大学生进行马克思主义教育。作为党和国家指导思想的马克思主义,既 包括由马克思、恩格斯创立的及列宁等在领导俄国革命和社会主义建设中发 展了的马克思主义,还包括中国共产党人将马克思主义普遍真理与中国实际 结合,形成的马克思主义中国化理论成果——毛泽东思想、邓小平理论、"三个 代表"重要思想、科学发展观及习近平新时代中国特色社会主义思想。马克思 主义具有鲜明的政治性、理论性、人民性,又有很强的应用性。学习理论的目 的在于应用马克思主义的立场、观点、方法分析问题、解决问题,就是把理论学 习与认识世界、改造世界结合起来。认识与实践结合,理论联系实际,是马克 思主义的优良学风,也是党的思想路线的重要内容。开展实践教学把学习理 论与现实实际情况结合起来是提高学习效果的根本方法。马克思、恩格斯在 《共产党宣言》中强调,"原理的实际运用,正如《宣言》中所说的,随时随地要以 当时的历史条件为转移"。毛泽东指出:"要有目的地去研究马克思列宁主义 的理论,要使马克思列宁主义的理论和中国革命的实际运动结合起来,是为着 解决中国革命的理论问题和策略问题而去从它找立场,找观点,找方法的。这 种态度,就是有的放矢的态度。'的'就是中国革命,'矢'就是马克思列宁主 义。我们中国共产党人所以要找这根'矢',就是为了要射中国革命和东方革 命这个'的'的。"②邓小平提出:"学马列要精,要管用的。"③习近平指出:"坚持

---

① 罗军强:《高校思政课实践教学教程》,中南大学出版社 2015 年版,第 11 页。

② 《毛泽东选集》(第 3 卷),人民出版社 1991 年版,第 801 页。

③ 《邓小平文选》(第 3 卷),人民出版社 1993 年版,第 382 页。

以马克思主义为指导,必须落到研究我国发展和我们党执政面临的重大理论和实践问题上来,落到提出解决问题的正确思路和有效办法上来。"①学习理论,把理论运用于实践,在实践中发现问题、解决问题、学以致用、服务人民,才能真正学懂弄通马克思主义理论。

二是,以人为本的思想。以人为本是科学发展观的根本出发点。党的十九大报告指出,我国社会的主要矛盾已经转化为人民日益增长的美好生活需要和不平衡不充分的发展之间的矛盾。满足人民美好生活需要不仅体现在物质生活方面,也体现在精神生活方面,思想政治教育是满足人民精神生活需要的重要途径之一。马克思主义科学地揭示了人的本质,认为人既有自然属性,也有社会属性,社会属性是人的本质属性。人的物质生活虽然很重要,但是,人又具有追求精神生活充实高尚的欲望,人是在追求物质生活中,不断地超越原有的思想道德高度,持续地提升精神境界的。"穷且益坚,不坠青云之志"正是仁人志士的高尚情怀。习近平要求,"要坚持不懈促进高校和谐稳定,培育理性平和的健康心态,加强人文关怀和心理疏导,把高校建设成为安定团结的模范之地"②。立德树人,学生是受教育的主体。思想政治教育从根本上讲是做人的工作,是解疑释惑的过程,必须树立以人为本的理念,必须眼中有学生。思想政治理论课实践教学要围绕关心学生、爱护学生、服务学生,研究如何结合理论教学,在实践教学中联系思想、学习、生活实际,引导学生学思结合,知行合一,提高政治觉悟、道德水平、文化素养、法律素质,引导学生正确认识世界和中国发展大势,正确认识中国特色和国际比较,正确认识时代责任和历史使命,正确认识远大抱负和脚踏实地,全面提高思想道德素质,这样才能成为担当民族复兴大任的时代新人。

三是,知行合一的思想。一般情况下,每个人的知识是由间接经验和直接经验构成的,由于人的时间和精力的制约,学习间接经验是人们获取知识的主要方式,但是,直接经验的学习也是必不可少的。大学生通过理论学习掌握了一些马克思主义理论,这些理论知识对他们来说是前人在实践中积累的宝贵思想认识成果属于间接经验。参加实践教学活动可以使大学生把从书本中学习到的理论知识运用于实际生活中,他们经过调查研究、参观考察、服务社会、

---

① 中共中央文献研究室:《习近平关于社会主义文化建设论述摘编》,中央文献出版社2017年版,第80页。

② 《习近平在全国高校思想政治工作会议上强调:把思想政治工作贯穿教育教学全过程开创我国高等教育事业发展新局面》,载《人民日报》2016年12月9日第1版。

服务人民、亲身感受可以获得丰富的直接经验,加深对马克思主义理论的学习理解,增强"四个自信"。实践教学是连接"知"与"行"的纽带,古人讲,"知者行之始,行者知之成"。学习理论的目的在于应用,将学到的知识运用于实践中,在改造客观世界中改造主观世界,系好人生的"第一粒扣子",培育和践行社会主义核心价值观,涵养良好的思想品德和法治思维。空谈误国,实干兴邦。"每一项事业,不论大小,都是靠脚踏实地、一点一滴干出来的。'道虽迩,不行不至;事虽小,不为不成。'这是永恒的道理。做人做事,最怕的就是只说不做,眼高手低。不论学习还是工作,都要面向实际、深入实践,实践出真知;都要严谨务实,一分耕耘一分收获,苦干实干。"①

四是,教育与生产劳动相结合,是马克思主义的教育原理,也是思想政治理论课实践教学的理论之基。早在 19 世纪,马克思在考察机器大工业生产方式的过程中,揭示了机器大工业生产对劳动力素质提出的新要求:客观上需要在生产过程之外的专门场所——学校学习机器大工业的生产原理及其技能。而要培养具有一定文化、技术素养的劳动力,就必须要改变当时的学校教育制度和童工制度,必须把教育与生产劳动相结合,用现代科学技能武装劳动者,以现代生产实践经验培训劳动者。但是,在资本主义制度下,随着机器的广泛使用,带给工人阶级的直接后果是大批的妇女、儿童需要进工厂做工,童工制度给儿童的健康成长带来了极大危害。"只是到 1833 年,儿童的工作日才被限制为 12 小时;由于过度的劳动,根本没有发展智力的时间。"②基于对未来社会的儿童生活的关心,马克思、恩格斯在《共产党宣言》中提出:"对所有儿童实行公共的和免费的教育。取消现在这种形式的儿童的工厂劳动。把教育同物质生产结合起来,等等。"③马克思、恩格斯从人的全面自由发展的历史高度,提出了教育与生产劳动相结合的命题,并把它作为"造就全面发展人的唯一方法"④。

教育与生产劳动相结合,是毛泽东教育思想的重要内容,也是对马克思主义教育思想的继承和发展。在中央苏区时期,毛泽东提出:"苏维埃文化教育的总方针在什么地方呢? 在于以共产主义的精神来教育广大的劳苦民众,在于使文化教育为革命战争和阶级斗争服务,在于使教育与劳动联系起来,在于

---

① 《习近平在北京大学师生座谈会上的讲话》,载《人民日报》2018 年 5 月 3 日第 2 版。

② 《马克思恩格斯全集》(第 16 卷),人民出版社 1964 年版,第 640 页。

③ 马克思、恩格斯:《共产党宣言》,人民出版社 1997 年第 3 版,第 49 页。

④ 姜文闵、韩宗礼:《简明教育词典》,陕西人民教育出版社 1998 年版,第 545 页。

使广大中国民众都成为享受文明幸福的人。"①1943 年,在抗日战争的关键时期,为了打破国民党对陕甘宁边区的经济封锁,毛泽东发出"自己动手,丰衣足食"的号召,他要求"一切机关学校部队,必须于战争条件下厉行种菜、养猪、打柴、烧炭、发展手工业和部分种粮"②。中华人民共和国成立后,1957 年,毛泽东在最高国务会议第十一次扩大会议上的讲话(即《关于正确处理人民内部矛盾的问题》)中指出:"我们的教育方针,应该使受教育者在德育、智育、体育几方面都得到发展,成为有社会主义觉悟的有文化的劳动者。"③1978 年,在全国教育工作会议上邓小平提出:"为了培养社会主义建设需要的合格的人才,我们必须认真研究在新的条件下,如何更好地贯彻教育与生产劳动相结合的方针。马克思、恩格斯、列宁和毛泽东同志都非常重视教育与生产劳动相结合,认为在资本主义社会里这是改造社会的最强有力的手段之一;在无产阶级取得政权之后,这是培养理论与实际结合、学用一致、全面发展的新人的根本途径,是逐步消灭脑力劳动和体力劳动差别的重要措施。"④1994 年,江泽民在全国教育工作会议上的讲话提出:"这里我要特别讲一下教育与生产劳动相结合的问题。这一条已经明确写入《中国教育改革与发展纲要》,是我们教育方针的重要组成部分。教育与生产劳动相结合是坚持社会主义教育方向的一项基本措施。"⑤胡锦涛强调:"要全面贯彻党的教育方针,坚持教育为社会主义现代化建设服务,为人民服务,与生产劳动和社会实践相结合,培养德智体美全面发展的社会主义建设者和接班人。"⑥习近平提出:"必须坚持崇尚劳动、造福劳动者。劳动是财富的源泉,也是幸福的源泉。人世间的美好梦想,只有通过诚实劳动才能实现;发展中的各种难题,只有通过诚实劳动才能破解;生命里的一切辉煌,只有通过诚实劳动才能铸就。劳动创造了中华民族,造就了中华民族的辉煌历史,也必将创造出中华民族的光明未来。'一勤天下无难事。'必须牢固树立劳动最光荣、劳动最崇高、劳动最伟大、劳动最美丽的观念,让全

---

① 《毛泽东邓小平江泽民论教育》,中央文献出版社、人民教育出版社、北京师范大学出版社 2002 年版,第 9 页。

② 《毛泽东选集》(第 3 卷),人民出版社 1991 年版,第 911 页。

③ 《毛泽东邓小平江泽民论教育》,中央文献出版社、人民教育出版社、北京师范大学出版社 2002 年版,第 65～66 页。

④ 《毛泽东邓小平江泽民论教育》,中央文献出版社、人民教育出版社、北京师范大学出版社 2002 年版,第 142～143 页。

⑤ 《毛泽东邓小平江泽民论教育》,中央文献出版社、人民教育出版社、北京师范大学出版社 2002 年版,第 249 页。

⑥ 《全国教育工作会议文件选编》,人民出版社 2010 年版,第 7 页。

体人民进一步焕发劳动热情、释放创造潜能,通过劳动创造更加美好的生活。"①要在学生中弘扬劳动精神,教育引导学生崇尚劳动、尊重劳动,懂得劳动最光荣、劳动最崇高、劳动最伟大、劳动最美丽的道理,长大后能够辛勤劳动、诚实劳动、创造性劳动。

人民群众美好的生活来自劳动创造,教育与生产劳动相结合是实践教学的需要,也是加强劳动教育,培养大学生热爱劳动、热爱劳动人民的感情、增强素质能力的现实需要。

二、思想政治理论课实践教学的形式

实践教学作为思想政治理论课教学体系的重要内容,对于实现教学目标,发挥其引导政治方向、约束规范行为、激发精神动力、塑造个体人格的功能具有显著的功效。立足教学实际,因地制宜,积极探索适应大学生学习特点、体现教学内容和教育教学规律要求的思想政治理论课实践教学的有效形式,对于提高教学的亲和力、针对性有重要意义。

实践教学的形式可以分为很多种。根据上面我们对实践教学内涵的理解,思想政治理论课的实践教学,可以划分为课内实践教学、课外实践教学二种基本形式;根据实践教学的呈现形态可以分为实景实践教学和虚拟实践教学;根据开展实践教学的主体,可以划分为思想政治理论课教师主导的实践教学、党组织开展的实践教学、团学及社团组织开展的实践教学(即大学生社会实践)等,还有混合分类法,主要以实践教学的最为常用的形式划分,分为课内实践教学、课外实践教学、虚拟实践教学三种。课内实践教学与理论课教学结合紧密,便于教师指导,方便学生参与;课外实践教学贴近现实生活,空间范围大,有利于学生获得多种体验;虚拟实践教学不受时间空间限制,能使学生全员参与,三种形式综合运用,能够扩大学生参与面,提高实践教学的实效性。本书主要采取混合式的分类方法,分述如下。

1. 课内实践教学

它是指以课堂为时空,结合理论学习,由教师组织学生实施的实践教学活动。课内实践教学活动是一种非常有效的教学形式,相对于参观考察、社会调查、服务社会等,它灵活方便,与课程深度结合,学生参与面大,有利于师生互

_____

① 《习近平在同全国劳动模范代表座谈时的讲话》,载《人民日报》2013 年 4 月 29 日第2 版。

动交流思想,激发学生学习热情。课内实践教学主要有以下几种形式。

(1)课堂讨论

这是一种较为常见的形式,教师根据教学内容,把学生分成若干小组,结合教材或现实生活中学生关注的热点、难点问题,社会问题,提前把需要回答的问题布置给学生,课后让学生查阅资料准备答题,小组成员在一起分析问题,提出自己的见解,然后在课堂上让每个小组的学生代表回答问题,师生共同讨论,教师对学生的发言进行点评,分析总结,提出改进意见。课堂讨论能够创设一种民主平等的教学环境,有利于发挥学生学习积极性,培养学生思维能力、合作精神,达到取长补短,共同提高的目的。

(2)演讲活动

演讲活动又叫演说或讲演,是指在教师的指导下,学生以某一问题为演讲主题,查阅学习资料,撰写演讲稿,然后在课堂上以有声语言为主要手段,辅以体态语言,针对某个与学习有关的具体问题,声情并茂、立场鲜明地发表自己的见解或主张,阐明事理或抒发情感,进行宣传、教育、鼓动的一种实践活动。演讲可以让学生全员参与,也可以分成若干小组进行,时间应该控制在合理范围内,还可以组织评分小组,制定评分标准,把演讲评分作为平时成绩的一部分。演讲结束后,教师要对演讲进行点评总结,指出不足,以利于今后提高学生的写作水平和口语水平,演讲对于师范生提高语言表达能力来说,不失为一种实用的简单有效的实践形式。

(3)情景模拟

它是指根据教学内容需要,模拟一定的社会环境,让学生扮演一定的角色,反映现实生活中的一些社会现象,引导学生思考问题,使学生感受身边真实发生的事件,从中获得感悟和启发并接受教育的形式。比如“思想道德修养与法律基础”课程,就可以利用这种方式由学生自编自导模拟情景来教育学生,它寓教于乐,使学生感受到现实环境的影响,并留下深刻记忆。随着智能手机的普及,可以让学生把情景模拟拍成视频,在课堂上播放,发挥学生自我教育的独特作用。课内实践有多种形式,比如案例教学、知识竞赛、辩论赛、读书报告会、观看影视作品等,限于篇幅,不再一一论述。

2.课外实践教学

它是指与思想政治理论课理论学习相联系,教师有目的、有计划、有组织地安排学生深入社区、工厂、农村、纪念场馆、教学基地,通过现场学习、参观考察、实地调查、服务群众等方式,了解国情省情,感知社情民意,学习革命传统,在实践中受教育、长才干、做贡献的一种教学模式,主要有以下几种形式。

（1）参观考察

它是在教师带领下，组织学生参观革命历史旧址、历史纪念馆、博物馆、展览馆、社区、工厂、农村、街道、监狱等地方。通过参观考察了解重大历史事件、学习英雄模范、进行廉洁教育、传承红色基因，培养学生爱党爱国情感，增进对党情国情及社情民意的了解，感受中国特色社会主义建设取得的新成就，增强对中国特色社会主义的道路、理论、制度、文化自信。

（2）社会调查

它是通过教师有目的、有计划地组织学生，围绕某个社会问题或某种社会现象，实地观察研究，收集第一手资料，然后对所收集的资料，运用理论分析研究，得出关于某种事物理性认识的方法。作为一种常用的实践形式，它被广泛应用于思想政治理论课实践教学中。社会调查的题目可以来源于社会现实，也可以由学生自由选题，教师给予指导，题目要符合学生实际，既不能太大，也不能太小，要适合学生的需要，以小组为单位进行为宜。

（3）社会服务

它是指在教师指导下，利用学生自身所学的知识及掌握的技能，以直接为服务对象提供帮助，解决服务对象生产、生活、教育、健康等问题为目的的实践活动。最常见的社会实践活动是学校团学组织利用暑期寒假等时间，组织学生广泛参与的"科技、文化、卫生三下乡"活动、青年志愿者活动，以及以扶贫、帮困、助残、敬老、助学等为内容的学雷锋活动等，这些活动对于学生培养服务社会的奉献精神，培养热爱劳动人民的情感，增强社会责任意识具有重要意义。

（4）校园文化活动

校园文化是指"学校特有的承载师生价值观的活动和物质形态。包括教育目标、校园环境、学风、教风以及以学校教育为特点的文化生活、教育设施、学生社团组织、传统习惯和制度规范、人财物管理等"①。它包括三个层面：观念形态层、制度层、物化层，核心是学校长期办学过程中形成的师生共同的价值观念，决定校园文化的特征、功能和发展方向。校园文化活动俗称"第二课堂"活动，是在学校党委、学生工作部门、团委领导下，以各类学生社团、学生班集体为主体，开展的校园文化、体育、艺术、科技、卫生、心理、创业、就业等实践，满足了学生多样化文化精神生活的需要，发挥了学生探索求知的兴趣，是

---

① 林崇德、杨治良、黄希庭：《心理学大辞典》（下卷），上海教育出版社 2003 年版，第1379 页。

学生自我教育、自我管理、自我服务的有效实践。校园文化活动寓教于乐、寓教于"行"，能够发挥学生的积极性、创造性，是思想政治教育理论课教学活动的延续和有益补充。通过开展丰富多彩的校园文化活动，传递社会主义核心价值观，可以培养学生的实践能力、创新创业意识、团队合作精神、法治思维，养成他们讲文明、讲礼貌、讲道德、守纪律、爱祖国、爱人民、爱劳动、爱科学、爱社会主义的品行。

（5）大学生理论读书社

它是近年来兴起的以学习政治理论为目的的学生社团，是经省级教育主管部门批准或高校有关部门核准，学生志愿报名，党团组织选拔而组建的，在思想政治理论课教师指导下，以研读马克思主义经典著作、专业书籍、通俗理论读物为主，以自学与集体学习交流讨论为主，理论学习与社会实践结合，定期举办辅导报告、读书报告会，进一步学习马克思主义理论，提高政治理论水平的学生社团。在教师指导下，学员能更系统地学习研究马列主义、毛泽东思想、邓小平理论、"三个代表"重要思想、科学发展观、习近平新时代中国特色社会主义思想。通过这种形式给愿意学习研究马克思主义理论的学生"开小灶"，理论学习与实践锻炼结合，能够培养一批理想信念坚定的青年马克思主义者。闽南师范大学2016年成立了中共党史读书社、中国特色社会主义理论体系读书社、马克思主义基本原理读书社，在教师指导下组织学生学习马克思主义理论，对于促进马克思主义中国化、时代化、大众化起到了推动作用。

3. 虚拟实践教学

对于虚拟实践教学，目前人们的认识还不一致，一般讲，它是指以互联网和计算机技术为支撑，将传统的物理教学空间和现实教学空间，转化为网络学习空间和虚拟学习空间，从而在网络或虚拟环境下进行实践教学活动。它与课内实践教学、课外实践教学一起构成了思想政治理论课的实践教学体系。中国互联网络信息中心发布的第42次《中国互联网络发展状况统计报告》显示，截至2018年6月，我国网民规模达8.02亿，互联网普及率为57.7%；2018年上半年新增网民2968万人，较2017年末增长3.8%；我国手机网民规模达7.88亿，网民通过手机接入互联网的比例高达98.3%。①随着互联网技术，特别是移动互联网的迅速发展，大学生每天手机不离身。手机给他们学习、休闲、娱乐、交往、班集体活动、购物等带来全新的体验，也为开展虚拟实践教学

①　中国互联网信息中心：《中国互联网络发展状况统计报告》，http://www.cnnic.net.cn/hlwfzyj/hlwxzbg/hlwtjbg/201808/t20180820_70488.htm，下载日期：2018年8月21日。

提供了有效载体。目前虚拟实践教学主要有以下形式。

(1)观看网上红色文化展馆

红色文化展馆是由省、市党委宣传文化部门创办的公益性的网络思想政治教育资源,是利用三维立体成像技术、虚拟实境技术、人机交互技术等建立的红色文化传播平台。开展实践教学,学生足不出户,在寝室或自习地点,通过移动互联网即可近距离感受红色文化魅力并接受教育。例如,福建省委宣传部牵头整合相关力量,依托东南网,对福建红色文化资源进行全面充实完善和数字化升级,建成了福建红色文化网上展示馆;依托福建省革命历史纪念馆,采用目前最先进的虚拟实境技术,建成了福建红色文化实体体验馆。教师可以充分利用网上这类资源,根据思想政治理论课的教学内容,结合各门课程教学要求,安排学生观看红色文化展馆相关内容,开展实践教学,且不受时间地点限制,易于组织。据报道,福建红色文化展馆的首批游客、福建卫生职业学院管理系的学生说:"没想到我们福建省有这么多红色旅游景区,这么多的红色历史故事发生在我们家乡。""这样的直观体验,让她对红色历史的学习、了解有了更浓厚的兴趣。"①

(2)网上调查

社会调查是实践教学的重要手段,传统的调查方法需要花费很多时间精力,网上调查方便易行有很多优势,可以作为虚拟实践教学形式加以利用。进行网上调查,一些网络公司开发有专用软件,教师要指导学生选用合适的软件,设计好调查问卷进行调查,提高调查信息的可靠性,要注意网上调查与实地调查相结合,对所获得的调查数据进行综合分析,这样得出的调查结果才更有说服力。

(3)课程学习交流群

利用 QQ 或者微信等即时通信工具,教师可以建立课程交流群并做好管理工作,实现虚拟学习与交流,进行虚拟实践教学。在注意做好知识产权保护前提下,把一些与课程学习相关的视频放在群里供学习观看,结合课堂教学解答学生的困惑和问题,就一些与课程理论学习有关的问题进行交流讨论,可以提高学生学习的兴趣和思维能力。

虚拟实践教学作为一种实践途径,形式也是多样的,很多高校都在研究推进这项建设。例如,北京高职思政课构建了北京红色文化长廊——研究式虚

---

① 《福建红色文化网上展示馆:动动手指随时随地体验红色文化》,http://www.wenming.cn/syjj/dfcz/fj/201612/t20161215_3948308.shtml,下载日期:2018 年 8 月 21 日。

拟实践模式；北京名人理想长廊——演讲式虚拟实践模式；北京优秀企业文化建设长廊——播放式虚拟实践模式；北京道德法律状况长廊——辩论式虚拟实践基地等四种基地模式，他们的做法值得其他高校学习、研究、借鉴。[①]

三、思想政治理论课实践教学的重要作用

开展思想政治理论课实践教学，有目的、有计划地组织学生积极参与各种实践活动，将理论与实际相结合，深化对马克思主义理论的学习、理解、应用，是培养德智体美劳全面发展的社会主义建设者和接班人，提高教学亲和力和针对性的客观需要。实践教学的重要作用有以下几方面。

（一）加强实践教学是培养担当民族复兴大任的时代新人的需要

习近平在十九大报告中强调："要以培养担当民族复兴大任的时代新人为着眼点。"立德树人是高校的根本任务。人无精神不立，国无精神不强。成为时代新人，首先，大学生必须有坚定的理想信念，必须筑牢自己的精神之基，补足精神之"钙"，如果精神上缺"钙"，得了"软骨病"，就不能挺起自己的精神脊梁；动摇了理想信念，本事再大也不可能成为时代新人。其次，大学生要成为时代新人，还必须解决好世界观、人生观、价值观这个"总开关"问题，特别要培育和践行社会主义核心价值观。"人类社会发展的历史表明，对一个民族、一个国家来说，最持久、最深层的力量是全社会共同认可的核心价值观。核心价值观，承载着一个民族、一个国家的精神追求，体现着一个社会评判是非曲直的价值标准。"[②]社会主义核心价值观是社会主义核心价值体系的精神内核，反映了社会主义核心价值体系的根本性质和基本特征，体现了社会主义意识形态的本质要求，是实现中华民族伟大复兴的价值引领。青年时期是一个人"三观"形成的关键期，只有自觉应用马克思主义武装头脑、指导实践，才能树立正确的价值观。"理论上清醒，政治上才能坚定。坚定的理想信念，必须建立在对马克思主义的深刻理解之上，建立在对历史规律的深刻把握之上。"高校要以"进教材、进课堂、进头脑"为抓手，用习近平新时代中国特色社会主义思想武装学生头脑，以理论的清醒，坚定对马克思主义、中国特色社会主义和

---

①　王红、王小乾：《高职思政课虚拟实践教学基地建设研究》，载《教育理论与实践》2014年第36期。

②　中共中央文献研究室：《习近平关于社会主义文化建设论述摘编》，中央文献出版社2017年版，第112页。

共产主义的信念。理论来源于实践,又指导实践,开展丰富多彩的实践教学,理论联系实际,可以开阔学生视野,使他们感受日新月异的中国特色社会主义实践,感知人民群众的无限创造活力,接受活生生的马克思主义教育,可以让党的创新理论从书本上"飞入寻常百姓家",使学生的个人理想融入中华民族伟大复兴的中国梦中,成为实现梦想的筑梦者。

(二)加强实践教学是提高思想政治理论课教学亲和力和针对性的客观要求

思想政治理论课是体现社会主义大学本质的课程,承担着对大学生进行系统的马克思主义理论教育的使命,是对大学生进行思想政治教育的主渠道。传统的教学模式以课堂理论教学为主阵地,以教师为中心,以教材、课堂为媒介,以讲授、灌输为主,教学方法单一,存在重课堂、轻课外,重理论、轻实践,重结论、轻认同,重任务、轻实效的现象。教学活动与社会发展的形势和学生的实际生活相脱节,缺乏亲和力与针对性,不能引起学生思想的共鸣,学生学习动力不足,往往采取应付态度,甚至厌学,教学效果不理想。实践教学能够拉近理论与现实的距离,改变以教师为中心的教学方式,使学生由"看客"变为主体。观察社会发展,走进人民群众生活中去发现问题、思考问题,并尝试运用所学的理论知识解决问题,能够有效激发学生学习、探究的积极性、主动性,促进学生形成正确的价值导向。

(三)加强实践教学是弘扬伟大民族精神增强"四个自信"的需要

中华民族久经磨难,我们党不忘初心、牢记使命,历经风雨百折不挠,坚忍不拔前赴后继,为民族谋复兴,为人民谋幸福。伟大民族精神是中华民族和我们党战胜一切困难的强大精神动力,是中国人民长期奋斗、培育、继承、发展起来的,它包括伟大的创造精神、伟大的奋斗精神、伟大的团结精神、伟大的梦想精神。在马克思主义的指导下,中国共产党领导人民在革命建设改革中,开辟了新民主主义革命道路、社会主义革命道路、社会主义建设道路、中国特色社会主义道路,实现了从"站起来"到"富起来"再到"强起来"的伟大飞跃。思想政治理论课教师开展实践教学,组织学生参观革命历史文化遗迹、纪念馆,学习先辈的革命精神和光荣传统,用红色文化滋润大学生心田。让学生了解中国的昨天,珍惜中国的今天,追梦中国的明天,弘扬以爱国主义为核心的伟大民族精神和以改革创新为核心的时代精神,有利于增强中国特色社会主义道路、理论、制度、文化自信,有利于培养一代又一代拥护中国共产党领导和我国社会主义制度、立志为中国特色社会主义奋斗终身的有用人才。

(四)加强实践教学是培养大学生创新创业能力的需要

中国特色社会主义进入新时代,改革开放和社会主义现代化建设、促进人的全面发展和社会全面进步、对科学知识和卓越人才的渴求、实现中华民族伟大复兴,对思想政治理论教育教学提出了新的更高的要求。"发展是第一要务,人才是第一资源,创新是第一动力。中国如果不走创新驱动发展道路,新旧动能不能顺利转换,就不能真正强大起来。强起来要靠创新,创新要靠人才。"①21 世纪,高校培养的学生不仅要具备良好的思想品德,还要有较强的创新精神、创业能力。思想政治理论课应该发挥其独有的优势,推动实践教学与创新创业教育相互融通。马克思主义具有与时俱进的理论品质。"坚持马克思主义,最重要的就是坚持马克思主义的科学原理和科学精神、创新精神,善于根据客观情况的变化,不断从人民群众实践中吸取营养,不断丰富和发展理论,使理论更好指导我们的工作。"②思想政治理论课教学要改变重理论教学、轻实践教学的倾向,构建具有本校特色的实践育人体系,开展多种多样的实践教学活动,组织学生参与"青年红色筑梦之旅"等大学生社会实践活动,让创新创业实践与国家地方乡村振兴战略、精准扶贫脱贫战略相结合,使学生不仅学到马克思主义理论知识,还学会做人做事,学会动手动脑,学会生存,学会与别人合作共事,增强创新意识、创业能力,靠自己的双手创造美好幸福的生活,实现自己的人生价值。

四、充分利用地方德育资源开展多种多样的实践教学

实践教学作为思想政治理论课教学体系的重要组成部分,对于实现其教学目标、促进大学生健康成长起到积极促进作用。《中共教育部党组关于印发〈高校思想政治工作质量提升工程实施纲要〉的通知》(教党〔2017〕62 号)指出,"坚持理论教育与实践养成相结合,整合各类实践资源,强化项目管理,丰富实践内容,创新实践形式,拓展实践平台,完善支持机制,教育引导师生在亲

---

① 《习近平李克强栗战书汪洋王沪宁赵乐际韩正分别参加全国人大会议一些代表团审议》,载《人民日报》2018 年 3 月 8 日第 1 版。

② 中共中央文献研究室:《习近平关于社会主义文化建设论述摘编》,中央文献出版社2017 年版,第 97 页。

身参与中增强实践能力、树立家国情怀"①。当下,受多种因素的影响,实践教学开展得并不理想,高校还不同程度存在重理论教学、轻实践环节现象。造成这种困局的原因是多方面的,既有重视不够、经费投入不足的问题,也有学生多、组织难度大、安全保障等因素的考量。但是,往往与高校舍近求远,没有充分发挥本地德育资源的积极作用有密切的关系。我国幅员辽阔,高校所处的区位不一,各地区各高校的办学条件千差万别,德育资源禀赋也不一样,调动师生的积极性、主动性,充分挖掘利用地方德育资源开展思想政治理论课的实践教学,能够有效地提高思想政治理论课教学经费的社会效益和经济效益,对于提高教育教学质量有十分重要的意义。

(一)德育资源

从素质教育的角度看,作为教育资源的重要组成部分,"高校德育资源必须是现实中已经存在的、物质的或精神的、显性或隐性的资源,随时可以被教育者开发利用的、有利于实现德育目的的各种要素的总和"②。目前,关于德育资源的分类标准很不一致,若按其存在形式分类,总体上可以将其分为自然资源与社会资源两大类,自然资源和社会资源还可再进一步细分若干。自然资源包括自然景观、地理地貌,如山水、陆地、草原、湖泊、动物、植物等;社会资源包括主体资源、文化资源、艺术资源、历史资源、宗教资源、科技资源、信息网络资源等,这些资源是思想政治理论课教学实践环节必不可少的重要的条件。我国是世界四大文明古国之一,有悠久的历史和光辉灿烂的文化,各地有大量的文物和历史遗存,展现了不同时期先辈们为中华民族的形成发展、进步文明、独立富强、自强不息的奋斗足迹,留下了宝贵的物质和精神财富,是社会主义核心价值体系的重要载体,是思想政治理论课教学的"化石"。各地各高校充分挖掘利用本地的德育资源,无疑能够弥补思想政治理论课实践教学经费不足等短板,拓宽实践教学的渠道,变教师单向"灌输式"为师生"双向互动"的教学方法,满足师生了解社会、体验社会实际生活的需求,对提高教师教学的使命感、责任感和学生学习积极性、主动性有重要促进作用。

(二)利用地方德育资源,加强和改进实践教学的基本原则

由于历史的原因,德育资源在我国不同地区有不同的存在方式,分布也不

---

① 《中共教育部党组关于印发〈高校思想政治工作质量提升工程实施纲要〉的通知》(教党〔2017〕62 号),http://www.moe.edu.cn/srcsite/A12/s7060/201712/t20171206_320698.html,下载日期:2018 年 3 月 1 日。

② 孙丽丽:《高校德育资源研究综述》,载《黑龙江省社会主义学院学报》2011 年第 3 期。

均匀。有效地挖掘利用这些资源,需要我们以科学的态度认识和看待这些资源,遵循德育规律,紧密结合理论教学,加以合理利用,通过强化实践环节,教育引导学生成为社会主义事业的建设者和接班人。一是坚持马克思主义为指导的原则。马克思主义是科学的世界观和方法论,是我们行动的指南。德育资源是我国各族人民不同时代智慧和劳动成果的积淀,在挖掘运用时,我们要以辩证唯物主义和历史唯物主义的观点看待历史与现实,用联系的发展的眼光看待问题,坚持"古为今用,洋为中用"的方针,正确地对待中华民族的优秀文化遗产和世界其他民族文明的优秀成果;要善于透过现象,认识事物的本质,从地方德育资源中汲取思想政治理论课的丰富营养,用鲜活的事例,客观的事实教育学生,提高学生的思想道德品质。二是坚持实事求是的原则。德育资源既有物质形态的也有精神形态的,运用这些资源,我们要尊重客观事实,既不要随意拔高,更不能低估其蕴含的思想光芒和真理价值,需要经过"去粗取精,去伪存真,由此及彼,由表及里"的过程,透过现象,抓住根本,以客观事实来阐释理论,用富有时代气息的马克思主义、中国特色社会主义理论体系话语诠释实践、指导实践。三是坚持理论联系实际的原则。思想政治理论课各门课程的教学目的、教学内容、教学要求不一样,理论联系实际,实现理论与实践具体的历史的统一是思想政治教育的根本要求。恩格斯指出"我们的理论是发展着的理论,而不是必须背得烂熟并机械地加以重复的教条"。① 取之于本地德育资源的事例等,更能贴近学生、贴近实际、贴近生活。在教师的指导下,学生经过观察了解,进一步思考体悟,可以提高思想认识水平。四是坚持全面系统可持续原则。德育资源,从时空上看有古代的、近代的和现代的,挖掘利用德育资源是优化思想政治理论课教学环境一项系统性工程的长期任务,不能一蹴而就,需要社会、高校及师生的共同参与,还需要投入必要的财力物力。高校要把对本地德育资源的挖掘利用作为教学基本建设和改革的内容之一,融入思想政治理论课的教学体系中,动员师生共同参与,主动与地方德育主管部门联系,拓宽德育资源利用渠道,制定激励政策,通过师生的实践教学环节,挖掘利用本地资源。对于一些物质形态的德育资源尤其要注意加以保护性地永续利用,为思想政治理论课实践环节提供不竭的源泉。五是坚持人文关怀原则。思想政治理论课的教学对象是"90 后"大学生,为使其成为学生"真心喜爱,终身受益,毕生难忘"的课程,教师需要"尊重人的主体地位和个

---

① 《马克思恩格斯文集》(第 10 卷),人民出版社 2009 年版,第 562 页。

性差异,关心人丰富多样的个体需求,激发人的主动性积极性创造性,促进人的自由全面发展"①。历史唯物主义告诉我们,人民群众是社会实践的主体,是社会物质财富、精神财富的主要创造者,是社会变革的决定力量。德育资源体现了我国历代劳动人民不懈的奋斗历程,是中华民族在长期的历史发展中形成的宝贵物质、精神财富,也是民族精神和改革创新时代精神的真实体现。用伟大的民族精神、时代精神鼓舞学生、关爱学生是以人为本科学发展观的内在要求,对于形成良好的校风学风,促进学生成才有不可替代的作用。"一个民族的历史深刻影响着一个民族的现在和未来。今天的中国从历史的中国发展而来。我们国家和民族的发展史,包含着治国安邦的深刻道理,也揭示了今天我国发展道路的历史必然性。"②

(三)挖掘利用地方德育资源,是加强和改进实践教学的重要途径

思想政治理论课的性质和教学特点决定了课堂理论教学必须联系社会实际,必须与社会实践相结合。思想政治理论课堂教学虽然也需要教师理论联系实际阐释重点难点,总体上讲仍偏重于传授知识。理论教学"作为课堂教学的形式,有不少优点,如在单位时间内信息量大,学生学习效率高等。但是,却也面临着难题。比如,没有直接学习得到的知识和经验那么直接、易为学生所接受、所信服;过于抽象,不易形成具体而生动的表象"③。古人讲,"纸上得来终觉浅,绝知此事要躬行"。实践教学环节的缺失无疑会影响思想政治理论课的亲和力、针对性。

当今世界正处在大发展、大变革、大调整时期,全球化、信息化、市场化日益发展,各种思想文化交流、交融、交锋更加频繁,人们思想活动的独立性、选择性、多变性、差异性日益增强,"进教材、进课堂、进头脑"工作面临新的任务与挑战,我们必须直面挑战主动作为,回应思想政治理论课的现实问题。在现有的条件下,充分挖掘利用本地德育资源,改进教育教学方法,理论与实践结合,以马列主义、毛泽东思想、邓小平理论、"三个代表"重要思想、科学发展观和习近平新时代中国特色社会主义思想引领大学生健康成长。"讲理论要接地气,要让马克思讲中国话,让大专家讲家常话,让基本原理变成生动道理,让

① 沈壮海、李岩:《注重人文关怀和心理疏导创新思想政治工作的新要求》,载《思想政治工作研究》2008 年第 2 期。

② 江泽民:《高度重视学习中华民族发展史》,载《人民日报》2012 年 7 月 31 日第 2 版。

③ 程馨莹、陆黎歌:《试论有效发挥实践活动在思想政治理论课中的作用》,载《思想理论教育导刊》2012 年第 4 期。

根本方法变成管用方法,将总体上的'漫灌'和因人而异的'滴灌'结合起来。"①首先,挖掘利用地方德育资源,是提升教师实践能力的必由之路。从教师素质要求看,思想政治理论课教师除了要具备良好政治素质、职业操守和扎实的理论功底外,还要拥有较强的社会实践能力、社会交往能力、组织协调能力,能有效地组织学生开展校内外实践教学活动。教师的实践能力状况制约着思想政治理论课的实践教学效果,教师只有走出书斋、走出校园、深入实际、深入生活、深入社会,才能了解国情省情县情,使本地德育资源了然于胸,为合理挖掘利用资源创造条件。"问渠那得清如许,为有源头活水来。"开展实践教学,需要教师根据思想政治理论课的教学内容、目的和要求,对教学活动进行适时的控制和指导,更要紧密联系理论学习,联系学生思想实际,回应社会热点难点问题,对德育资源进行适当取舍。即使是优质的德育资源如果不能正确运用于实践教学,也可能会给学生带来负面影响,甚至出现"看起来震动,听起来激动、想起来感动,回去后没有行动"的尴尬困境。其次,挖掘利用地方德育资源,是加强和改进思想政治理论课实践教学的必然选择。"思想政治理论课是一个开放的教学体系,教学的难点在于如何把'死'的教材变成学生'活'的认知和思想政治素质。"②发挥本地德育资源作用,创新实践形式,开展多种多样的实践教学活动,丰富实践教学内容,是实施"05方案",加强和改进思想政治工作,促进思想政治理论课教学从教材体系向教学体系转化,从知识体系到信仰体系转化的根本任务。充分挖掘运用地方德育资源可以开展以下几方面的实践教学。一是利用自然景观、人文历史资源等,开展参观考察等活动,增加感知性,提升学生对国家民族历史文化的认同感。二是利用中华人民共和国成立以来特别是改革开放40年来的改革建设成就等资源,进行中国特色社会主义共同理想教育,坚定学生走中国特色社会主义道路的自觉性。三是利用文化历史资源等,开展近现代史和马克思主义教育,使同学们认识到,"在近代以来中国社会发展进步的壮阔进程中,历史和人民选择了中国共产党,选择了马克思主义,选择了社会主义道路,选择了改革开放"③。四是综合利用各种资源开展青年志愿者活动、学雷锋活动、校园文化活动和"三支一扶"等社

---

① 中共中央文献研究室:《习近平关于社会主义文化建设论述摘编》,中央文献出版社2017年版,第100页。

② 何孟飞:《教学相关通俗理论读物辅助思想政治理论课教学的思考》,载《思想理论教育导刊》2012年第6期。

③ 胡锦涛:《在庆祝中国共产党成立90周年大会上的讲话》,载《人民日报》2011年7月2日第2版。

会实践活动,使青年学生受教育、长才干、做贡献。五是开展社会调查活动。在教师指导下,结合所学课程,有计划地组织学生就社会某一方面的问题,深入农村、社区、街道、学校、工厂进行实地调查研究,撰写调研报告,提高学生分析问题、解决问题的能力。六是利用地方德育资源,建立实践基地,发挥基地育人功能。学校和教师要积极主动与地方联系,在革命遗址、纪念场馆、烈士陵园、名人故居等地方,多渠道建立实践基地,进行现场教学,运用多种教学方法,丰富实践内容,增强教学的针对性、感染力和吸引力。①

　　总之,各高校因地制宜,坚持正确的原则,有效挖掘利用本地德育资源,做教育教学的有心人,在思想政治理论课的教学工作中就能够有效强化实践教学环节,扩大师生的交流互动机会,激发学生学习兴趣,弥补实践教学内容的不足,提升思想政治理论课的亲和力、针对性。

---

　　① 黄如飞、苏益纯等:《用"匠心"让红色文化直抵人心》,载《福建日报》2018 年 6 月 4 日第 Az01 版。

第八章

高校思想政治理论课教学的评价

　　思想政治理论课教育教学是一项重要的实践活动,也是一项系统工程,涉及教育教学方案、教育教学活动的实施、教育教学活动的参与等方面,目的在于造就社会需要的有良好思想道德素质的大学生。教育教学的实际效果如何? 对学生是否有亲和力和针对性? 是否实现了教育教学目标? 人们要对教育教学活动进行科学适时的评价,找出原因,改进教育教学工作。教学评价活动是现代教育教学活动中的一个重要的环节,是现代教育制度不可缺少的组成部分,也是有法律依据的。《中华人民共和国高等教育法》第44条:"高等学校应当建立本学校办学水平、教育质量的评价制度,及时公开相关信息,接受社会监督。教育行政部门负责组织专家或者委托第三方专业机构对高等学校的办学水平、效益和教育质量进行评估。评估结果应当向社会公开。"①教学评价对于高校教育教学活动和人才培养质量有监督和导向作用,业已成为教育行政主管部门进行有效的教育管理、指导学校思想政治教育工作、提高教育教学质量和人才培养水平的重要手段,也是学校和教育工作者对自身的教育教学工作进行检查、控制、反思和改进教育教学活动的有力工具。

---

　　① 《全国人民代表大会常务委员会关于修改〈中华人民共和国教育法〉的决定》(附2015年修订本),http://search. chinalaw. gov. cn/law/detailSearchOne? LawID=333490&Query=％E9％AB％98％E7％AD％89％E6％95％99％E8％82％B2％E6％B3％95&IsExact=&PageIndex=7,下载日期:2018年5月2日。

一、思想政治理论课教学评价的特点

(一)教育评价及其功能

评价一词在日常生活中人们经常会遇到,是指依据一定的标准对事物或人的实践活动的实际意义进行衡量。它不仅在教育领域,在社会生活的其他方面也频繁使用。教育评价是随着学校教育的发展而逐步发展的。在人类教育史上,自从有了专司教育管理的机构以后,教育评价就出现了。两千多年前,中国已经有关于考试制度的记载,据中国现存最早的一部教育专著《学记》所言:"比年入学,中年考校:一年视离经辨志,三年视敬业乐群,五年视博习亲师,七年视论学取友,谓之小成。九年知类通达,强立而不返,谓之大成。"[①]可以说中国是考试制度的故乡,历朝历代都有考试制度,统治者通过考试选贤任能,打通上升渠道,维护统治秩序。一般认为,我国隋朝时期建立的科举制度是世界上最早的教育评价制度。但是,现代教育评价理论及方法肇始于美国。在 1933－1940 年间,美国进步主义教育联盟于 7 所大学及 30 多所中学中进行了课程改革试验,并第一次将评价结果运用于学校的课程改革,以此来判断试验的功效。因此,实验者提出的评价原则、方法就成为其后教育评价理论、方法的开端,并在此后相当长一段时期内在教育评价领域居于主导地位。随着各国对教育改革的重视,教育评价理论和方法也日益发展并不断成熟,新的评价模式不断提出并付诸实践,推动了各国教育评价的开展和交流互鉴,许多国家都开展了教育评价活动。在欧美、日本等教育发达国家,教育评价比较普及。随着教育的对外开放,1983 年,我国加入"国际教育成就评价协会"(简称IEA),在普通教育领域和专业教育领域逐步开展了教育评价活动。虽然,我国的教育评价研究起步比较晚,但从 20 世纪 80 年代以来得到快速发展,并对教育事业发展产生了积极推动作用。全国及地方陆续成立了一些研究机构,例如,1982 年上海市教育科研所成立;1984 年北京市教育科研所成立,开始开展学科领域的评价研究;1988 年教育部考试中心成立;1990 年 10 月,全国普通教育评价专业委员会成立;1994 年 1 月,全国高等教育评价研究会成立;此外,各省市还成立了地方教育评价学会,等等。教育评价在各类学校陆续开展。

---

① 　高时良:《学记评注》,人民教育出版社 1983 年版,第 1 页。

　　目前,人们对教育评价的认识还有分歧。一般讲,教育评价是指:"通过系统地收集信息,对教育目标及实现目标的教育活动进行分析和价值判断的过程。是实施教育管理的有效手段之一。通常分三个阶段:确定评价对象;收集和分析各种有关信息;做出结论并将结果反馈给被评对象。涉及教育领域的一切内容。"①

　　教育评价之所以受到各国的重视是有其深层次原因的。教育是人类有目的、有计划造就社会发展需要的各类人才,传承文明,创新科技,服务社会,维系社会秩序的实践活动,其成效如何需要借助一定的手段去检视。从管理学的角度看,教育评价是教育管理过程的重要环节,利用科学的评价机制对教育教学活动进行有效的控制,纠正各种偏差过程,以保证它按照一定的价值、程序和计划顺利进行,实现育人目标。教育评价的功能体现在以下几方面。第一,它是教育管理的重要内容。教育是一项系统工程,涉及教师、学生、管理人员、课程、教材、教学设施、教学程序、规划和管理机构等,各个因素之间相互作用、相互影响,没有有效的评价机制,不能及时反馈各种信息,无法了解各要素的运行情况,无异于盲人摸象。有效的教育评价能够帮助管理者及时发现问题、解决问题,对教育教学活动进行控制和引导,提高立德树人的社会效益和经济效益。第二,它是促进教育教学改革的重要措施。高校要适应中国特色社会主义进入新时代、培养担当民族复兴大任的时代新人的新要求,改进思想政治理论课的教育教学工作、教育教学改革措施、改革方案既要顶层设计,又要周密计划并进行可行性的风险评估,在方案付诸实施过程中,要进行方案的前期、中期、后期评估,以便发现问题及时纠偏,保证改革顺利进行。第三,它是全面实施素质教育提高教育教学质量的重要手段。教育评价是对各组成要素的审视,能够发现教学过程中存在的各种问题,并分析产生这些问题的原因,从而找出解决的办法,促进教育教学健康发展。第四,它是思想政治教育学科研究的重要领域。提高实效性是思想政治理论课教育教学的永恒主题。教学实效究竟如何离不开科学有效的评价体系,怎样对教育教学进行评价需要人们去研究,拿出切实可行的方案。"近年来,关于高校思想政治教育质量评价的研究和实践不断涌现,形成了高校思想政治教育质量评价史、中外高校思想政治教育质量评价比较研究、高校思想政治教育质量评价理论基础研究、高校思想政治教育质量评价指标体系研究,高校思想政治教育质量评价在具

---

　　①　教育大辞典编纂委员会:《教育大辞典》(第7卷),上海教育出版社1990年版,第258页。

体领域应用等方面的研究。"①学界对教育评价研究的深化,必将对思想政治理论教育科学化发展起到积极促进作用。

(二)教学评价及其特点作用

如前所述,教育评价涉及教育领域的一切内容,评价工作比较复杂。教学评价与教育评价两者既有区别又有联系。教学评价是教育评价的主要领域,是其核心内容和基础。教学评价的对象集中在教学领域,包括教师备课、上课、教学手段方法,学习风气,师德师风,教师队伍,培养方案,专业技能,考试考核,毕业论文(设计)等方面。目前,人们对教学评价的认识也不完全一致。有学者认为:"教学评价就是通过测量,系统地收集证据,从而对学生通过教学发生的行为变化予以确定。"②有学者提出:"教学评价是收集教育系统各方面信息并依据一定的客观标准对教学及其效果作出客观衡量和科学的判断过程。"③还有学者提出:"教学评价是一种在收集必要信息的基础上依据一定的标准对教学系统(整体或局部)进行价值判断的活动,是教学工作的重要环节。"④一般讲,教学评价是指"对于教学工作包括教学计划,教学队伍,教学内容,教学方法,教学态度,教学效果等方面进行的正确的评估,要求评价者分别对各基本因素作出定性和定量的评价"⑤。

教学评价作为高校教学质量管理和控制的重要环节,有其自身鲜明的特点。首先,它具有实践性,是一项客观的教育教学管理实践活动。其次,评价范围具有广泛性。教育教学是学校的中心工作,人才培养质量是学校的生命线,教育教学活动包括方方面面,教学评价包括评教、评学和评价学校的管理等,要测评学生的知识、能力、素质,特别是学生的思想品德。再次,评价主体具有多样性,既有教育主管部门组织的教学评估、专项评估,也有学校自己组织的评估;既有教师评学生、学生评教师,也有教师之间、学生之间的互相评价。最后,评价方法呈现多样化,随着教育评价理论的发展,评价的方法和评价体系不断完善,既重视进行绝对评价,又重视开展相对评价,还关注个体内差异评价;既重视总结性评价,更重视形成性评价,使评价能够真实反映被评价对象的实际状况,充分利用评价信息,改进教学,提升育人培养质量。

---

① 冯刚:《改革开放以来高校思想政治教育质量评价的回顾与思考》,载《教学与研究》2018年第3期。
② 李秉德:《教学论》,人民教育出版社1991年版,第320页。
③ 吴也显:《教学论新编》,教育科学出版社1991年版,第423页。
④ 刘兴富:《现代教育理论选讲》,东北大学出版社2009年版,第121页。
⑤ 姜文闵、韩宗礼:《简明教育词典》,陕西人民教育出版社1988年版,第491页。

教学评价对高校教育教学工作的重要作用主要体现在以下几方面。第一,运用教学评价反馈的信息,促进学校加强教学基本建设;第二,促进学校改进教育教学运行状况;第三,改善学校对教育教学工作的管理和质量控制;第四,高校要把教学评价作为促进学校建设的重要手段,促进学校在方方面面加强教学基本建设,提高办学水平和人才培养质量。

(三)思想政治理论课教学评价及其特点

"思想政治工作是学校各项工作的生命线。"高校思想政治理论课是体现社会主义大学本质的课程。教育教学对学生形成良好的思想道德素质实际效果如何必须接受相应的教学评价,也就是检测其是否满足社会发展和大学生成长成才的根本需要。思想政治理论课教学评价既有一般教学评价的共性,又有其自身的特殊性,主要表现在以下几方面。

1.鲜明的意识形态属性

马克思主义是我们立党立国的根本指导思想,也是我国大学最鲜亮的底色。思想政治理论课承担着对大学生进行系统的马克思主义理论教育的任务,是巩固马克思主义在高校意识形态领域指导地位、坚持社会主义办学方向的重要阵地,是全面贯彻党的教育方针、落实立德树人根本任务的主干渠道和核心课程,是加强和改进高校思想政治工作、实现高等教育内涵式发展的灵魂课程。思想政治理论课在我国高校育人课程体系中的重要地位,使其鲜明的意识形态属性凸显。教育教学必须坚持正确的政治方向,发挥好理论武装、思想教育、道德、法律素质修养等方面作用,强化对大学生的价值引领功能。思想政治教育教学成效如何,需要得到合理评价。2004 年,中共中央、国务院《关于进一步加强和改进大学生思想政治教育的意见》提出,"要把大学生思想政治教育工作作为对高等学校办学质量和水平评估考核的重要指标,纳入高等学校党的建设和教育教学评估体系"。可见,教学评价是搞好大学生思想政治教育的重要环节,是实现教育教学目标的重要保障,具有鲜明的意识形态属性。学校必须确保教育教学工作坚持正确的政治方向。

高校育人工作始终要解决好"培养什么样的人,如何培养人以及为谁培养人"这个关系学校发展的根本问题,必须坚持以马克思主义为指导,全面贯彻党的教育方针,为学生成长成才打下坚实的思想道德和价值基础。"要用好课堂教学这个主渠道",就要运用教学评价对教育教学工作进行全面的考察衡量,检测高校教育教学的各方面是否符合教育部颁布的《新时代高校思想政治理论课教学工作基本要求》(以下简称《基本要求》)的规定。上好思想政治理论课关键在教师,必须发挥教师的主导引领作用,"要保证思想政治理论教师在课堂教学中始终坚持马克思主义立场观点方法,在政治立场、政治方向、政治原则、政治道路上同以习近平同志为核心的党中央保持高度一致,坚定不移维护党中央权威和集中统一领导"①。《基本要求》提出,"综合评价教学质量。要建立健全多元评价机制,采用教师自评、学生评价、同行评价、督导评价、社会评价等多种方式,对教师教学质量进行综合评价。合理运用教师教学质量评价结果,在教师职务职称评聘标准中提高教学和教学研究占比,评价结果与绩效考核和津贴分配等挂钩,引导和鼓励思想政治理论课教师将更多时间和精力投入到教学中。可基于评价结果探索建立思想政治理论课教师课堂教学退出机制"②。可以说,教学评价是坚持社会主义办学方向、确保思想政治理论课的意识形态属性落到实处的根本保障。如果教育教学不能体现意识形态性,思想政治理论课程的知识体系不能转化为学生的信仰体系,课程的价值就不能充分彰显。当然,我们强调意识形态性并不是否定思想政治理论课要遵循一般的教育教学规律,而是说我们要在遵循一般的教育教学规律基础上,遵循思想政治工作规律、教书育人规律和学生成长规律,使教育教学工作更好满足培养德智体美劳全面发展的社会主义事业建设者和接班人的需要。

2. 评价领域的特殊性

它是由思想政治理论课教育教学所具有的鲜明意识形态性决定的。一般课程的教学目的主要是传授科学文化知识,偏重于对学生智能的培养,对其评价主要是在认知领域,这并不是说这些课程没有育人功能,这些课程应该与思想政治理论课教学同向同行。思想政治理论课教学目的是培养学生良好的思想品德,即通过学习马克思主义理论知识,帮助学生形成正确的世界观、人生观、价值观、道德观、法治观,并以此指导自己的言行,也就是把所学理论"内化于心、外化于行"。由于人的思想品德形成不仅涉及认知领域,还关涉情感、意志、信念、行为、思想意识等非认知领域,且它们之间相互作用、相互联系,共同影响人的思想品德形成。因此,对思想政治理论课的教学评价既涉及认知领域,又涉及非认知领域,这也正体现了其教学评价的特殊性。教学评价不仅要

---

① 教育部《关于印发〈新时代高校思想政治理论课教学工作基本要求〉的通知》(教社科〔2018〕2 号),http://www.moe.gov.cn/srcsite/A13/moe_772/201804/t20180424_334099.html,下载日期:2018 年 5 月 1 日。

② 教育部《关于印发〈新时代高校思想政治理论课教学工作基本要求〉的通知》(教社科〔2018〕2 号),http://www.moe.gov.cn/srcsite/A13/moe_772/201804/t20180424_334099.html,下载日期:2018 年 5 月 1 日。

检测学生对思想政治理论的掌握程度,更为重要的是要看教育教学工作是否满足了学校立德树人及学生思想道德素质发展的需要,学生是否树立了科学的理想信念,真正培养了运用马克思主义理论分析问题、解决问题的能力,并在日常生活中表现出良好的思想道德品行。

3.高度的综合性

思想政治理论课教学评价涉及教学组织、教学计划、教学队伍、教学内容、教学方法、教学态度、教学效果等方面,每一方面的具体评价又可以细分为多个指标,可以说是对思想政治理论课教育教学活动的全面审视,因而具有高度的综合性。

思想政治理论课教学评价的高度综合性还体现在对教育教学实效性评价的复杂性方面。人的"思想品德结构是一个以世界观为核心,由心理、思想、行为三个子系统及其多种要素按一定方式联结起来,具有稳定倾向性的多为立体结构"[①]。每一个子系统又包括若干因素,正是系统之间、各因素之间的相互联系、相互制约影响到人的思想品德的形成和变化。在信息化、全球化时代,各种思想文化交流、交锋、交融更加频繁,不可避免地会对学生的思想品德产生影响,增加了搞好教学工作的难度。思想政治理论课教学不仅要引导学生学习马克思主义理论,坚定理想信念,增强"四个自信",还要重视学生的学习兴趣、情感、意志等心理因素,培养学生良好的行为习惯。因为,"思想政治教育总是要求人们表里如一、言行一致,引导人们践行社会要求的思想品德规范。如果只停留在社会要求上,而不注重人们的行为实践,思想政治教育就不能真正发挥其育人作用"[②]。由此可见,思想政治理论课教学评价具有高度的综合性、复杂性,对其评价需要全面考量,才能得出科学合理的结论,以指导教学工作。

二、思想政治理论课教学评价的标准

高校思想政治理论课教学评价是对思想政治理论课教学的实际效果作出价值判断的活动,是对高校实际存在的思想政治理论课教育教学活动是否满足社会对人才思想道德素质发展的需要及大学生成长成才的需要进行的价值评判实践。教学活动是否真正满足社会及大学生的需要,可以借助于一定的

---

①　陈万柏、张耀灿:《思想政治教育学原理》,高等教育出版社 2007 年第 2 版,第 117 页。

②　陈万柏、张耀灿:《思想政治教育学原理》,高等教育出版社 2007 年第 2 版,第 118 页。

标准进行衡量,没有科学的标准就无法了解教学的实际状况。教学评价标准的确定是有客观依据的,也就是从实现思想政治理论课教育教学的根本目的出发,全面衡量影响教育教学目的实现的各种要素,从而科学把握和控制教育教学活动,使之更好地满足社会和大学生的需求,实现教育教学目标,提高人才培养质量。思想政治理论课教学评价可分为广义评价和狭义评价。广义评价是对学校的组织领导与管理体制、思想政治理论课教学、马克思主义理论学科建设、社会服务与社会影响、党的建设与思想政治工作等方面进行的全面评价;狭义评价是指对学校的思想政治理论课教学状况进行评价。无论哪种评价都需要一定的评价标准,它是对教学活动进行价值判断的依据及尺度。思想政治理论课教学评价的主体不同,评价标准也不完全一样。一般来讲,教学评价标准可以分为教学要素评价标准、教学过程评价标准、教学实际效果评价标准。

(一)教育部制定的思想政治理论课教学标准

思想政治理论课是体现社会主义大学本质、全面贯彻党的教育方针、落实立德树人根本任务的主干渠道和核心课程,一直受到党和政府的高度重视。中共中央宣传部、教育部对思想政治理论课建设作出一系列部署。2008 年 9 月,中宣部、教育部印发《关于进一步加强高等学校思想政治理论课教师队伍建设的意见》(教社科〔2008〕5 号),为了贯彻落实这个文件精神,2011 年 1 月,教育部《关于印发〈高等学校思想政治理论课建设标准(暂行)〉的通知》(教社科〔2011〕1 号),提出从"组织管理、教学管理、队伍管理、学科建设、特色项目"五个方面着手加强课程建设。① 为进一步加强思想政治理论课的宏观指导,规范组织管理、教学管理、队伍管理和学科建设等工作,在总结经验基础上,2015 年 9 月,教育部对《高等学校思想政治理论课建设标准(暂行)》进行修订,并印发《关于印发〈高等学校思想政治理论课建设标准〉的通知》(教社科〔2015〕3 号)。2016 年 12 月,全国高校思想政治工作会议召开,为贯彻落实全国高校思想政治工作会议和中共中央国务院《关于加强和改进新形势下高校思想政治工作的意见》精神,2017 年 9 月,教育部印发《关于印发〈高等学校马克思主义学院建设标准(2017 年本)〉的通知》(教社科〔2017〕1 号),要求各高校从"组织领导与管理、思想政治理论课教学、马克思主义理论学科建设、社会

---

① 　教育部《关于印发〈高等学校思想政治理论课建设标准(暂行)〉的通知》(教社科〔2011〕1 号),http://www.moe.gov.cn/srcsite/A13/moe_772/201101/t20110119_114966.html,下载日期:2018 年 5 月 3 日。

服务与社会影响、党的建设与思想政治工作"等方面加强和规范马克思主义学院建设,为思想政治理论课教育教学创造更好的条件。2017 年十九大召开,为深入贯彻落实党的十九大精神和习近平新时代中国特色社会主义思想,2018 年 4 月,教育部印发《关于印发〈新时代高校思想政治理论课教学工作基本要求〉的通知》(教社科〔2018〕2 号),上述文件对不同时期高校思想政治理论课建设提出了明确要求,使思想政治理论课建设逐步规范化、科学化、综合化,不仅为高校思想政治理论课建设提供了基本遵循,也为思想政治理论课教学评价提供了客观的衡量标准。当然,由于我国高校校情千差万别,对标准的掌握也要因地制宜,不可能用同样的标准评价所有高校,要用发展的、联系的视野看待不同学校思想政治理论课建设的成效。

(二)教学要素评价标准

教学要素也称教学因素是指"构成教学活动中既独立又联系的基本实体成分。通常划分为教师、学生和教材(有时也叫课程教材、教学内容等)。亦有把教学技术手段作为要素的"①。思想政治理论课的教学要素主要包括教学目标、教师、学生、教学内容、教学方法手段等。以教学要素作为依据和尺度对思想政治理论课教育教学进行衡量称为教学要素评价标准。

1.评价教学目标

教学目标是指教学过程中师生预期达到的学习目的和结果,是教学的出发点和最终归宿。思想政治理论课的教学目标是引导大学生树立正确的世界观、人生观、价值观,形成良好的思想品德,德智体美劳全面发展,成为中国特色社会主义事业的建设者和接班人。思想政治教育是用一定社会的思想观念、政治观点、道德规范来教育影响学生,使他们形成社会所期望的思想品德的社会实践。在思想政治理论课教学实践中,教师要准确地把握教学目标,并对教学目标进行分析,使其较为明确具体。教学目标确定了,师生的教学活动就有了方向,有利于教师教学和学生学习。评价教学目标是考察思想政治理论课程的教学目标的设定是否科学合理,是否符合思想政治工作规律、教书育人规律、大学生成长规律的要求,是否促进学生思想道德素质的进步和全面发展,是否符合培养担当民族复兴大任时代新人的要求。高校思想政治理论课教学要始终坚持不懈地传播马克思主义科学理论,用马克思主义中国化的最新理论成果武装学生,全面推进习近平新时代中国特色社会主义思想进教材、

---

① 顾明远:《教育大辞典》(增订合编本·上),上海教育出版社 1998 年版,第 721 页。

进课堂、进学生头脑,弘扬以爱国主义为核心的民族精神和以改革创新为核心的时代精神,培育和践行社会主义核心价值观,打牢大学生成长成才的科学思想及良好道德基础,不断增强大学生的获得感,使他们成为中国梦的筑梦者。

2. 评价教师

教师是教学活动的主体,是搞好教学的基本要素,教师队伍的素质状况直接影响教学质量高低。党和国家对思想政治理论课教师的素质及队伍建设有明确的要求,教育部《关于印发〈高等学校马克思主义学院建设标准(2017 年本)〉的通知》(教社科〔2017〕1 号)提出:"思想政治理论课教师要有理想信念、有道德情操、有扎实学识、有仁爱之心,坚持教书和育人相统一、言传和身教相统一、潜心问道和关注社会相统一、学术自由和学术规范相统一,做先进思想文化的传播者、党执政的坚定支持者,更好担起学生健康成长指导者和引路人的责任;高校要按照师生比不低于 1∶350 的比例设置专职教师岗位,加快配齐建强专职教师队伍。专兼职教师应具有马克思主义理论学科或相关学科背景;新任专职教师原则上是中共党员;扎实推进师德建设,完善教师职业道德规范,实施师德'一票否决'等等。"①因此,思想政治理论课教师要自觉加强师德师风修养,坚持正确的政治方向,具备扎实的马克思主义理论基础,在事关政治原则、政治立场和政治方向的问题上必须与党中央保持一致,要具有良好的思想品德、职业道德、责任意识和敬业精神,无学术不端、教学违纪行为。当然,对教师评价应该全面客观,既要重视对教师个人素质的评价,也要重视对学校整个教师队伍素质作出科学判断,因为思想政治理论课各门课程教育教学是互相联系、互相影响的,学校只有建设一支政治素质过硬、业务水平高、科研能力强、年龄职称结构合理、学历学缘优化,专兼结合的教师队伍,才能保持教学水平的持续提升。

3. 评价学生

学生是受教育对象,是思想政治理论课学习的主体,也是教育教学活动的直接参与者,对教育教学活动有着最直接、最深刻的体会和感受,教育教学的实际效果最终要体现在学生的思想道德素质方面。评价学生就是衡量思想政治理论课教育教学对学生形成良好思想道德素质产生的实际作用。因为思想道德素质的形成是在一定的外界环境条件的影响下,人们内在的知、情、信、

---

①　教育部《关于印发〈高等学校马克思主义学院建设标准(2017 年本)〉的通知》(教社科〔2017〕1 号),http://www.moe.edu.cn/srcsite/A13/s7061/201709/t20170926_315339.html,下载日期:2018 年 5 月 6 日。

意、行诸要素辩证运动和发展的过程。评价学生即考查学生学习思想政治理论课后的获得感如何,是否形成了正确的世界观、人生观、价值观;是否能够"正确认识世界和中国发展大势,正确认识中国特色和国际比较,正确认识时代责任和历史使命,正确认识远大抱负和脚踏实地";是否提高了政治觉悟、道德品质、文化素养,坚定中国特色社会主义道路自信、理论自信、制度自信、文化自信,并把所学理论知识内化于心、外化于行。与评价教师一样,评价学生时不仅要看个别学生的思想道德素质状况,还要考察作为一个整体的学生,在学习思想政治理论课后的获得感如何,也就是看学习思想政治理论课是否提高了整体学生的思想道德素质,促进了他们德智体美劳全面发展。

4.评价教学内容

思想政治理论课的教学内容是师生教育教学活动的依据,是学校根据国家规定的教育教学目标借助课程体系、教材体系及知识体系,教授给学生的思想和观点,传递的知识和技能,培养的行为和习惯的总和。评价教学内容主要考察课程教学计划、教学大纲、使用马克思主义理论研究和建设工程重点教材及根据"05方案"和学校人才培育层次,落实课程设置、学分、学时等情况。教学计划是实施教学的具体方案,是保证教学质量及人才培养规格的规范性文件,是组织教学活动、安排教学任务、确定教学编制的基本依据。对其评价主要考察教学计划是否遵循课程教学目标和基本要求,是否符合循序渐进的教学原则,是否符合培养对象所要求的教学内容及目的,教学计划的针对性、相关性、协调性等。教学大纲是以纲要的形式编制有关学科的教学内容和基本要求的指导性文件,要体现思想政治教育学科的性质、教育教学规律及学生思想道德素质形成的要求,必须切合学生思想实际,符合培养担当民族复兴大任时代新人的要求。目前,高校基本上使用的是马克思主义理论研究和建设工程重点教材,自教材问世以来,经过多次修订不断完善,充分体现了马克思主义理论学科发展的新成果,教育部、各省(市)教育主管部门通过多种形式对教师使用教材进行培训,使教师熟悉教材的新变化及教学的新要求。对教学内容的评价还要注意教学计划、教学大纲、教材三者之间的关系,"教师通过教学大纲、计划等环节,做好解读教材,进行教学前的一切准备工作"[①],更好地把教材体系转化为教学体系,把知识体系转化为信仰体系。

---

① 张雷声:《新时期思想政治理论课教学方法探讨》,高等教育出版社2006年版,第112页。

5.评价教学方法及手段

　　教学方法是教学的中介,是教育者对受教育者实施教学活动的基本方式。教学手段是教育者经由教学内容联系受教育者的桥梁,是师生互相交流信息的物质基础。教学方法及手段作为教学活动的媒介对思想政治理论课的教学效果有重要影响。评价教学方法主要是考察教师能否从教材、教学内容、学生思想实际出发,因事而化、因时而进、因势而新,灵活运用多种教学方法进行教学,同时要注意对教学方法的科学性、针对性、综合性、创新性进行评价,促进教学方法的改革与创新。评价教学手段主要看教师在利用传统教学手段基础上,能否熟练地运用多媒体等新技术进行教学,利用移动互联网、微信、微博等新媒体技术搭建师生交流的渠道和平台,做好两种教学手段的整合。

(三)教学过程评价标准

　　"凡是为实现既定的思想政治教育任务,有目的地对受教育者施加教育影响的过程,都是思想政治教育过程。"[①]思想政治理论课教学活动是由多种教学要素构成的矛盾统一体,是一个有明确的教育教学目的、由教育者和受教育者共同参与的动态活动过程,该过程可以分为教学前期、中期、后期三个阶段。对教学质量的评价也可以从考察教学过程入手,这种以教学过程为评价对象所运用的评价标准称为教学过程评价标准。由于教学过程分为不同阶段,对于不同阶段的评价可以采用相应标准。对思想政治理论课教学前期阶段的评价,需要考察的具体内容包括教材选用、教学大纲、教学计划、教师素质等。教材是教学体系的根本,是搞好教学的基础,高校要按照教育部规定使用马克思主义理论研究和建设工程重点教材,认真组织教师参加新教材的学习培训,通过集体备课等形式研究学习新修订的教材。教师要制作好课件,收集整理教学参考资料,教学活动必须充分体现马克思主义理论研究的最新成果。教学大纲的制定必须符合教育部的规定,将社会需求人才的规格作为制定教学大纲的质量依据,充分体现大学生思想道德素质形成和发展要求,切合学生思想实际,设定目标具有可操作性。教学计划和授课计划要体现循序渐进、因材施教的原则,符合学校对所培养学生要求的教学内容和教学目的,要科学把握教学计划的针对性、关联性、协调性等。教师素质要能胜任所承担的教学任务,教师队伍的整体结构要优化,年龄梯队结构要合理,具备高、中、初职称结构比例,具有博士学位的教师要占一定比例。教学中期是学习课程的重要时期,学

---

　　①　陈万柏、张耀灿:《思想政治教育学原理》,高等教育出版社 2007 年版,第126 页。

生通过学习掌握了一定的马克思主义理论知识，但这些所学知识还只是初步的、外化的，必须为学生思想上认同，然后才能引起思想行为方面的变化，也就是形成社会所期望的思想品德。中期评价标准主要体现在教学内容、教学方法手段、教书育人、教学实践等方面。教学内容方面，要使教材体系充分地转化为教学体系，体现思想政治理论课的理论魅力、真理力量、时代特征、地方特色、学校优势。教学方法手段方面，应坚持灵活多样，富有创新意识，师生双向互动，改变"满堂灌"的填鸭式教学，运用信息技术手段增强教学的立体感、动态感、亲和力。教书育人方面，要注重学以致用，知行合一，言传身教，塑造学生的心灵。教学实践方面，理论学习与社会实践结合，按照教学计划把讲授、答疑、批改作业、指导学生开展调查等有机结合起来，培养学生运用马克思主义立场、观点、方法分析解决问题的能力。后期评价标准主要考察教学目标与考核结果的吻合度，即通过命题、考试、阅卷、评分、试卷分析等环节，检验学生学习思想政治理论课后，是否真正做到"内化于心，外化于行"，形成良好的思想道德素质。当然，由于人的思想具有活跃、易变、隐蔽等特点，单凭考试成绩高低，还很难评价学生的思想品德状况。我们要注意运用科学的评价标准来引导教学活动，改变传统的考核方式，综合施策，实现思想政治理论课的教育教学目标。

(四)教学实际效果评价标准

教学是上好思想政治理论课的根本环节，决定着课程建设目标的实现程度，增强教学实效性是思想政治理论课教学的永恒主题。以教学的实际效果为对象所进行的教学评价就称为教学实际效果评价，或称作教学结果评价。在教学效果评价过程中所运用的评价依据即教学实际效果评价标准。实际效果或实效性是任何教育教学活动均追求的目标，它的表现是多方面的，有人提出思想政治理论课的实际效果主要体现在两个方面：一是显性效果，即思想政治理论课课堂教学的直接效果。另一是隐性效果或潜在效果，即思想政治理论课教学对学生长远的实际影响。[①] 不管人们怎样理解思想政治理论课教学的实际效果，关键是看它在多大程度上促进了大学生全面发展和满足大学生成长成才的需要。有亲和力和针对性的思想政治理论课教育教学能够对大学生的思想政治素质、道德素质、法治素质、心理素质等方面产生积极促进作用并为大学生一生的成长打下坚实基础，从这个意义上才能讲，思想政治理论课

---

　　① 刘福州：《也谈思想政治理论课教学实效性的提高》，载《思想理论教育导刊》2005 年第10 期。

是学生"真心喜爱、终生难忘、毕生受益"的优秀课程。目前,专家学者对实效评价标准的认识意见还不完全一致,教学实际效果标准主要有课堂教学效果、理论知识效果、能力培养效果、思想品德效果标准等。

1. 课堂教学效果标准

"要用好课堂教学这个主渠道",课堂教学无疑是思想政治理论课的主阵地,也是教学评价最好的观测点,该标准主要考察教师授课及学生在课堂上的学习表现情况。思想政治理论课的实际效果最明显体现在课堂上,课堂教学效果是评价教学质量优劣的重要标准。如果教师上课有亲和力和针对性,学生都能自觉到课堂、不迟到、不早退,听课认真,注意力集中,抬头率高,师生有效互动,就会获得较好的教学效果。反之,教师在课堂讲课缺乏针对性,学生到课堂学习人数不足,不注意听讲,玩手机,做与课堂学习无关的事情,抬头率低,回答教师提问不主动,甚至睡觉、逃课,教学效果可想而知。正因为课堂教学非常重要,教育部强调:"强化课堂教学纪律,健全课堂教学管理办法。具有完备的教学内容和教学质量监测管理制度。"①

2. 理论知识效果标准

虽然思想政治理论课教学有鲜明的意识形态性,但是,马克思主义理论的强大生命力源于它在实践基础上的科学性与革命性的高度统一,是科学的世界观和方法论,是为人类谋解放的思想武器,具有与时俱进的理论品质。大学生只有系统学习马克思主义,掌握其基本原理、基本观点、基本方法,才能从思想上接受它、认同它、内化它并运用它。因此,教学工作要坚持理论联系实际原则,贴近实际、贴近学生、贴近生活,用马克思主义中国化的最新理论成果武装学生头脑,帮助学生认识人生应该在哪用力、对谁用情、如何用心、做什么样的人。理论知识效果标准就是通过对学生的作业、实践报告、考试或考核成绩状况等进行测量以考查学生对马克思主义基本理论、基本知识、基本技能的理解、掌握情况,以此来衡量教学的实际效果。

3. 能力培养效果标准

思想政治理论课教学的目的不仅在于帮助学生系统掌握马克思主义理论,而且在于形成科学的世界观和方法论,培养学生运用马克思主义立场、观点、方法分析问题和解决问题的能力。中国特色社会主义进入新时代,改革开

---

① 教育部《关于印发〈高等学校马克思主义学院建设标准(2017年本)〉的通知》(教社科〔2017〕1号),http://www.moe.edu.cn/srcsite/A13/s7061/201709/t20170926_315339.html,下载日期:2018年5月10日。

放、决胜全面建成小康社会、实现中国梦,对人才素质提出新的要求,学习马克思主义理论有助于培养辩证思维能力,帮助大学生正确看待社会热点难点问题,自觉地辨别和抵制各种不良的思想文化的影响,在提高思想道德素质基础上,不断增强服务社会建功立业的本领。

4.思想品德效果标准

思想政治理论课教学是教育者对学生进行系统的思想政治教育及道德法治教育,使受教育者形成社会所期望的思想品德的实践活动。因而,教学活动不仅注重把科学的理论知识内化为学生的思想道德素质,引导学生树立正确的世界观、人生观、价值观,确立共产主义远大理想和中国特色社会主义共同理想,增强"四个自信",弘扬以爱国主义为核心的民族精神和以改革创新为核心的时代精神,立志肩负民族复兴的时代重任,而且更加注重把学生的思想道德素质体现在日常的思想行为方面,即在一定的认识、情感、意志及信念的支配下,表现出自觉履行一定的思想道德义务的实际行动,也就是把"知"转化为"行",做到知行合一,让大学生在品德修养上下功夫,培育和践行社会主义核心价值观,做有大德大爱情怀的人。从一定意义上讲,前面三个评价标准最终都是为保障思想政治理论课教学能够有效地塑造和培养学生良好的思想品德服务的,只有这样才能实现"真学、真懂、真信、真用"的教学目标。

当然,对于思想政治理论课教学的科学评价,仍有一些理论和实践上的问题需要我们去研究探讨,只要我们立足国情及教育教学实践就一定能够不断地完善评价体系及评价标准,使之更加符合我国高校思想政治理论课建设的实际状况。重要的是"要深化教育体制改革,健全立德树人落实机制,扭转不科学的教育评价导向,坚决克服唯分数、唯升学、唯文凭、唯论文、唯帽子的顽瘴痼疾,从根本上解决教育评价指挥棒问题"①。

三、思想政治理论课教学评价的方法

思想政治理论课教学评价需要借助一定的方法,只有采取切实可行的方法进行评价,才能反映教育教学的真实状态,从而对教育教学工作进行有效的调控,改善教学工作,提高教学质量。

---

① 《习近平在全国教育大会上强调:坚持中国特色社会主义教育发展道路 培养德智体美劳全面发展的社会主义建设者和接班人》,载《人民日报》2018 年 9 月 11 日第 1 版。

(一)教学评价方法类型

思想政治理论课教学评价的方式多种多样,根据不同的分类标准可以作出不同的划分。按评价的量化程度,可分为定量评价与定性评价;按评价的参照系,可分为诊断性评价、形成性评价、总结性评价;按评价对象存在的状态,可分为静态评价和动态评价;按评价主体,可分为教师评价、学生评价、同行评价、督导评价、社会评价。当然,还有其他的分类方法。

1.定量评价与定性评价

任何事物均有质和量的规定性,教学活动也如此。定量评价又称为量化评价方法,是对事物进行全面的量化分析,在量化基础上确定可以用数量考核的指标,并以此对教学进行评价的方法。也就是用一定的数量来衡量评价对象所处的数值或状况,以判断其实际情况,它能够使一些模糊不易观察的概念数量化,从而避免了评价的随意性及主观性。该方法有一定的局限性,因为不是所有的评价对象都可以量化,有些内容是难以用数量来衡量的,我们不可能将所有评价对象都数量化。定量评价常用的方法有统计分析方法、加权定量评分法、模糊综合评判法等。

定性评价是对评价对象的特征和信息进行分析后,明确性质的标准,依据性质标准对评价对象所作出的判断。对于一些难以用数量评价的内容,用定性评价的方法比较合适,如学生的学习态度。定性评价常用方法有等级评定法、评语评定法等。

2.诊断性评价、形成性评价、总结性评价

诊断性评价是在教学活动正式开始之前或进行之中,采用要素评价之标准对教学活动的要素进行评价。目的在于检视教学工作的准备情况或教学运行的实际态势,为改进和提高教育教学活动的实效性提供依据。

形成性评价也称过程性评价,它是指运用过程评价标准,在教学过程中每个形成性的学习单元之间开展的评价。形成性评价目的是改进教学过程,使教学活动顺利进行并取得实际效果,其基本思想是采取频繁的信息反馈和根据学生学习需要的满足状况进行评价,以提高教学的有效性。

总结性评价也称为终结性评价,它采用实效性标准,对一个阶段的教学工作作出总结评价。它是在一门课程教学结束后进行,目的是审视教学目标是否实现,是否取得了实际效果,并将评价中发现需要改进的教学环节,在以后的教学活动中予以完善。

3.静态评价和动态评价

静态评价是在教学活动处于秩序相对稳定的情形下对其进行的评价。比

如在新的学期开始后,教学工作步入正常轨道,可以对其进行此类评价。动态评价是指在一定的时间、空间和情景序列下,考察评价对象各要素变化的情况,对其进行价值判判。动态评价主要是立足于评价对象的进步、变化、发展的实际情况,把近期状态与远期发展变化的态势结合起来进行评价。比如,教育主管部门可以组织专家、管理人员采用动态评价方法对思想政治理论课建设的新要求在各高校、教学单位是否贯彻落实开展此类评价。

4. 教师评价、学生评价、同行评价、督导评价、社会评价

教师评价是指思想政治理论课教师作为评价主体对教学活动进行的评价。在教学活动中教师的作用非常重要,教师教学水平的高低直接影响学生学习积极性和实效性,对教师教学活动进行科学评价,获得思想政治课程及教学活动的信息并将其反馈给教师,是提高教学水平和质量的重要途径。教学评价的对象可以是教学的要素和教学过程,也可以是教学的实际效果,这种评价实际上是教师对教育教学的自我评价。客观公平的自我评价能够促进教师不断地自我反省、自我提高,增强责任意识,从而改进与创新教育教学,提高教学能力与教学水平。

学生评价是指参与思想政治理论课学习的学生作为评价主体对教学活动进行的评价。由于学生是教学活动的直接对象,对教师的教学态度、工作投入、学术水平、课堂讲授的娴熟程度、教学方法、治学与做人等方面最为了解,且学生人数较多,其评价结果具有广泛性、完整性、公平性,应该作为教学评价的重要渠道。学生评价可以充分调动学生参与教学活动的积极性,体现了尊重学生学习的主体地位的教学要求,学生在评价教师教学活动的过程中也会引发自己去反思教学活动,进行自我评判,对于促进学生增强学习的主动性有重要意义。

同行评价又称为教师互评,是指思想政治理论课教师作为评价主体对其他教师的教学进行的评价。俗话说"外行看热闹、内行看门道",通过听课、评课,教师之间互相了解,互相交流,取长补短,共同提高。同行评价可以由学校、学院、教研室组织结合教研活动来进行,评价过程应客观公正,避免人为因素干扰。

督导评价是由学校督导人员为评价主体对思想政治理论课教学进行的评价。督导人员可以聘请熟悉业务的教学管理人员、退休教师担任,也可由在职教师担任。教学督导是我国高校教学质量监控体系的一个重要组成部分,具有监督、指导、检查、评价、反馈的职能,对于保证教学质量提升有重要意义。

社会评价是指以社会为评价主体对思想政治理论课教学进行的评价。我

们所讲的社会是指相对于学校和个体的教学活动而言的。凡是学校以外、思想政治理论课教学工作之外的社会群体,例如用人单位、机关或个体对思想政治理论课进行的评价均可称为社会评价。教师评价、学生评价、同行评价都是指参与具体的教学活动的教师或学生对思想政治理论课教学所作的评价。社会评价则不同,它的评价主体是学校之外的、没有直接从事思想政治理论课教或学的单位及个人,从这个意义上讲社会评价可以看作第三方评价。

思想政治理论课教学不能自说自话,实际效果如何需要社会作出评价。社会评价可以形成对思想政治理论课教育教学的发展有重要影响的舆论场域,这种舆论场域以不同的性质既可以对思想政治理论课教学具有建设性、肯定性的作用与价值,促进教育教学的改革与发展;也可以具有阻碍性、否定性的意义及作用,制约着教育教学深化和推进。当然,一方面,客观的社会评价能够反映社会群体或个体对思想政治理论课教学的了解状况、期待、要求及建议;另一方面,也可能因为评价主体不了解思想政治理论课教学的实际情况,从而对教育教学产生偏见甚至误解。上述情况,需要我们对具体情况进行分析和研究,对社会评价进行合理的引导,以求实事求是地反映教学的真实状况。

教育部《关于印发〈新时代高校思想政治理论课教学工作基本要求〉的通知》提出:"要建立健全多元评价机制,采用教师自评、学生评价、同行评价、督导评价、社会评价等多种方式,对教师教学质量进行综合评价。"[1]在教学评价工作中,我们应该综合运用上述五种评价,把教师、学生、同行、督导、社会评价有机结合起来,五种评价中,单纯靠任何一方面的评价都是不全面的,都不可能完全掌握教育教学的实际情况,也不可能促进教学过程良性顺畅运行。

(二)教学评价具体方法

无论进行何种评价,评价主体都要对所收集的各种教学信息资料展开具体的研判,以此去诊断教学的实际运行情况,并反馈到教学活动中。评价对象包括教师、学生、管理人员、教学目标、教学计划、教材、教学程序、规划、机构等。思想政治理论课教学评价运用的具体方法有课堂观察法、调查法、测验法、查阅文献资料法、专家判断法等。

---

① 教育部《关于印发〈新时代高校思想政治理论课教学基本要求〉的通知》(教社科〔2018〕2 号),http://www.moe.edu.cn/srcsite/A13/moe_772/201804/t20180424_334099. html,下载日期:2018 年 5 月 12 日。

1.课堂观察法

它一般是由管理者或同行专家采取实地听课方式来了解教师教学和学生学习状况的方法。教学评价要观察教学运行的基本状态,课堂观察的目的就是要全面了解"教"与"学",如教师的教学态度、教学内容、语言表达能力、教学方法手段、课堂氛围,学生到课率、注意力、师生互动等情况。通过课堂观察评价者可以了解一个班级或一所学校教学运行的基本情况。当然,由于被观察者知道评价者在观察自己,他们的行为可能与平时不完全一样,或者有意掩饰某些弱点,导致观察的结果不完全可靠,为提高观察的准确性,可以多观察一些班级学生上课的情况,提高评价的可信度。

2.调查法

该方法是全面了解教学活动基本情况,收集相关教学信息资料,对其进行价值判断的一种方法。评价主体要了解教学活动的基本情况,可以运用这一方法,比如想要了解一所学校思想政治理论课教师队伍的状况,就可以运用此方法。调查法往往带有一定的主观性,了解的调查对象的情况也不一定全面,与实际状况会有一定的误差。调查者需要对调查信息进行全面的分析研究,可以把它作为一种教学评价的辅助方法。调查一般可以通过问卷调查和访谈、座谈方式进行,调查者要合理设计问卷,注意收集质和量两方面的信息。

3.测验法

测验是考核、测定学生学习成绩的基本方法。它适宜于对学生学习效果及人格个性因素进行判断。测验法的优点是便于评价主体在同一时间内运用相同的试卷对大量的测试对象进行衡量,从而收集大量的可供观察研究的教学信息。该方法简便易行,操作简单,运用广泛,结果比较可靠,在教学评价中受到重视。

4.查阅文献资料法

它是指查阅与教学工作相关的现有的文件、书面材料等对其进行全面的分析作出评价的方法。这些材料是在教学工作过程中长期积累下来的,比如贯彻落实上级文件精神的有关文件、教学管理制度、教学工作总结、专业培养方案、教学计划、课程进度表、教研室活动记录、教师的教案、学生作业试卷、实践课成绩等,除非故意造假,否则,它会真实客观地反映一所学校思想政治理论课教学运行的情况,是一种非常实用的评价方法。

5.专家判断法

它是指专家运用精湛专业知识和技能,对教学活动进行诊断,发表建议和意见,以便改进教育教学工作的方法。由于评价来自专业人士,评价结果往往具有科学性、权威性及说服力。专家在评价过程中可以提供中肯的意见、建议、批评对被评价者的工作给予引导、支持、帮助。当然,专家判断法需要选好选准专家并注意选择不同地域不同专长的专家,收集各方面专家的意见,专家判断法可以采取实地考察方法、会议研讨法、送审法、内容分析法等方法。

当然,教学评价的具体方法还有多种,限于篇幅不再一一列举。

四、思想政治理论课教学评价的组织实施

教学评价的实施是指评价主体基于一定的目的、按照一定的原则和评价标准对教育教学工作进行具体的评价活动。教学评价的原则体现了人们对思想政治理论课教育教学规律的认识水平,对于开展评价活动具有重要的指导意义。

(一)思想政治理论课教育教学评价的实施原则与导向

思想政治理论课教学评价是一项涉及多个方面的实践活动,遵循一定的原则进行。《中国普通高校德育大纲》提出:"德育考评应坚持实事求是,采用科学方法和技术手段进行整体考核和综合评定,力求客观公正。应当以事实为依据,做到动态考评与静态考评相结合,定性考评与定量考评,全面考评与重点考评相结合,阶段性考评与总结性考评相结合,教师考评与学生考评相结合。在考评过程中,要贯穿教育,注重实效。要激发学生参与的积极性,引导学生自我评价、自我教育。"[①]上述论断,明确了高校德育的评价原则,同样也适用于对作为高校德育工作重要组成部分的思想政治理论课教育教学的评价。这些原则既是我国高校德育工作经验的积累,又是对德育规律的深刻认识和把握,对做好教学评价有重要的指导意义。我们应该在尊重事实的基础上开展教学评价,坚持动态评价与静态评价相结合;定性评价与定量评价相结合;全面评价与重点评价相结合;阶段性评价与总结性评价相结合;教师评价与学生评价、同行评价、督导评价、社会评价相结合的原则,只有坚持这些原则对教学进行综合评价,才能形成全面、客观、公正、令人信服的评价结果,为教学实际情况把好脉,促进教学建设、教学改革与发展。

教学评价的目的在于促进思想政治理论课教育教学取得实际效果,也就是促进大学生形成良好的思想品德,评价应坚持正确的导向。教育部《关于印

---

① 教育部社会科学司:《普通高校思想政治理论课文献选编(1949—2006)》,中国人民大学出版社 2007 年版,第 168 页。

发《高等学校马克思主义学院建设标准（2017 年本）》的通知》指出：“以学生获得感为评价导向，以‘有虚有实、有棱有角、有情有义、有滋有味’为根本标准。”①这实际上提出了教学评价的导向和满足导向要求的具体标准。“思想政治教育获得感是指教育对象对自身在接受思想政治教育的过程中或过程后，获得的精神利益及其对该获得内容的积极主观体验。其形成的过程大致为三个阶段：第一，获取：寻求思想政治教育给予的精神利益；第二，映射：得到的精神利益与自身心理预期的关联；第三，行动：得到的精神利益与客观现实的契合检验。”②思想政治理论课教学要主动对标，努力让学生学习后有获得感。

1. 有虚有实

思想政治理论教学要自觉体现务虚与务实相结合，发扬理论联系实际的优良学风，通过“虚”的理论学习和讲“大道理”，让学生掌握马克思主义的基本原理、基本观点、基本方法，从而树立正确的“三观”。引导学生把理论运用于中国特色社会主义实践，以我们正在做的事情为中心，解疑释惑，使学生真切感受到思想政治理论教学对他们成长的价值，增强学习的获得感。

2. 有棱有角

思想政治理论教学具有鲜明的意识形态性，必须旗帜鲜明地把坚持正确的政治方向放在第一位，充分体现马克思主义的指导地位，以科学理论武装人，增强大学生的政治意识和理论思维水平，将思想政治理论课的意识形态目标与高校育人目标有机结合起来。思想政治理论课教师一方面要坚定地捍卫马克思主义对高校意识形态的指导地位，培育和践行社会主义核心价值观。另一方面，要警惕西方国家在意识形态领域对高校的渗透和影响，在大是大非面前保持清醒头脑，敢于亮剑，敢于发声，自觉抵制各种错误思潮的冲击。因为“我国高等教育发展方向要同我国发展的现实目标和未来方向紧密联系在一起，为人民服务，为中国共产党治国理政服务，为巩固和发展中国特色社会主义制度服务，为改革开放和社会主义现代化建设服务”③。

---

① 教育部《关于印发〈高等学校马克思主义学院建设标准（2017 年本）〉的通知》（教社科〔2017〕1 号），http://www.moe.edu.cn/srcsite/A13/s7061/201709/t20170926_315339.html，下载日期：2018 年 5 月 15 日。

② 程仕波、熊建生：《论思想政治教育获得感》，载《思想教育研究》2017 年第 7 期。

③ 《习近平在全国高校思想政治工作会议上强调：把思想政治工作贯穿教育教学全过程开创我国高等教育事业发展新局面》，载《人民日报》2016 年 12 月 9 日第 1 版。

3.有情有义

思想政治理论教学的对象是学生,从根本上讲是做人的工作,要将教学与学生思想实际紧密联系起来,关爱学生,解决学生在学习、生活、就业等方面遇到的难题。善于运用富有时代气息的话语,找准学生思想情感的共鸣点,发挥润物细无声的功能,在关心人帮助人的过程中实现教育人的目的,增强亲和力。

4.有滋有味

思想政治理论教学内容十分丰富,营养多多,但要经过学生的"消化"才能充分被吸收并变成他们的思想道德素质。让学生愿意"吃"这些丰富的养料并积极吸收,需要教师在"配方、工艺、包装"等方面下一番功夫。为此,要创新教学方法手段,针对不同的教学内容和学生思想特点,采取多样的教学方法手段,调动学生学习积极性、参与性,变单项"灌输"为双向互动。还要提高教师运用信息技术的能力,依托网络、新媒体构建课堂与课下,线上与线下相结合的混合教学模式,拓展教学的时间和空间,为学生学习提供便利。

(二)思想政治理论课教学评价的实施步骤

思想政治理论课教学评价的实施步骤是指运用教学评价的原则和具体方法,对评价对象进行教育教学评价的操作程序。教学评价可以按下面几个程序具体实施。

1.明确评价目的

任何教学评价都是人们有目的的教育实践活动,要想比较成功地开展教学评价,在评价活动开始之前,首先我们必须明确评价的目的,搞清楚"为什么要评价"。有了明确的目的,才能确保教学评价的方向,才能形成与相应评价目的相适应的评价工作方案,从而有序开展评价工作。思想政治理论课的教学评价亦是如此,在开展评价之前,我们应该认真研究形成共识,明确评价目的,并在评价工作中予以体现。开展思想政治理论课教学评价的目的主要在于维系运作、调控过程,强化管理、加强建设,促进发展、增强实效等。由于高校的校情不同,思想政治理论课教学的条件也不一样,评价的着眼点也应该有区别,要因地制宜,不能一把尺子,衡量所有的学校。只有明确了评价目的,才能有效地开展评价工作,发挥评价对思想政治理论课建设的指导作用。

2.确定评价标准

明确评价目的之后,我们还要确定评价标准,它是教学评价的关键,有了标准才能开展具体的评价工作。确定评价标准的过程就是教学过程各方面具体化、现实化的过程。在教学评价中,评价标准与评价目的紧密相连,必须以评价目的为依据,明确评价什么,哪些要素要评,哪些要素可以不评,哪些要素要重点评,是评价教师的素质,还是评价课堂教学的实际效果等等。教学目标也就是对教学活动所要取得的实际效果的理想状况的一种表达,在任何教学评价中,评价标准与教学目标均有紧密的联系,从一定意义上讲教学评价就是要判断思想政治理论课的教学目标是否实现以及在多大程度上实现了我们所预期的教学目标。在评价教学要素时,评价标准的确定过程就是比较理想的教学要素特征的具体化、细分化、可控化的过程。教学评价标准的确定是一个非常复杂的工作,需要花费大量的劳动,只有深入研究,对思想政治理论课教学的各个环节全面了解,才能制定切实可行的评价标准,评价标准发生偏差或者不科学,评价结果的可信度都会受到影响。

3. 选择评价类型

前面我们已经讲到评价的类型按不同分类可以有很多种,评价的目的、评价标准、评价对象不同,评价的类型也不一样。在思想政治理论课教学的具体评价工作中,我们要从实际出发,选择合适的评价类型。例如,对思想政治理论课教学的实际效果进行评价,运用总结性评价比较合适;对思想政治理论课的教学过程进行评价,选择形成性评价比较适宜。实际上思想政治理论课教学评价工作,不是仅靠一种方法就能够全面客观地完成,我们需要运用多种办法进行综合评价才能得出可靠的结论。例如,我们要了解一所学校思想政治理论课教学的情况,就可以运用定性评价、定量评价、教师评价、学生评价、同行评价、督导评价、社会评价等多种方法进行。在所有的评价类型中,我们要重视学生评价,"传统的教学评价以教师为中心,评定一堂课的教学效果也是从教师的角度出发。现代教学的评价把重点放在关注学生的学上,强调教学内容与学生生活以及现代社会和科技发展相联系,倡导主动、合作、探究式的学习方式,重视使学生学会学习和形成正确的价值观"[①]。因此,教学评价需要多听听学生的意见,让学生有更多的获得感。

4. 制订评价方案

明确了评价目的、标准、类型后,我们需要制订具体评价方案。评价方案是进行评价工作的"路线图",需要评价主体进行周密、具体、细致、综合的设计和安排。评价方案,一般包括评价目的、评价标准、评价对象、评价类型、评价人员的组成、评价的技术运用、评价结果的形成、评价结果的运用、评价结果的检验等。制订评价方案时,要有一定的灵活性,不能规定得过于死板,便于评

① 王维臣:《现代教学:理论和实践》,上海教育出版社 2012 年版,第 129 页。

价人员更好地开展工作；一般还应该制订相应的备用方案，在评价人员及评价条件发生变化时使用。评价方案的正式文本要在领导、专家多次研究论证的基础上确定，以便实施。

5.组织实施评价

它是将具体的教学评价方案予以具体实施的过程。教学评价的具体实施涉及方方面面和多个教学环节。在评价进行之前，要对评价人员进行相关的业务培训使其掌握好评价标准，对评价工作进行布置并对参与评价的人员提出要求；对被评价的对象要做好教学评价的动员发动工作，要求被评价对象正确对待评价；要做好评价材料的印刷工作，还要准备好专家需要调阅的教学文件、教学资料等等；要组织好对评价工作的监督、指导、检查工作，确保评价工作按照方案顺利进行。

6.总结评价成果

它是指在评价工作结束以后，具体参与评价的人员对评价过程中所收集的教学文件、资料、信息等进行整理归类、统计分析，召开评价人员会议进行综合研判，形成正式的评价结论或评价报告。评价成果是对被评价对象予以信息反馈的基本形式，肯定被评价对象教学工作所取得的成绩，指出教学工作存在的问题和不足，使被评价对象在以后思想政治理论课教育教学工作中重视并解决。在评价成果形成的过程中，评价人员要坚持客观、公正、公平立场，以发展的眼光看待被评价对象，不能依个人好恶运用评价工作中获得的各种信息，对评价对象作出不公正的评价。另外，作为评价工作的一个环节，评价成果还应包括对教学评价活动本身进行总结，即对思想政治理论课教学评价进行评价，检验本次教学评价的有效度、公信度、准确度，以此来改进教育教学评价工作，提高评价工作的水平，使之更加全面、客观、公正并有效率。

7.促进教学建设与发展

教学评价作为一个具有价值判断的手段，其目的在于找准问题、对症下药，解决制约思想政治理论课建设和发展的矛盾。因此，被评价对象要把评价结果或评价报告及时地向领导、教师、学生反馈，让参与思想政治理论课教育教学的相关人员，了解评价结果；以正确的态度对待评价结果，既要看到自己工作取得的成绩，也要明确教学工作存在的不足和问题，总结经验教训，按照教育部及所在地区教育主管部门的要求，对照高校马克思主义学院、思想政治理论课建设的标准，实事求是制定相应的对策，在以后教学工作中加以改进，提高思想政治理论课教育教学水平和质量，为培养担当民族复兴大任的时代新人做出贡献。

参考文献

一、论著

1. 中共中央文献研究室:《社会主义精神文明建设文献选编》,中共中央文献出版社 1996 年版。

2. 石云霞等:《"两课"教学法研究》,武汉大学出版社 2002 年版。

3. 石云霞:《高校思想政治理论课程建设史研究》,武汉大学出版社 2006 年版。

4. 房玫:《思想政治理论教育教学导论》,安徽人民出版社 2005 年版。

5. 徐志宏:《思想理论教育教学论》,高等教育出版社 2006 年版。

6. 曲士培:《抗日战争时期解放区高等教育》,北京大学出版社 2005 年版。

7. 中共中央党史研究室:《中国共产党历史》(第二卷上、下册),中共党史出版社 2011 年版。

8. 王树荫:《中国共产党思想政治教育史》,中国人民大学出版社 2011 年版。

9. 教育部办公厅、直属机关党委:《邓小平理论指引下的中国教育二十年》,福建教育出版社 1998 年版。

10. 胡绳:《中国共产党的七十年》,中共党史出版社 1991 年版。

11. 钟启泉:《现代课程论(新版)》,上海教育出版社 2003 年第 2 版。

12. 廖哲勋、田慧生:《课程新论》,教育科学出版社 1985 年版。

13. 王鉴:《课程论热点问题研究》,广西师范大学出版社 2008 年版。

14. 丁念金:《课程论》,福建教育出版社 2007 年版。

15. 李定仁、徐继存:《课程论研究二十年(1979—1999)》,人民教育出版社

2004 年版。

16. 佘双好：《现代德育课程论》，中国社会科学出版社 2003 年版。

17. 刘根平、黄松鹤：《潜课程论》，辽宁教育出版社 1992 年版。

18. 王冬凌、朱琼瑶：《现代课程论》，辽宁师范大学出版社 1998 年版。

19. 赵卿敏：《课程论基础》，华中科技大学出版社 2004 年版。

20. ［英］霍尔姆斯、［英］麦克莱恩：《比较课程论》，张文军译，教育科学出版社 2001 年版。

21. 徐学莹、张荣盛：《普通教育学》，广西师范大学出版社 1995 年版。

22. 刘家访、余文森、洪明：《现代课程论基础教程》，东北师范大学出版社 2007 年版。

23. 钟启泉：《课程论》，教育科学出版社 2007 年版。

24. 丛立新：《课程论问题》，教育科学出版社 2000 年版。

25. 班华：《现代德育论》，安徽人民出版社 2001 年版。

26. 李松林、李会先：《新时期高校思想政治理论课教学体系研究》，首都师范大学出版社 2014 年版。

27. ［美］玛格丽特·米德：《文化与承诺》，周晓虹、周怡译，河北人民出版社 1987 年版。

28. 宇文利：《现代思想政治教育课程论》，北京大学出版社 2012 年版。

29. 汪刘生：《教学论》，中国科技大学出版社 1996 年版。

30. 董原：《教学论》，学苑音像出版社 2004 年版。

31. 黄甫全、王本陆：《现代教学论学程》，高等教育出版社 2003 年版。

32. 孔凡哲：《有序备课——备课实务与新技能》，东北师范大学出版社 2008 年版。

33. 史小力：《新编教育学》，江西高校出版社 2009 年版。

34. 中国企业管理百科全书编辑委员会、中国企业管理百科全书编辑部：《中国企业管理百科全书》，企业管理出版社 1990 年版。

35. 易可君、雷世平：《企业文化辞典》，中南工业大学出版社 1991 年版。

36. 王学军：《师风教艺初探》，中共党史出版社 2013 年版。

37. 河南省教师资格管理办公室：《教学方法概论》，河南大学出版社 2003 年版。

38. 王维臣：《现代教学：理论和实践》，上海教育出版社 2012 年版。

39. 方世南等：《高校马克思主义思想政治理论课程改革创新研究》，人民出版社 2007 年版。

40.吴潜涛、徐柏才、阎占定:《高校思想政治教育的理论与实践》,人民出版社 2012 年版。

41.顾海良:《高校思想政治理论课程建设研究》,中国人民大学出版社 2016 年版。

42.王海明:《伦理学导论》,复旦大学出版社 2009 年版。

43.艾四林:《马克思主义大众化与高校思想政治理论课》,中国文史出版社 2016 年版。

44.汪青松、季正聚、黄福寿:《中国梦的科学内涵与实现路径》,上海社会科学院出版社 2016 年版。

45.宋希仁:《马克思恩格斯道德哲学研究》,中国社会科学出版社 2011 年版。

46.李萍、林滨:《比较德育》,中国人民大学出版社 2009 年版。

47.王能东:《高校思想政治理论课教学论》,人民日报出版社 2017 年版。

48.骆郁廷:《思想政治教育引论》,中国人民大学出版社 2018 年版。

49.刘洪敏:《新时期大学生思想政治教育理论研究》,北京理工大学出版社 2015 年版。

50.孟宪生、李忠军:《全国高校思想政治课教学方法改革年度发展报告(2014)》,高等教育出版社 2016 年版。

二、学位论文

1.王艳秋:《高校隐性思想政治教育课程论》,华中师范大学 2007 年博士论文。

2.张艳红:《德育资源论》,东北师范大学 2011 年博士论文。

三、论文

1.吴康宁:《课程社会学的研究对象》,载《上海教育科研》2002 年第 9 期。

2.钟以俊:《略论高等学校课程形式的发展》,载《中国高等教育》1996 年第 2 期。

3.张剑:《在新的历史起点上推进高校思想政治理论课建设》,载《求是》2010 年第 10 期。

4.房广顺、李鸿凯:《以大学生获得感为核心提升思想政治理论课教学质量》，载《思想理论教育》2018 年第 2 期。

5. 陈占安：《关于推进高校思想政治理论课建设的几点思考》，载《思想理论教育导刊》2010 年第 8 期。

6. 陈占安：《高校思想政治理论课"05 方案"实施十年来的回顾与展望》，载《思想理论教育》2015 年 9 期。

7. 顾海良：《新时代高校思想政治教育的理论指导和发展理念——学习习近平新时代中国特色社会主义思想》，载《思想理论教育导刊》2018 年第 1 期。

8. 顾海良：《高校思想政治理论课"要坚持在改进中加强"》，载《思想理论教育导刊》2017 年第 1 期。

9. 郑永廷：《论思想政治教育的内涵、外延与规范》，载《教学与研究》2014 年第 11 期。

10. 郑永廷：《大学生思想政治教育质量提升的理论研究》，载《思想教育研究》2013 年第 6 期。

11. 沈壮海：《担负起新的文化使命》，载《思想理论教育导刊》2017 年第 11 期。

12. 陈大文、林青青：《全面推进依法治国背景下大学生法制教育若干重点内容解析》，载《思想理论教育导刊》2014 年第 1 期。

13. 黄力之：《论中国特色社会主义的精神基因》，载《思想理论教育》2017 年第 2 期。

14. 钱广荣：《在改进中加强思想理论课建设之逻辑关系》，载《思想理论教育》2017 年第 4 期。

15. 苏振芳：《政治导向：思想政治教育学科建设的灵魂》，载《思想教育研究》2017 年第 2 期。

16. 石书臣：《同向同行：高校思想政治教育协同创新的课程着力点》，载《思想理论教育》2017 年第 7 期。

17. 徐蓉、王梦云：《提升高校思想政治理论课教学质量的多维思考》，载《思想理论教育》2017 年第 9 期。

18. 刘书林：《探索思想政治理论课教学的新境界》，载《思想理论教育》2017 年第 10 期。

19. 孙熙国：《马克思主义究竟能够带给我们什么》，载《红旗文稿》2016 年第 4 期。

20. 李梁：《"慕课"视域下深化思想政治理论课教学改革的若干思考》，载《思想理论教育导刊》2014 年第 12 期。

21.何孟飞:《挖掘地方德育资源与创新实践教学方式》,载《思想政治课研究》2016 年第 2 期。

22.何孟飞:《深刻认识把握"三个规律"提升思想政治理论课教学的亲和力》,载《思想政治课研究》2018 年第 2 期。

23.何孟飞:《"中国梦"融入"基础"课教学路径探析》,载《思想政治课研究》2016 年第 5 期。

24.何孟飞:《中国梦与中国力量》,载《齐鲁学刊》2017 年第 2 期。

25.张鑫宇、何孟飞:《增强高校思想政治理论课亲和力的路径探析》,载《锦州医科大学学报(社会科学版)》2018 年第 3 期。

26.何孟飞:《红船精神:中国共产党走向胜利的精神源动力》,载《思想理论教育导刊》2018 年第 8 期。

后　记

　　作为一个从事高校思想政治理论课教学的教师，我每年都会面对新的一批学生，怎样教学才能让学生学有所获是我经常思考的问题，并为此不懈地努力。思想政治理论教学是一项系统工程，涉及方方面面，多年教学实践使我深切感到要上好思想政治理论课不是一件简单的事情，我们需要去研究教育教学过程中遇到的各种矛盾和问题，不断提高教师的思想理论水平和教育教学能力，增强教学的实效性。在繁忙的教学工作之余，笔者曾经发表了多篇这方面的论文，但是，研究的领域有局限性。从 2014 年底开始笔者着手对思想政治理论教学进行系统的思考与探究，历经近 3 年时间写成本书。在研究过程中，笔者吸收了学界前辈和同行学者已有的研究成果，结合自己主持的福建省高校思想政治理论课教学方法改革项目："择优推广计划"——发挥福建德育资源优势提高实践教学实效性（编号：ZYT201408）、福建省教育厅思想政治教育项目：《思想道德修养与法律基础》契合中国梦教学研究（编号：JAS141000），立足教育教学实践进行探究。常言道"事非经过不知难"，我在写作本书过程中遇到很多困难，好在有闽南师范大学马克思主义学院领导的大力支持，使我能够完成本书的写作任务。首先，我要感谢院长陈再生教授、院党委书记朱志明教授的热情鼓励和支持，感谢陈再生、李晓元教授曾经给笔者专著出版申报书写推荐意见。由于后来学校要求要有两位校外专家为专著出版申报书写推荐意见，笔者非常荣幸请到了华东师范大学马克思主义学院博士生导师曹景文教授，福建师范大学马克思主义学院副院长、博士生导师杨林香教授为我的专著出版申报书写推荐意见，感谢校外两位专家的关心和指导。其次，我要感谢我的导师李玢教授对我学习工作的关心帮助，感谢马克思主义学院林建辉副教授为我研究工作提供了他所购买的一些学术书籍，还要感谢闽南师范大学各位领导，潘小燉老师，他们为本书的出版付出了许多劳动,本书作为中共福建省委教育工委重点马克思主义学院建设项目成果,得到闽南师范大学学术著作出版专项经费资助。最后,我要感谢我爱人郑艺梅女士,她为我全心投入研究写作承担了我应该照顾岳父的义务。我要感谢我岳父郑贵祥先生多年以来对我学习、工作的理解和支持,他生病住院期间仍然鼓励我继续写作。特别要感谢厦门大学出版社文慧云老师的指导。由于笔者水平有限,对新时代思想政治理论教学研究必定存在这样或那样的问题和不足,敬请各位专家、同人和读者不吝赐教。

何孟飞

2018 年 9 月 30 日于芗城白鹭园